表情的真相

姜振宇 著

商務印書館

本書由北京鳳凰天下文化發展有限公司授權獨家出版發行繁體版

表情的真相

作　　者：姜振宇
責任編輯：徐昕宇
封面設計：張志華
出　　版：商務印書館（香港）有限公司
香港筲箕灣耀興道 3 號東滙廣場 8 樓
http://www.commercialpress.com.hk
發　　行：香港聯合書刊物流有限公司
香港新界大埔汀麗路 36 號中華商務印刷大廈 3 字樓
印　　刷：中華商務彩色印刷有限公司
香港新界大埔汀麗路36號中華商務印刷大廈14字樓
版　　次：2017 年 1 月第 1 版第 2 次印刷

ISBN 978 962 07 6476 9
Printed in Hong Kong

人際交往的自我保護良藥

這書對我有用嗎？

我們無法回答這個問題，但如果出現下面的情形，則這套書提供的知識和技術能為你提供巨大的幫助。

- 你與親人相隔遙遠，你很擔心他們是否過得健康安好。每次打電話的時候，他們都會告訴你一切順利，沒有甚麼不好的。你很想知道他們是否真的過得好，還是只是為了怕你擔心而對你“報喜不報憂”。
- 認識新朋友的時候，對方是個甚麼類型的人，和你説話的時候是否真誠？對方在侃侃而談或沉默不語的時候，內心究竟在想甚麼？義憤填膺的同仇敵愾是否真實，開心大笑的時候是否在故作輕鬆？
- 你和戀人相處良久，感情不像原來那麼熾熱，你不知道他（她）是否還深愛着你。雖然每次問起來，他（她）都信誓旦旦地説非你不娶（嫁），但是你依舊不放心，不知道為甚麼有一種隱隱的不安和懷疑，你想知道對方説的是真心話，還是只是應付你而隨口一説。
- 你是某公司的招聘官，好不容易遇到了一個不錯的應聘者，你想知道他的敍述是否真實，他到公司的實際追求是否就是他所説，他所作的承諾是否可信，哪些是他真正關注的因素？
- 你的上司説很器重你，覺得你值得栽培。你想知道他是真的要栽培你，還是只是這麼説説籠絡你，目的是讓你死心塌地地做事情，甚至是要你替他抗雷做替死鬼。

- 你的團隊成員造成了損失，甚至可能出現內鬼，究竟是誰把事情搞砸了，有沒有人對別人栽贓陷害、造謠生事，甚至頻施暗箭，把搞砸事情的責任扣在他人的頭上？
- 你和客戶進行商務談判，客戶説自己的條件已經是最優惠的了，已經到了底線了，甚至當場做出即使談判破裂也在所不惜的樣子。你想知道客戶是真的不想合作，還是只是做做樣子，目的是為了獲得更好的回報。

……

如果你認真閱讀這套叢書，掌握了書中提供的知識和方法，那麼，身處上述具體情境中的時候，你將可以作出很好的判斷。通過對聲音、表情、身體動作等進行的觀察和對比，你可以瞬間判定，對方是否在講述內心的真實想法。如果對方動作、表情和語言不一致，則很可能説明他（她）説謊了。面對可能潛在的危險，識別謊言可以立刻引起警覺，然後採取相應的措施，避免被他人的表面説法蒙蔽，減少不必要的損失。如果你還希望進一步探尋真相，則可能獲得更大收益。能夠盡可能掌握到真相，你就能更好地掌控自己，甚至可以引導對方，在雙方交往中佔據主動。

也許你為人父母，或為人子女，你還會承擔朋友、戀人、上司、下屬、合作夥伴、競爭對手等社會角色，只要你處於人際關係當中，就需要與他人打交道，只要你有了解他人真實心理狀態的需要，你就都應該懂一點微反應的知識和技術。

與其他所謂的“讀心”類書不同，本套叢書給你的，是那些作為人就無法逃避的微反應線索。

一個人，可能因為知識、閱歷、能力的原因，能夠在內心波濤洶湧的時候做到面不改色，明明很討厭別人卻可以表現出很喜歡。他（她）也許很會演戲，會掩蓋，會“裝”，但是，他（她）無法控制自己的微反應。也就是説，微反應是“裝”不出來的。因為微反應是人類作為一種生物，經過長期進化而遺傳、繼承下來的，是人類實現生存和繁衍的本能反應。為了自我保護和優質繁衍，微反應不受個人思想的控制，因此它最能夠體現人內心的真實想法。再能“裝”的人，遇到有效刺激之後的第一瞬間也會出現微反應，他（她）的“裝”也只能在那之後。因此，微反應是了解一個人內心真實意圖的最準確線索。如果你觀察到了真實的微反應，接着又看到了試圖掩飾和造作的表演，那麼真相已經擺在你的面前。

除了微反應的動作之外，微表情和微語義也是我們研究的重點。微反應主要講的是細微的身體小動作，微表情主要針對臉部的細微表情變化，微語義則是探尋隻言片語後的真實意思。它們幫助我們構建了一個判定他人説法與想法是否一致的立體框架，從而使得我們的判斷更加準確有效。

我們之所以無法有效影響和改變他人，是因為不知道他人內心的真實想法，被他人的語言，以及各種“裝”出來的表情和行為所欺騙。觀察和分析微反應恰恰讓我們握有讀懂他人內心的核武器，讓我們可以看透他人偽裝，發現他人的真實心理，保護自己，準確出擊，最終贏得安全且精彩的生活。

可觀察到的臉部變化 （黑體為必要形態特徵）	基本情緒類型
眉毛上揚 **上眼瞼提升**　睜大眼睛　眼睛警覺 **吸氣**　嘴部自然、鬆弛	**驚訝** 意外、關注
眉毛下壓　皺眉 眼睛閉起　眼瞼緊張 **上唇提升**　**鼻唇溝**　單側嘴角上翹	**厭惡** 否定、低級
眉毛下壓　皺眉　呈鐘錶指針“10:10”狀眉形 睜大眼睛　怒視　眼神有力　三角眼 **上眼瞼提升**　**下眼瞼緊繃**、變直 鼻孔噴氣　鼻唇溝　鼻翼提升、擴張 臉頰隆起　上唇提升　下唇外凸　咬牙切齒 緊閉嘴　撅嘴　憋氣　鼓下巴　嘴角下彎 眼球上翻　縮下巴	**憤怒** 威脅、攻擊
對視　閉眼　眨眼　眼瞼下垂 瞳孔縮放　眼睛放光　失神 視線轉移　眼球輕微閃爍　斜眼　翻白眼 咬嘴唇　撇嘴　抿嘴	**複雜情緒**

微表情	
基本情緒類型	**可觀察到的臉部變化** （黑體為必要形態特徵）
恐懼 逃離、放棄	眉毛下壓　**皺眉**　眉間倒“U”形皺紋 鐘錶指針“8：20”狀眉形　**眉頭上揚、扭曲** 睜大眼睛　**上眼瞼提升**、褶皺 眼睛警覺　眼神閃爍 深吸氣　上唇提升
悲傷 損失、傷害	**眉毛下壓**　**皺眉**　眉間倒“U”形細紋 鐘錶指針“8：20”狀眉形　**眉頭上揚、扭曲** 上眼瞼輕微褶皺　眼神暗淡 臉頰隆起　鼻唇溝 法令紋 呼吸痙攣　上唇提升　下唇外凸“W”形下唇 緊閉嘴　撅嘴　癟嘴　嘴角下垂　鼓下巴
愉悅 滿足、肯定	眉毛自然、鬆弛　前額平滑 **眼睛瞇起**　**魚尾紋** **下眼瞼緊繃、提升、凸起**　**笑容溝紋** **嘴角翹起、拉伸**　上唇提升　鼻唇溝 **臉頰隆起、提升**　蘋果肌　酒窩　光澤感 呼吸痙攣　鼓下巴

目錄

引子：我們分手吧

第一章　表情辨識能力測試

表情是人際交往中的重要密碼，也是了解他人的關鍵步驟。做一下本章的表情辨識能力測試，看看你的讀臉水平如何？

第二章　情緒是怎麼產生的

情緒是人遇到有效刺激時的第一神經反應，它先於理智思維產生，與人類的生物本能息息相關，是刻意“裝”不出來的。因此，有針對性地設計刺激源，引發他人真實情緒，就成為了撕破他人假面、直擊內心真相的關鍵步驟。

第三章　表情與微表情

微表情是人遇到有效刺激時，由情緒或習慣引發的不受思維控制的真實面部反應，可以準確映射出一個人的內心真實想法。世界上有 6 種共通情緒：驚訝、厭惡、憤怒、恐懼、悲傷、愉悅，每一種情緒都具備特定的微表情形態特徵，根據這些微表情可以準確推斷出與其相對應的情緒。

第四章　驚訝的微表情

人在受到意外刺激時，會首先產生驚訝的情緒。驚訝的微表情形態特徵是眼睛睜大，上眼瞼提升，露出比平時更多的虹膜上緣。驚訝轉瞬即逝，之後會迅速恢復常態或轉換成其他情緒。驚訝情緒的出現是非常重要的分析線索，其表情越飽滿表明刺激源的力度越大。

第五章　厭惡的微表情

如果有效刺激性質為負面，使人在瞬間的驚訝之後產生了否定和遠離的想法，就會滋生厭惡情緒。厭惡的微表情形態特徵是上唇提升，在鼻翼兩側形成鼻唇溝。輕蔑和不屑也屬於厭惡類情緒的衍生，伴隨後者而生的，通常還有單側嘴角翹起的不完整微笑。

第六章　憤怒的微表情

當負面刺激的力度升級，超越了厭惡情緒的極限，使人感受到威脅時，就會激發憤怒情緒。憤怒的特徵是有攻擊傾向，試圖驅除或消滅負面刺激源。其微表情形態特徵是上眼瞼提升、下眼瞼繃緊，眼睛瞪得越大，表明內心憤怒情緒越強。憤怒時通常還配合有眉毛的下壓，眉形呈"10：10"狀。

第七章　恐懼的微表情

一旦負面刺激的威懾力超過了人的心理承受能力，恐懼情緒也就隨之產生。恐懼的微表情形態特徵是眉頭皺起並抬高，眉形在內側 1/3 處扭曲，上眼瞼提升，露出較多虹膜上緣。害怕、不安和擔憂也屬於恐懼類情緒的衍生，其程度依次遞減。恐懼的表情是驚訝和悲傷兩種表情的結合體，可以理解為在驚訝之後所預支的悲傷。

第八章　悲傷的微表情

如果強大的負面刺激產生了惡性結果，恐懼情緒就會轉變為悲傷。悲傷源自損失，是所有情緒中唯一放任能量流失的情緒，會導致雙眼無神，失去警覺。悲傷的微表情形態特徵是雙眉皺起並下壓，眉頭上揚，眉形在內側 1/3 處扭曲。愧疚、不悅、苦澀和勉強等為其衍生情緒，通常伴有癟嘴的微表情。

第九章　笑容裏的微表情

愉悅是6種共通情緒中唯一的積極情緒，笑容也成為人類最複雜也最適合進行社交的表情。真笑的時候，眼睛瞇起，下眼瞼變緊、提升、凸出，眼睛下面出現笑容溝紋，眼角外側常有魚尾紋；嘴角向耳側拉伸、翹起；臉頰隆起、提升。這些微表情表現不完全或程度不匹配，都可懷疑為假笑。

第十章　眉毛和眼睛的微表情

眉毛和眼睛在人類表情中起着舉足輕重的作用。眉毛的 5 種不同形態、眼球的轉動、眼瞼的開閉動作都可以映射一定的心理狀態。由於瞳孔的反應是不能用理智加以控制的非隨意運動，其縮放就能直接表現主觀好惡：積極情緒下，瞳孔會放大；負面情緒時，瞳孔會縮小。

第十一章　真假表情檢索

人臉上的表情紛繁複雜，瞬息萬變，真假交織，因此要想成功破譯表情密碼，就需要敏銳捕捉所有面部細微變化，逐一拆解分析變化背後的深意，進而去偽存真，掌握他人內心真相。

引子：我們分手吧

女：我們分手吧。

男：甚麼？（驚訝情緒。沒有想到會直截了當地提出。）

女：昨天我接到了 ××（註：前男友的名字）的電話，他説他忘不了我。

男：他怎麼現在還給你打電話啊？（厭惡情緒。對前男友感到排斥。）

女：我覺得，他説得對，他比你更了解我。

男：甚麼！（憤怒情緒。產生攻擊慾望，要是那個男人在面前，恐怕就會衝上去了。）

女：和你在一起雖然很快樂，但痛苦也同樣多，我們吵了這麼多次，你還是不能完全明白我是怎麼一個人。雖然他不浪漫，但我感覺和他在一起更踏實，心裏放不開他。我想了很久，為了我們兩個人都好，咱們還是做朋友吧。

男：我可以改，我甚麼都能為你改。我不能沒有你。（恐懼情緒。知道挽回的希望不大了。）

女：你值得有更好的女孩，而且你身邊也有很多好女孩。現在的不捨得，只是不習慣而已。我知道很殘忍，但我真的不希望我們之間再重複以前的爭吵了。手機還給你，還有家裏的鑰匙。再見了。我會一直祝福你的。

男：……（悲傷情緒。知道已經不可挽回了。）

這是生活中諸多常見的場景之一。在這段對話中，男子的內心產生了從驚訝到悲傷的一系列情緒。面對突如其來的意外情況，人往往會產生各種各樣的情緒波動，如果是無動於衷，只能説明心中已不在意，只要還在意，就一定會產生情緒反應。

人究竟是理智的高級生物，還是情緒的奴隸？這兩種説法都太極端了，加個前提比較準確：不急的時候，人是理智的主人；急了的時候，人是情緒的奴隸。這裏面的“急”，就是遇到了有效刺激。

人只要清醒着，就會持續接收和處理各種信息。在本書中，我們將人體神經系統接收到的信息統稱為“刺激”，但並不是所有的刺激都值得作出相應的外在反應。比如，兩個人面對面坐好，男孩在對話過程中不經意地眨了下眼睛。儘管這個動作的確通過女孩的眼睛給神經系統傳達了一個視覺刺激，但是它在女孩眼中，沒有甚麼特殊意義，所以沒有進行處理就直接拋到了腦後，更不會下命令執行任何外在反應。

對於那些能夠引發應激反應的刺激，我們稱之為“有效刺激”。有效刺激發生之後，除了本能的反應之外（比如手碰到了裝滿開水的玻璃杯會馬上躲開），還有可能引起不同層次的情緒反應。

當我們遇到有效刺激的時候，首先會驚訝。沒想到的或者不確定的突然刺激，都會使接受者集中注意力，開始關注刺激源。如果是事先確定肯定會發生的事情，則不會引發驚訝情緒，該操心的早已操完，平靜等待就是。

驚訝的同時，就可以快速作出判斷，分辨刺激源是利是弊。如果是好事則比較簡單，大好事開懷大笑，小一些的好事默默欣喜。如果是壞事，則需要進行進一步的等級評估。

不喜歡、不認同、不能接受的，比如臭味或者不好聽的話，但沒有攻擊性和威脅性，這樣的刺激源會引發厭惡情緒。厭惡的直接想法是確認刺激源不會傷害到自己，排斥就夠了，所以只是想離遠一些或者置之不理。“看不起”，就是最常見的一種厭惡，不認同而且評價很低。

如果負面刺激源升級，能夠對當事人產生威脅，無論是對生命安全還是觀點、名譽的威脅，甚至只是一些不合時宜的忤逆和阻礙，都會引發憤怒的情緒。憤怒的特徵是產生攻擊慾望，希望通過特定行為來消除具有威脅的刺激源。

但是，如果刺激源的負面壓力太大，超過了當事人能夠承受的極限，比如打不過、罵不贏、頹勢不可挽回等情境，當事人就會沒有信心實施攻擊行為（包括抵抗行為），也沒有信心消除威脅，所能做的不是逃跑，就是認命。不過，這個時候，危害的結果還沒有發生，所以此時的情緒是恐懼。

一旦結果發生，成為既定事實，沒有挽回的希望了，那麼恐懼不再持續，取而代之的則是悲傷。負面刺激源一旦造成結果，無一例外是利益的損失，悲傷正是來自損失。之前一直關心和努力的，就是不想讓惡性結果發生，所以發生之後，整個身體也就鬆垮了，沒勁兒了，這是悲傷的最典型外在表現。

綜上，在遇到有效刺激之後的第一反應是驚訝，隨後，人會產生兩個方向的情緒：積極方向的情緒是不同程度的愉悦；消極方向的情緒，則根據刺激源的力度不同，從輕到重依次為厭惡、憤怒、恐懼和悲傷。這 6 種基本情緒，涵蓋了人類處理外界信息時可能引發的所有情緒反應，類似輕蔑、生氣、害怕、尷尬、不悦、愧疚等常見的情緒，都可以歸結為這 6 種基本情緒的不同程度衍生。如圖 1 所示。

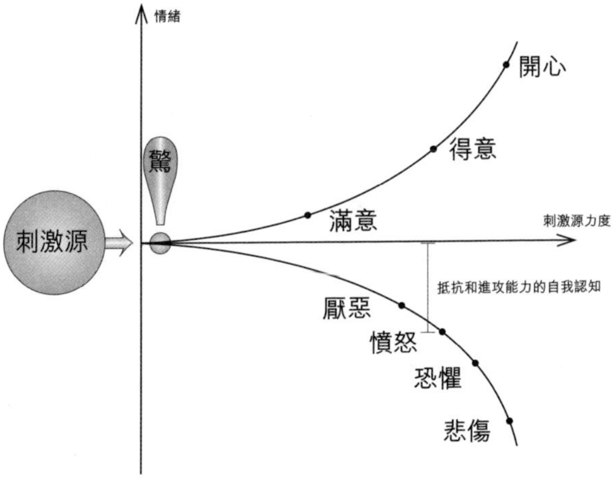

圖 1　人類的 6 種基本情緒

美國的微表情（micro-expressions）前輩學者保羅・埃克曼（Paul Ekman）教授也認為，人類擁有 6 種跨種族、跨文明、跨地域的通用情緒和表情：驚訝、厭惡、憤怒、恐懼、悲傷和愉悦。為了證明這個至關重要的結論，老先生曾親赴新幾內亞的原始部落，研究那些從未與外界有過深入交流的種族人群的表情。單這一項偉大的研究，就值得後輩敬仰。

情緒用於處理不同的刺激，表情則是人類的另一種交流方式，比語言更真實，更準確。更重要的是，這 6 種情緒和它們所驅動產生的表情之間，有着天然的關聯。如果能夠通過對表情進行拆解，分析出面孔背後的情緒，就可以一定程度上了解他人內心的真實想法。

所以，在這本書中，我們將按照這 6 種情緒的變化路線來組織對微表情的分析。除了驚訝、厭惡、憤怒、恐懼、悲傷和愉悦這 6 種基本情緒之外，還融入了盡可能多的衍生情緒，努力找到這些情緒與微表情之間的本質聯繫，幫助大家提高捕捉微表情的能力和效率。其中，驚訝是比較單純的情緒，隨後才會產生各種判斷。如果判斷為負面刺激，則會依照刺激的程度不同依次產生：厭惡類情緒（包括厭惡、輕蔑、不屑等不同程度的衍生）、憤怒類情緒（包括憤怒、威脅、生氣等不同程度的衍生）、恐懼類情緒（包括恐懼、害怕、不安、擔憂等不同程度的衍生）以及悲傷類情緒（包括悲傷、愧疚、不悦、無奈等不同程度的衍生）；如果判斷為正面刺激，則會產生愉悦情緒，進而引發笑容。

每一種情緒，都有其獨特的表情，無論多麼複雜，都有着必要形態特徵和典型形態特徵，這些微小而精妙的形態特徵，就是“傳説”中的微表情。不論是純粹的微表情，還是複雜的複合表情，想要掌握真實的表情含義，方法只有一個，那就是捕捉臉上的所有細微變化，區分其中的真偽，最後確認它們所代表的內心想法。

接下來，請你先測試一下自己對表情的識別能力，看看已經達到了甚麼水準。

第一章

表情辨識能力測試

這一章有三個級別的表情測試，從最簡單的到最複雜的，用於測試和區分讀者對表情的識別能力。

現實生活中的微表情分成兩類：一類是在極度壓抑、不能放任情緒流露的情境下，一不小心流露出來的細微表情變化，肌肉運動不充分、時間短，這是比較純粹的微表情；還有一類，是將各種複雜情緒摻雜糅合在一張面孔上的複合表情，通常被形容為“糾結”或者“意味深長”。後一類出現得更多，因為倘若不是身處強大的壓力情境，比如司法調查，人們通常不會盡力壓抑自己的情緒表達。

接下來，我們開始做一次“淺入深出”的表情辨識能力測試。

第一類

普通表情的辨識

在這一級別的測試中，共有 6 張圖，請你看過之後，給出一個直觀的判斷。參考答案在圖的下面。不用摳字眼，如果你的判斷和參考答案的意思差不多，就算正確。每判斷對一張表情圖，得 5 分。

初級測試 1

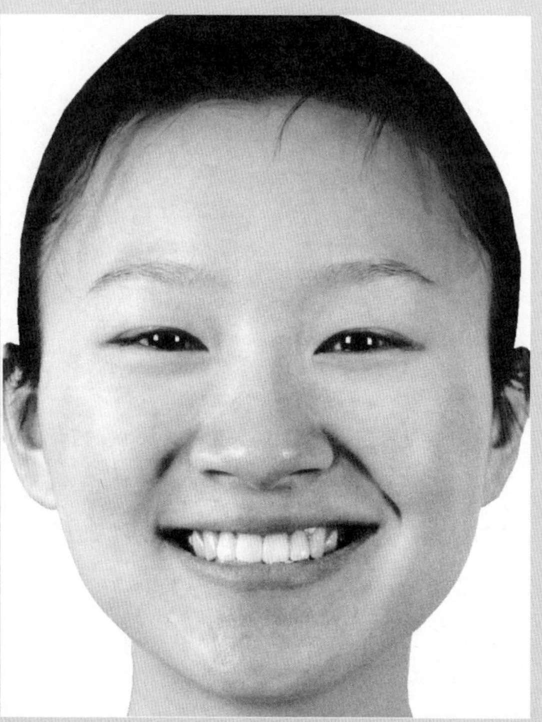

參考答案：開心的笑。

開懷大笑，代表的情緒是人一生追求的目標——快樂。真心的笑具有極高的識別性和感染力。即使在 100 米外，也可以輕鬆識別出一張明媚的笑臉。如果你判斷對了，請翻回去再隨意看看，笑容的面孔中，從眉毛到嘴巴，各個器官都處於甚麼狀態。

初級測試 2

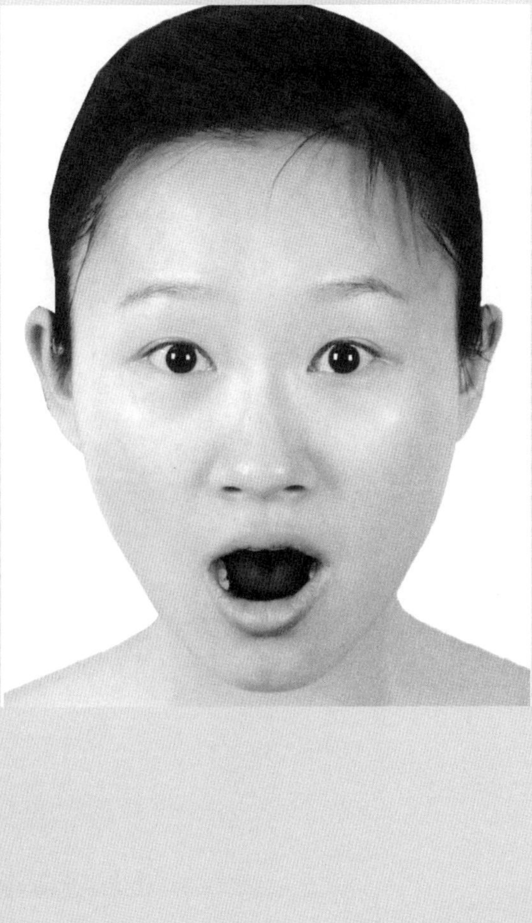

參考答案：驚訝。

看到意外的事，聽到意外的消息，就會本能地做出這樣的表情。眼睛睜大是為了看清究竟是甚麼，而且你可以注意到，張開嘴的同時，一定會有快速的吸氣。

初級測試 3

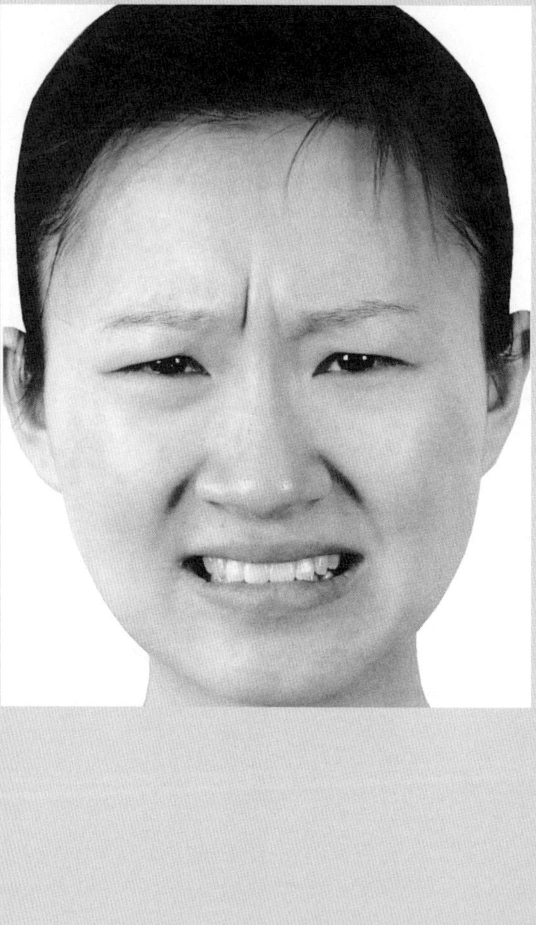

參考答案：厭惡。

無論遠古還是現在，生存的過程中如果遇到惡臭、腐爛的食物，或不喜歡的人、事，就會做出這樣的表情。臉部的動作表明了態度：不看、不聞、不嚐；如果耳朵能動，還可能有不聽。如果你在別人臉上看到這樣的表情，大概就能知道自己在人家心裏的地位了。

初級測試 4

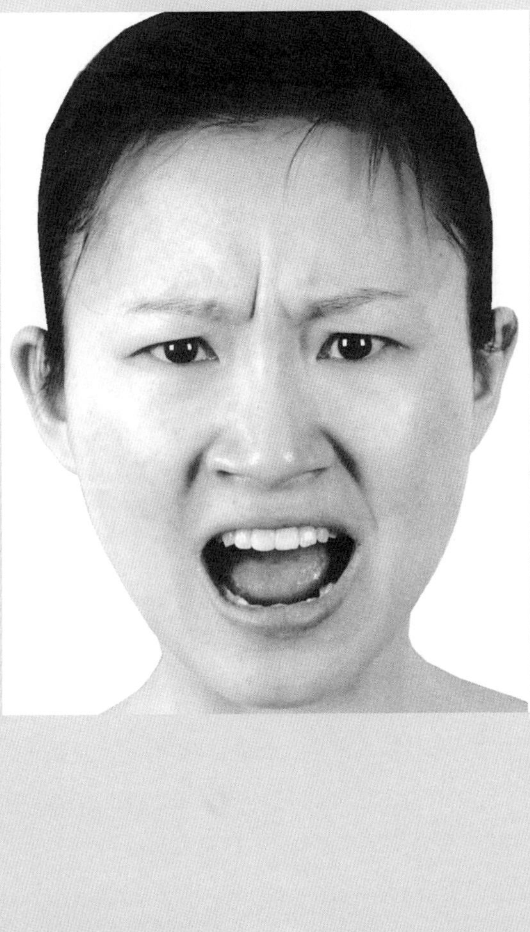

參考答案：憤怒。

如果被挑釁，甚至受到了冒犯，就會引發憤怒。憤怒的直接表現，除了這張憤怒的面孔外，還有其他的進攻動作，比如怒吼，或者衝撞、踢打，至少也會有粗重的呼吸。圖中露出的牙齒，和動物在準備進攻時露出的牙齒，本質上沒有甚麼不同。

初級測試 5

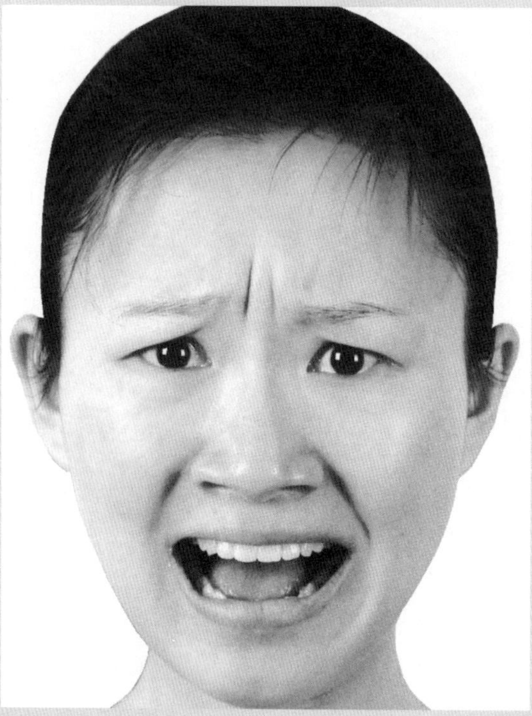

參考答案：恐懼。

當你面對一個可怕的東西時，怕的是甚麼？怕的是它可能會給你帶來傷害，而這種威脅自己又沒有能力消滅、驅趕或者清除。對那個危害結果的害怕，就是恐懼。如果遇到了壓倒性的威脅，在我們覺得無力反抗並消除的時候，憤怒情緒就會消退，取而代之的是恐懼。恐懼的最直接反應是逃離，壓力太大的話，還可能會造成絕望的放棄。

初級測試 6

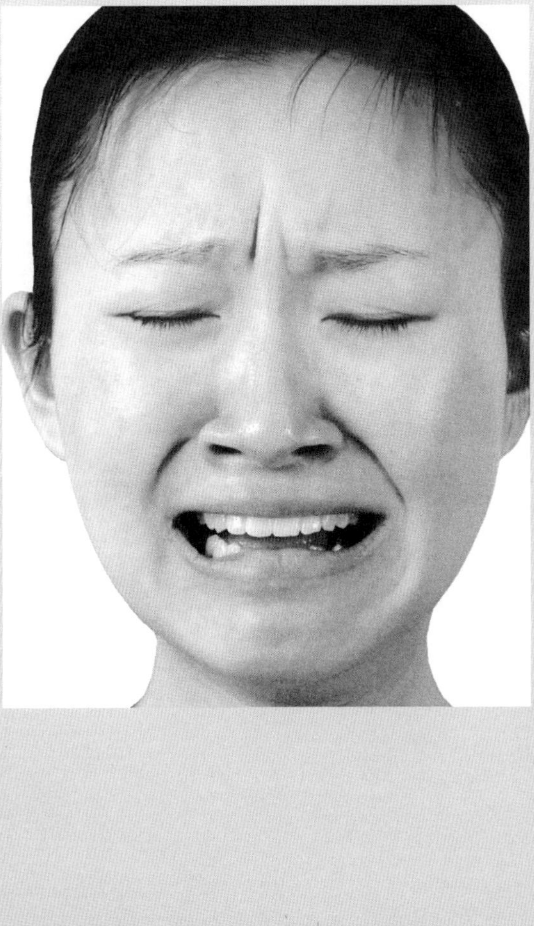

參考答案：悲傷。

至親逝去，或者付出了艱辛的努力和巨大的代價而沒有成功，可能會引發失聲痛哭。

第二類
常見表情的辨識

在這一級別的測試中，也有 6 張圖，請你看過之後，給出一個直觀的判斷。參考答案在圖的下面。如果你的判斷和參考答案的意思差不多，就算正確。每判斷對一張表情圖，得 5 分。

中級測試 1

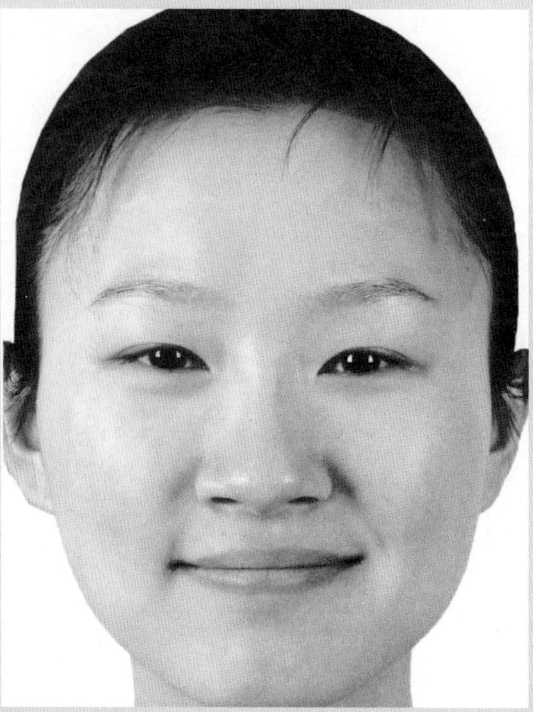

參考答案：微笑。

這樣的微笑在生活中非常常見。關鍵的問題是，這個微笑真誠嗎？能不能通過這張面孔的結構形態就斷定，對方是真的喜歡和開心？

要判斷笑容是否完全真誠，需要注意兩條標準：一條是注意觀察眉毛形態、眼睛形態、臉頰的隆起程度和嘴的形態；第二條是注意4個器官形態的力度匹配關係。結合上述特徵可知，這個笑容是真誠的，但嘴部有刻意抑制的動作——嘴唇抿緊，說明當事人有意抑制笑容的充分展現。

中級測試 2

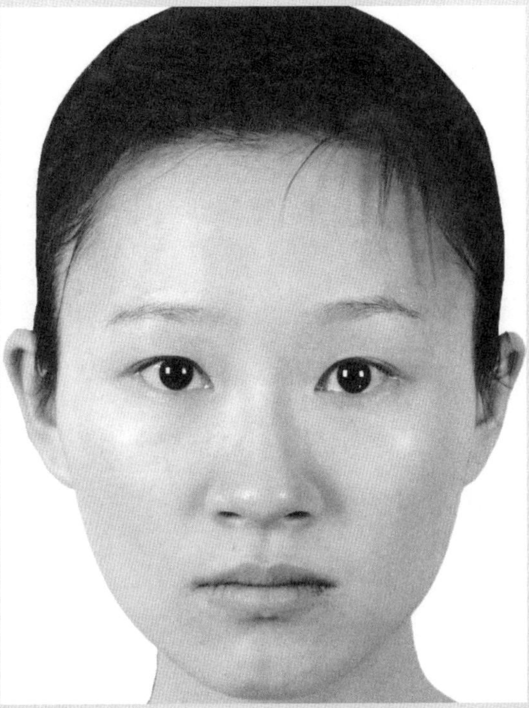

參考答案：輕微驚訝。

從圖中驚訝的程度可以反推，意外的刺激並不是很劇烈。不過，你能看出這個表情中有沒有恐懼嗎？答案是沒有。

中級測試 3

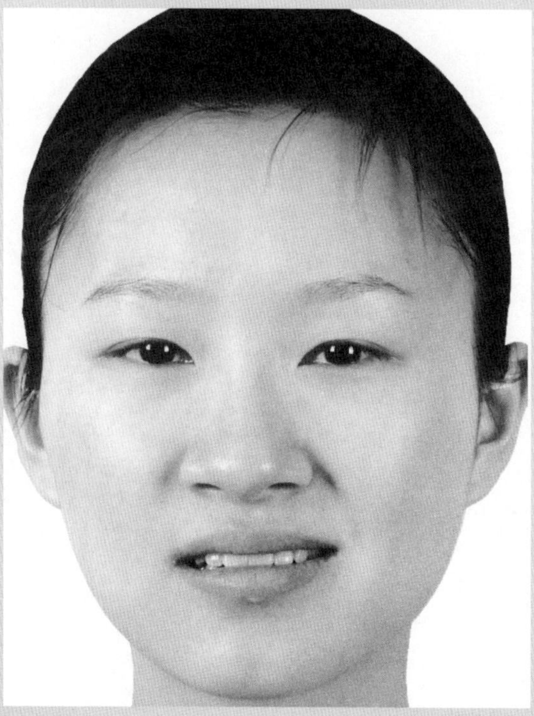

參考答案：不屑一顧。

不屑一顧屬於厭惡類情緒中的輕微級別，與強烈的逃避性厭惡的區別在於，不屑一顧的情緒對所厭惡之事非常輕視，不屑於糾纏和理會。不屑是厭惡的衍生之一，因此它的微表情形態中，保留了極度厭惡表情的肌肉形態特徵。

中級測試 4

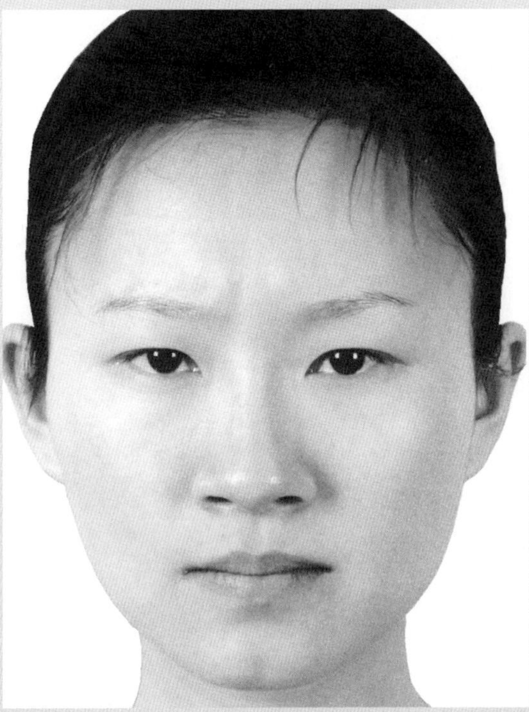

參考答案：輕微憤怒。

通常，面對心懷不滿的人，常常能看到這樣的表情。這個表情除了能夠透露出對方的不滿之外，還透露了一個很重要的信息——對方還在心裏憋着股勁兒，如果有條件，就可能按照他（她）自己的想法來做事情。

中級測試 5

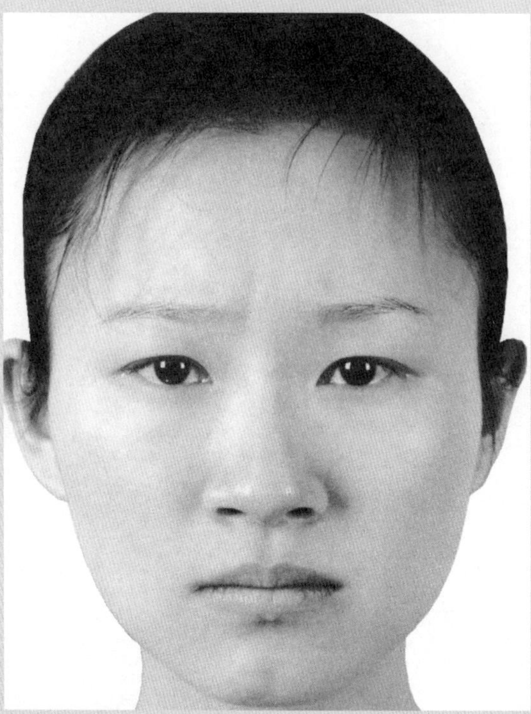

參考答案：擔憂。

輕蹙的眉頭流露出了擔憂，即使是遮住鼻子以下的面孔，擔憂仍然清晰可見。從眉毛和眼睛的形態，就可以確定擔憂的存在。擔憂是恐懼的輕微衍生，二者內心狀態相同，都是害怕甚麼事情會發生。

中級測試 6

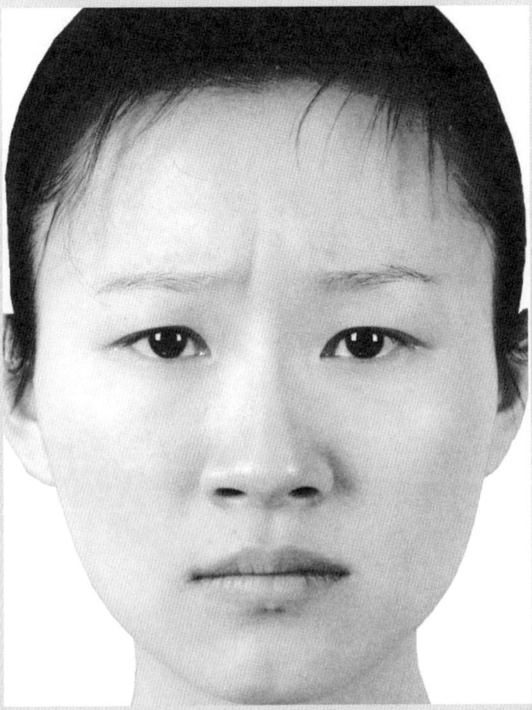

參考答案：傷感。

這個表情出現時，一定是有當事人不願意看到的事情發生了。對結果的無力挽回，就會造成內心的悲傷。

是不是覺得這個表情和“中級測試 -5”中的擔憂表情很像？對比一下的話，的確非常像，但有關鍵區別。請仔細比較一下眉毛和眼睛形態的細微區別。

我知道，這個時候你已經基本上變得多疑而敏感，並且在“中級測試 -5”和“中級測試 -6”之間感到有些眩暈了。其實，這説明你已經走到了微表情是否專業這層“窗戶紙”的邊上，只差一捅即破的努力了。而且，這兩種情緒之間的確有着非常微妙的關係，因為值得擔憂的事情很可能引起令人悲傷的結果，所以表情之間也存在相通之處。

第三類
複雜表情的辨識

在這一級別的測試中，共有 8 張圖，請你看過之後，給出一個直觀的判斷，然後比對參考答案。如果你的判斷和參考答案的意思差不多，就算正確。每判斷對一張表情圖，得 5 分。

高級測試 1

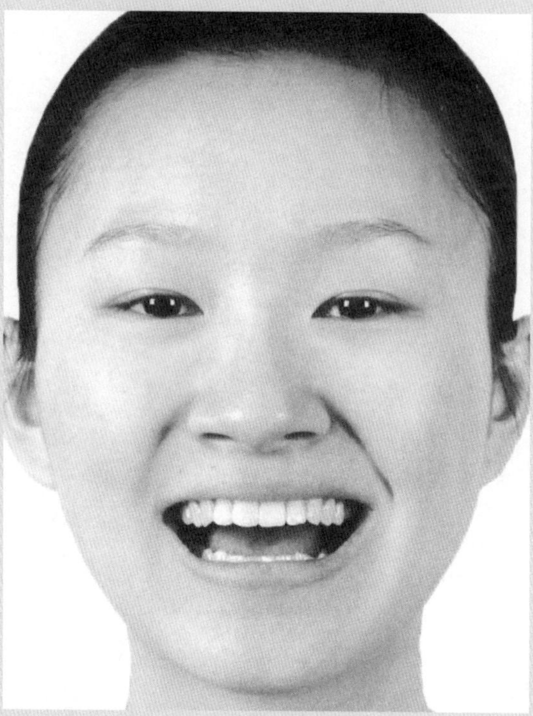

這是真笑嗎？

參考答案：不是。

判斷依據：眼瞼基本上處於鬆弛狀態，沒有主動閉合的緊張動作，輕微閉合的程度與嘴張開的程度不匹配。真笑的時候，如果嘴張得這麼大，眼睛就要完全瞇起來了。

高級測試 2

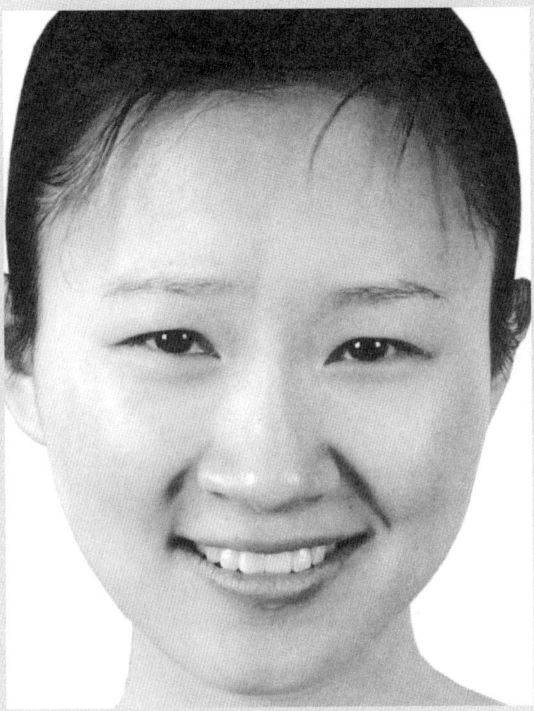

這張是在笑嗎？
笑容裏有甚麼其他表意？

參考答案：

是有情緒支撐的真笑，但笑容裏帶有一絲害怕，一般會出現在祈求或者諂媚的時候。判斷依據來自眉毛和上眼瞼的形態，帶有恐懼類微表情形態。

高級測試 3

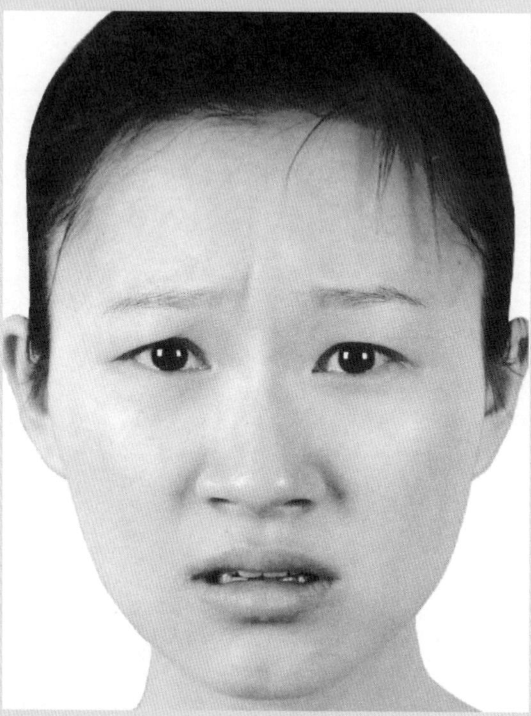

不好的事情是不是已經發生了？

參考答案：

這是明顯受驚的表情，而且在受驚當中，還摻雜着悲傷的微表情形態，因此可以判斷，當事人看到的情境中，不好的結果已經發生了。

高級測試 4

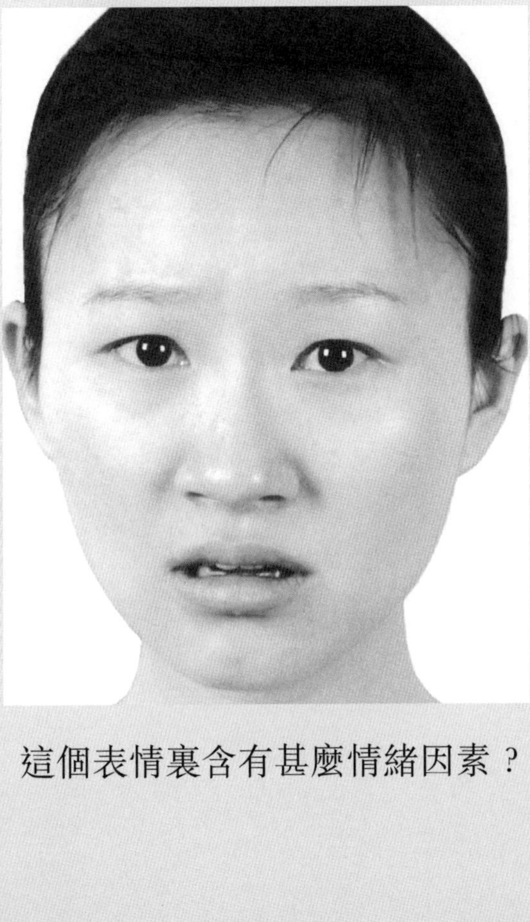

這個表情裏含有甚麼情緒因素？

參考答案：

這是吃驚且害怕的表情。眼睛睜得這麼大，虹膜幾乎全部暴露出來，但眉形的扭曲程度卻很小，確定了吃驚、害怕的存在。害怕和傷心的關鍵區別，在於眉毛和眼睛的形態。

高級測試 5

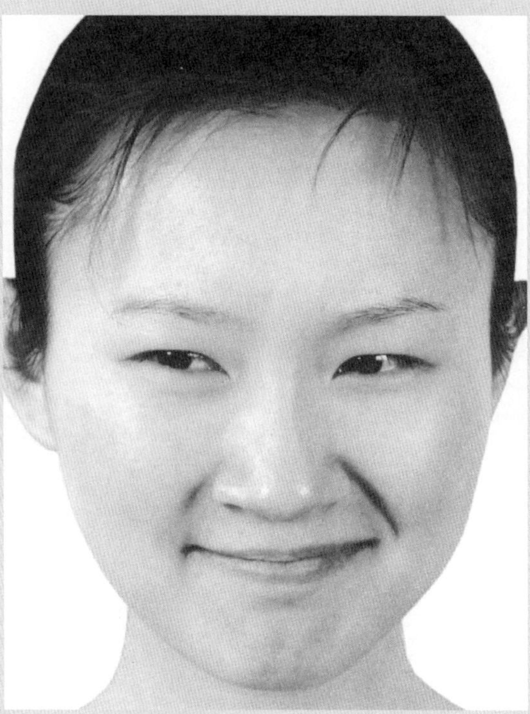

這是甚麼笑？

參考答案：

這是得意的笑，而且是暗自得意。輕微豎起的眉毛提示了努力思考的動作，眼睛、臉頰和嘴部形態證明了笑容的真實性，視線的偏轉則映襯了"不要太高調"的主觀傾向。

高級測試 6

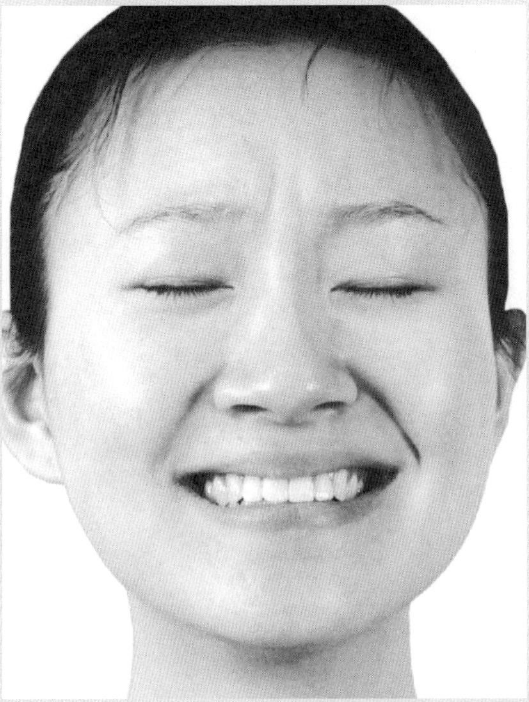

這是哭，還是笑，還是悲喜交加？

參考答案：

這是悲喜交加，而且喜悅的成分居多，一般出現在喜極而泣的時候，也許你會在競技賽場上經常見到這樣的表情。

高級測試 7

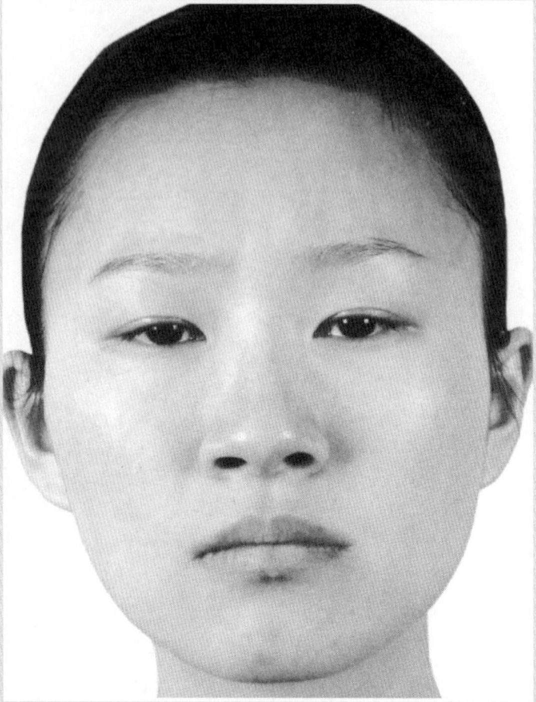

這是不高興了嗎？她心裏在想甚麼？

參考答案：

這是不悅的厭惡。儘管臉上波瀾不驚，但內心的厭惡已經比較強烈了。關鍵的微表情形態是眉毛皺緊的程度和努力控制成自然形態的嘴部，而且上眼瞼下垂到瞳孔的上緣，是"我不想看到你"的微表情台詞，這個狀態是很難刻意做到的。

高級測試 8

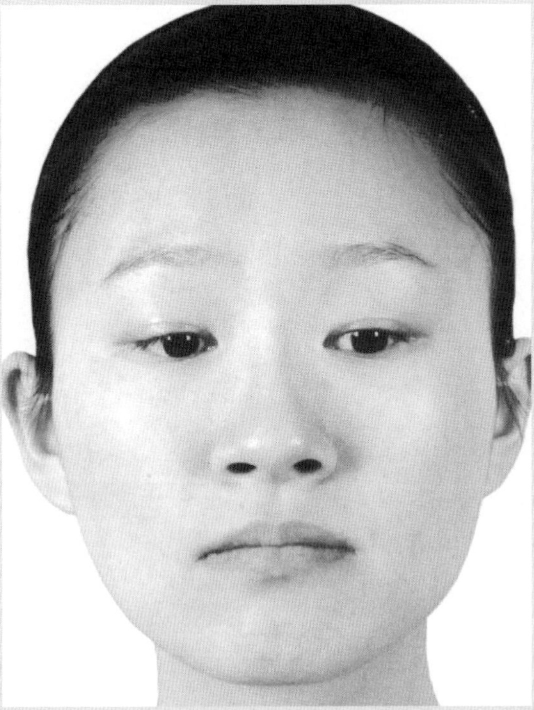

這個表情是在回憶，還是在表示不認同？

參考答案：

這不是回憶，而是不認同，但不會有甚麼反抗行為，可以簡稱為“不服氣”。注意觀察眼瞼的形態，如果眼球沒有轉向下方，是不是又會呈現出上眼瞼下垂到瞳孔上緣的狀態？沒錯！再加上視線下移和下巴的皺起，都能充分說明內心中的否定表意。

測試結果評價和建議

如果你的測試得分介於 0—50 分，説明你可以識別出比較明顯的表情含義，但對於複雜的微表情識別度不高。你需要經歷更多的人和事，通過積累感性認識來提高自己的辨識能力。

如果你的測試得分介於 50—60 分，説明你具有很好的直觀感覺，對人的表情比較敏感，但在被質疑或者自我質疑的時候，會對自己的判斷產生懷疑。你需要仔細閱讀本書，詳細掌握每種微表情的形態特徵和判斷標準。

如果你的測試得分介於 60—80 分，説明你具有比較高的表情解讀能力，如果不是閱人無數，就是專門研究過人類的表情。你在這種良好的基礎上再通讀本書，會對微表情形態特徵掌握得更加系統、更加全面、更加準確。

如果你的測試得分高於 80 分，誠邀你和我們研究小組取得聯繫，我們希望和更多的天才與專家接觸、交流，共同提高微表情分析和測試應用的水平。

經過上面的測試之後，請你牢牢記住目前的感受：人的一張張面孔，在你眼中是清晰可見的嗎？真真假假的表情，會不會造成困惑和誤解？在本書的第四章至第九章中，抽絲剝繭地講述了各種表情的必要形態特徵和典型形態特徵，按照這些標準，你可以在學習完成之後，再次回過頭來做一下高級測試。相信那個時候，對這些複雜面孔的識別，會變得像查字典一樣清晰而明確。

第二章

情緒是怎麼產生的

在了解各種面部表情形態特徵之前，我們首先要確認一個核心問題：通過微表情分析人的內心到底靠不靠譜？是神話還是科學？這涉及情緒與表情之間的聯繫。

本章先後探討了以下幾個問題：我們研究的情緒是甚麼，情緒的重要作用，情緒產生的過程以及情緒在微表情分析過程中的重要作用。在讀完之後，你會在本章的最後發掘到一個小寶藏，而這個寶藏可以將你的微表情分析能力提升到專業水平。

甚麼是情緒

在專業詞典中，“情緒”這個詞有兩個解釋：

(1) 心情；心境：情緒不佳；醒來情緒惡。

(2) 從人對事物的態度中產生的體驗。與“情感”一詞常通用，但有區別。情緒與人的自然性需要相聯繫，具有情景性、暫時性和明顯的外部表現；情感與人的社會性需要相聯繫，具有穩定性、持久性，不一定有明顯的外部表現。情感的產生伴隨着情緒反應，而情緒的變化也受情感的控制。通常那種能滿足人的某種需要的對象，會引起肯定的情緒體驗，如滿意、喜悅、愉快等；反之則引起否定的情緒體驗，如不滿意、憂愁、恐懼等。

乍看之下，這兩個解釋之間沒有甚麼太明顯的區別。但是，仔細辨別一下，還是能發現它們之間有較大不同。

第一種解釋常用於“情緒比較低落”或者“情緒高漲”等語境，是對身體情感狀態的一種總體描述。這種情緒的持續時間比較長，可以指幾個小時、幾天這種時間長度，也可以僅指幾分鐘。這種解釋與英文單詞“mood”比較貼近。

第二種解釋有兩個地方需要重點注意：一是“具有情景性、暫時性和明顯的外部表現”；二是滿足需要的會引起肯定情緒，反之則引起否定情緒。這種情緒的典型特徵是需要具體情境來引發，情境不同引發的情緒也不同，而且所引發的情緒持續時間比較短。這種解釋與英文單詞“emotion”吻合。

在研究微反應的過程中，我們所關注和使用的“情緒”，只限於第二種解釋。因為這種情緒會比較準確地反映當事人內心的真實狀態。而第一種情緒，可以作為整體判斷的一個參考情況，卻不能用來確定真相。

本書中所研究和探討的情緒，持續時間普遍很短，最短的不會超過一秒（驚訝），其他的情緒種類的持續時間也都以秒計。當然，有一種情緒也可以持續多達幾天——悲傷，但只有這一種情緒特殊，具體原因會在第八章中解釋。正是因為情緒的短暫而真實，才決定了由情緒引發的表情的真實可靠。

情緒有甚麼用

根據第二種解釋，情緒的產生需要具備“情景性”、“能滿足人的某種需要的對象”和不能滿足這種需要時的反向感受。不過僅僅從詞典的標準解釋裏，並不能清楚地了解情緒究竟是怎麼被刺激出來的。

人們常說，理智高於情緒。

如果從人們在社會生活中所做的事情來看，確實是理智思維作出了更多的決定。不過，在這個時候，有一個重要的前提條件往往被忽略了，那就是大家的社會活動，都遵循着相同或者近似的準則，而這種準則，本身就是無數人用理智定義出來的。

在微反應研究體系中，我們認為情緒高於理智。

無論是社會生活還是純粹的生理活動（比如運動、飲食等），在遇到刺激的時候，第一時間產生的神經反應往往是情緒，隨後才是思維取代情緒佔據主導地位。如果刺激太強，思維就會退出主導位置，改由情緒來主持全身的工作。比如，在重要的表演中出現笑場，或者明明知道有嚴重的法律後果還去衝動地傷害他人，都是情緒做主所致。

不要因為理智作出決定的數量遠大於情緒的決定，就認為理智高於情緒。其實人的心理很脆弱，很容易被帶入到情緒的衝動中。大的錯誤往往都是情緒使然，所以，情緒決定的“質”更貼近人類的動物本質。更何況，因為記憶和思維屬於同種性質的大腦皮層功能，所以大多數能記住的事情，都是理智思考的結果；而情緒的衝動並不是主要基於大腦皮層的功能，所以很難被記住。

情緒可以明顯地被人感知到，並對人的身體產生影響。有的表現很明顯，甚至結果很嚴重；有的則不容易被觀察到，比如呼吸、心跳等。但可以肯定的一點是，只要有情緒，身體就一定會有變化，即使很微小的內部變化也可以被設法捕捉到，這就是測謊儀（學名“多道心理記錄儀”）的研發原理。

情緒和理智，都是神經系統用來處理外部信息的功能。理智適合處理比較理智的情境，而情緒則更接近動物的本能，更適合處理比較強烈的刺激。用達爾文（Charles Robert Darwin）的進化觀點來解釋，情緒更能夠保證生存（安全）和繁衍（愛）的順利進行。在應對複雜環境的過程中，情緒可以調動身體中的能量並指揮部分運動，以保證身體內部，尤其是神經系統、循環系統的平衡和穩定。而這些對於理智思維來講，難度太大了。人無論多聰明，畢竟還是動物。

預期不符——情緒產生的根源

情緒產生的根源，來自人們遇到的刺激與主觀預期不符，簡稱預期不符。

1、各種情境下的主觀預期

我們所講的主觀預期，是神經系統按照既往和當前能夠接收到的所有信息，對即將發生的事情作出的判斷。如果只讀這句話，會覺得這是一個邏輯清楚的思維過程，主觀預期貌似非常理性。需要特別強調的是，這裏所説的"預期"一詞，不是提前的、邏輯清晰地"想"出來的期待；恰恰相反，是指一種感覺，通常是不用"想"的。更多的時候，主觀預期還和理智想法相反，只是不容易被注意到和意識到。

畢竟，人類是進化出來的一種動物，也和普通的動物種屬一樣，以生存和繁衍為第一需求。為了生存和繁衍，人會根據既往和目前狀況，本能地產生大量預期。通過下面的幾個例子可以讓你更加明白這個貌似晦澀的概念。

(1) 黑暗環境中的主觀預期

如果你走進一個伸手不見五指的黑暗環境，會馬上把一切行動都慢下來，謹慎起來，這是長期進化積累下來的本能反應。這時的主觀預期是：周圍可能存在會傷害你的物體（人、動物或其他不明威脅），就算沒有這些東西，萬一碰到甚麼物體，也會容易受傷害。沒有人會覺得黑暗的環境安全而溫暖，所以，你會自然收縮身體，派出四肢緩慢地向四周探索，而不會很隨意地快速走動及揮舞肢體。總之，一切要小心。

有人説，那是出於對未知的恐懼，因為看不到。

這種解釋方法，認為"恐懼產生的根源 = 未知（看不到）"。為甚麼未知就會產生恐懼呢？二者之間為甚麼就存在着這個必然的關聯？進一步思考就會發現，人們通常認為“未知的可能會有危險”，這就是主觀預期。

在未知情況下，人就不會預期可能出現對自己有利的物體嗎？有的時候可以，但那需要前面有其他信息的鋪墊。比如生日當天大家都神神秘秘的，可能會讓人聯想到一個充滿驚喜的慶祝聚會。這種情況不是真的完全未知。如果沒有前面的信息鋪墊，在沒有任何相關徵兆的情況下，突然進入未知情境，人類的求生本能一定會第一時間產生負面預期，想着怎麼保命，而不會想到有好事。作為一種生物，求生才是常態，奢求好事並非常態。

盲人一直看不見，卻不會產生恐懼，這是由於他們對黑暗環境的熟悉程度高於常人，其信息獲取方式也與一般人不同，因此他們對這種環境的主觀預期就要比視力正常的人更安全。某些精神病患者面對未知的危險局面，比如他人憤怒的肢體威脅時，也不會產生恐懼，是因為他們對這樣的刺激源不能感受，不會產生主觀預期。所以，未知不是恐懼的根源，預期可能存在傷害，才是恐懼的根源。

(2) 光明環境中的主觀預期

反過來，如果之前沒有其他信息暗示，你推開門，走進一間燈光明亮的房間，每個角落都能看得非常清楚，通常就不會有甚麼警惕，會比較輕鬆自如。因為在這樣的環境中，一切盡收眼底，主觀預期是：沒甚麼負面刺激會出現。

(3) 緊張事件的主觀預期

老闆走進辦公間，高聲宣佈，公司財務困難，需要裁撤 1/5 的員工。緊張的氛圍瞬間產生。大家面面相覷，人人自危。此時絕大多數人的主觀預期是：自己存在被辭退的危險。即使是理智地分析、判斷，認定自己不屬於被裁撤的那部分人，也很少有人能完全相信自己的理智，絲毫不緊張。直到最終的結果落定，包括確定被裁撤的人在內，所有的人才能徹底鬆一口氣。

之後的情況自有分別，留下的慶幸，被裁撤的垂頭喪氣或者據理力爭，但卻肯定沒有了之前的擔心。高考後即使估分很高，也會在錄取結果出來之後才能徹底放鬆，二者是一樣的。沒有得知確認的結果時，內心的預期總會是：有可能發生不好的結果。

(4) 輕鬆事件的主觀預期

最典型的輕鬆事件，莫過於過新年的時候，和一大堆人一起，傻傻地倒數 10 秒，迎接新的一年。對這 10 秒之後會發生甚麼事情的主觀預期，通常都會是歡呼、雀躍，周圍每一個人臉上都掛滿歡樂的笑容；當然也會有哭的，但肯定是興奮的、積極的氛圍包圍着大家。這些預期，都是不需要用清晰的思維來分析和判斷，不用專門去"想"就能產生的本能心理反應。

其實，黑暗環境和緊張事件有相同性質，都是會產生不好的主觀預期，雖然引發預期的原因複雜程度不同，但結果非常相似——害怕受到傷害。另一方面，光明環境和輕鬆事件也有相同性質，都是因為自認為比較有掌控感和安全感（比如環境、事件很簡單，或者當事人對局面的掌控能力很強），而會產生平靜的主觀預期或者積極的主觀預期。其中，積極的主觀預期需要更多的輔助信息作鋪墊，才會油然而生。更多的時候，人在很有掌控感的時候，也只會產生平靜的主觀預期。

所以，人類的精神狀態處於消極負面的時候更多一些，不過這並不是壞事，因為這些消極主觀預期的存在，會讓人生存得更安全。同時渴望開心，心懷希望，一旦開心的事實來了，開心的感覺就會彌足珍貴，以至於所有人都把快樂作為畢生的追求。

如果開心是常態，正常的人類心理是承受不了的。失去了生存和繁衍的壓力，人就會追求虛幻的精神快樂，比如吸毒。有真知的人，會竭力保持壓力（負面主觀預期）和快樂之間的平衡，這種平衡不是量的平衡，而是質的平衡。

常言説，“人生之不如意者，十之八九。”這句話裏的“意”，並不是我們所講的預期，而是理智思維之後決定的“意”，可以翻譯成“目的”、“希望”等。這種思考過的願望，往往要比生存本能所產生的預期複雜很多，立意高遠。也正因此，往往十之八九不能如了“意”。

如果一定要把前文中描述的“主觀預期”用更通俗的話來表達，比較貼近的是“隱隱感到有……的可能”，但又與預感不同，因為預感還是想出來的，通常會經過大腦思維。而對於預期來説，更多的時候，人根本認識不到自己已經具備了這種判斷。

2、各種情境下的預期不符

預期不符，就是事情接下來的發展狀況，與個人主觀預期不符合，既有質的不符，也有量的不符。預期不符的出現，就會導致情緒油然而生。高於（優於、積極於）預期的情況發生，會讓人產生美好的、正面的感覺，從而產生積極情緒；低於預期的情況發生，會讓人產生不滿、消極的感覺，從而產生負面情緒。

(1) 黑暗環境中的預期不符

如果你走進一個伸手不見五指的黑暗環境，神經系統會自然假設周圍可能存在會傷害你的物體。你會本能地告訴自己，要小心。

刺激一：如果燈被打開，房間裏站着一群朋友，手捧鮮花，你會有甚麼反應？不但緊張的神經立即鬆弛，而且還會產生強烈的愉悦心情。由於反差太大，刺激產生了巨大的驚喜！

刺激二：如果你慢慢向燈的開關方向挪去，一路上遇到了沙發、桌子等熟悉的傢具，然後順利地打開了燈，發現房屋裏面沒有甚麼異常，你會有甚麼反應？除了身體鬆弛下來之外，應該是沒有其他反應，因為在這個過程中，沒有出現負面刺激，也沒有積極刺激。

刺激三：如果你突然聽到一陣陰森森的笑聲，並感到耳畔有陰風拂過，你會有甚麼反應？恐懼瞬間增強，比單純黑暗引發的恐懼更甚，也比單純陰笑與陰風所能引發的恐懼更甚。在這種情境中，引發恐懼情緒的預期不符，是負面預期的絕對值與恐懼刺激源的刺激絕對值的累加。

(2) 光明環境中的預期不符

反過來，如果走進一間燈光明亮的房間，每個角落都能看得非常清楚，人會比較輕鬆自如地行走和運動。在這樣的環境中，人的主觀預期通常是：沒甚麼負面刺激會發生。

刺激一：如果朋友們已經手捧着鮮花站在這間燈火通明的房間裏了，你會怎麼反應？有驚喜，但驚喜的程度肯定沒有黑暗環境中的相同情境那麼強烈。

刺激二：你轉過身，突然發現一個人用鋒利的剪刀抵住了你的小腹，並捂住了你的嘴，你會怎麼反應？強烈的恐懼。之前的安全預期與恐懼的事實形成了巨大的反差，仍然是絕對值相加。

(3) 緊張事件的預期不符

老闆走進辦公間，高聲宣佈，公司財務困難，需要裁撤 1/5 的員工。緊張的氛圍瞬間產生，大家面面相覷，人人自危。所謂人人自危，就是說人人都會不同程度地緊張、不安、恐懼。這時候，你的主觀預期是：可能我會倒霉。

刺激一：裁撤的員工名單中，沒有你的名字，你會怎麼反應？

鬆一口氣，居然感到些許快樂。

刺激二：裁撤的員工名單中，有你的名字，但沒有那個比你差的人的名字，你會怎麼反應？沮喪加憤怒。沮喪來自被淘汰，憤怒來自淘汰的不合理。

刺激三：如果幾天後，又通知員工不用裁撤了，大家還會因為新的融資到位而普遍加薪，你會怎麼反應？那當然是快樂啦。

所以，有一個笑話：領導 A 進辦公室："今年效益不好，年終獎每人 100 元。" 眾憤憤然。領導 B 進辦公室："今年效益不好，頭兒説要裁人。" 眾默然，面面相覷。領導 B 繼續："不過，因為我據理力爭，我們部門不裁人了，每人還有 100 元年終獎。" 眾皆雀躍。這個笑話講的是怎麼做領導，其實，也就是怎麼設定主觀預期。把主觀預期和現實之間的差距拉得越大，那麼對人的刺激力度也就越大。

(4) 輕鬆事件的預期不符

元旦的時候，和一大堆人一起，傻傻地倒數 10 秒，迎接新的一年。我們的預期是大家會在最後一刻一同歡呼、雀躍，興奮的、積極的氛圍包圍着大家。

刺激一：新年鐘聲敲響的那一刻，周圍所有的人都沒有按照你想像的那樣歡呼雀躍，而是匪夷所思地靜默，你會怎麼反應？感到非常奇怪，甚至還會敏感地覺察到應該是有不好的事情發生了（迅速更換預期）。

刺激二：新年鐘聲敲響的那一刻，除了大家順理成章地歡呼雀躍之外，還從天而降很多糖果，你會怎麼反應？驚喜，更加快樂！

讀到現在，如果你仍然不明白甚麼是我們所講的主觀預期，那麼只好動用我們的王牌案例了。

所謂的"我沒有預期"，實質上是還沒有認識到自己有某種預期。這樣的主觀預期通常是不需要加以注意的事情。舉個最簡單的例子，你正在用電腦上網，興致盎然地玩着網絡遊戲，或者繁忙地收發着公務郵件。這樣普通的情境下，有預期嗎？會有甚麼預期呢？

突然網就斷了，網頁打不開了，遊戲掛在那了，只能看着乾瞪眼。你會是甚麼反應？罵娘！如果確認斷網是人為因素（網管人員無能的不作為或惡意破壞），你會產生輕蔑（對網管人員的無能）或憤怒（對惡意破壞的）情緒，如果對方還雄赳赳、氣昂昂地理直氣壯，你的憤怒會引發戰鬥反應。這是因為，你此時的主觀預期是：網絡會一直通暢下去，我可以一直做我的事情。

所以，主觀預期是一種趨勢判斷——"有發生……的可能"，不光人類有，動物也有。如果失去了這種重要的神經反應機制，一切都靠理智思維來維持對外反應的話，不用說沒有複雜思維的動物沒辦法生存，人也一樣。

因此，主觀預期如果遭遇了實際情況的不符，就會直接導致情緒的產生。

3、預期的差異性——以駕駛汽車為例

預期是主觀的，所以在不同的情境中，會有很大的差異性。

有過開車或者坐車經驗的人都知道，在駕駛座位上，很容易產生各種負面情緒，駕駛員除了在非常擁堵之後，路況突然變得暢通無阻時會產生積極情緒外，其餘時間基本上會多次出現輕蔑、無奈、急躁、恐懼和憤怒情緒。我們把這稱為"駕駛的壞情緒"。究其原因，是因為駕駛車輛有明確的規則，這種規則不僅僅指官方發佈的法律、法規，還包括駕駛員頭腦中的主觀預期——其他車輛合理駕駛、安全、通暢等。

當你平白無故被別人追尾時，頭腦中“其他車輛合理駕駛以及安全”的預期被事故否定，第一個本能反應將是憤怒；當有人駕駛不合理，強行掉頭、並線、搶道，或者明明前面沒有車輛擋着，偏偏緩慢行駛擋在你前面，甚至頻頻無故剎車時，這些情況違背了你頭腦中“其他車輛合理駕駛和通暢”的預期，第一個本能反應將是輕蔑和憤怒；當道路擁堵，車輛排隊時，爬行的速度違背了你頭腦中關於“通暢”的預期，你的第一反應會是憤怒，然後在承認無力改變現狀之後轉為無奈。

但主觀預期這東西很複雜，具體的人在具體的情境中，會產生不同的預期，因而會引發多樣性的情緒。

(1) 美國公路規則

我在美國期間，曾經在華盛頓、丹佛、洛杉磯三座城市駕駛過汽車。在這些地方，並不是每條公路的路口都有紅綠燈，但大多數路口都會有一個“STOP”（停）的標誌。在沒有紅綠燈約束、沒有交通警察指揮、沒有攝像頭監視的狀況下，我見過的美國司機都會自覺遵守一個共識性規則，即按照先來後到的順序，大家自覺停在路口，每個方向交替前行一輛車。如圖 2-1 所示。

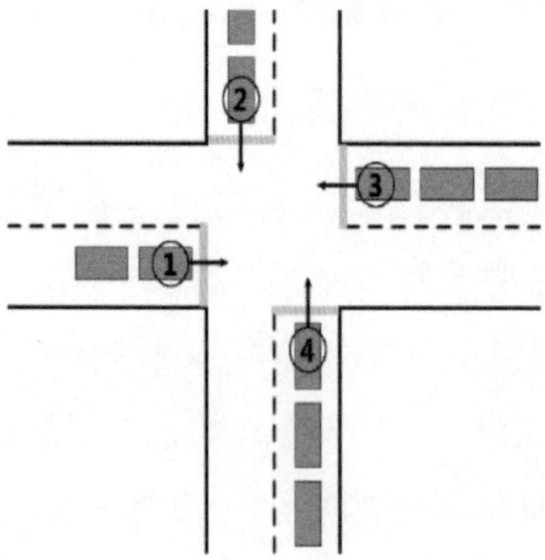

圖 2-1　無紅綠燈時的車輛通行規則

路口看見“STOP”的標誌，必須要將車輛完全停住，不論路面實際狀況如何，這是美國考取駕駛執照的死規定。而排隊輪流走這樣的共識性規則，也成為美國司機的普遍主觀預期。大家都認為這樣通行是應該的，自己知道，別人也知道。

(2) 預期不符的多樣性

第一類，正常的美國司機在美國。正常的美國司機在上述環境中駕駛汽車，會以法規和常識為預期，遇到路口按規則行駛。如果有一輛車不遵守這樣的規則，其他司機一般不會太過計較，但鄙視肯定是有的，要是遇到脾氣不好的，可能還會有憤怒。

第二類，正常的美國司機初到中國。正常的美國司機如果剛開始在中國開車，除了學習“交通規則”之外，並不知道中國沒有這種路口依次行駛的“潛規則”，所以會等着其他方向的車輛按照順序走。結果，等來等去，發現別的車並不會等，而這又不違反交通規則。多年的習慣性預期，遭到了陌生的道路行駛現狀的否定，依次會出現驚訝、鄙視、憤怒、無奈，最終可能會被同化。

第三類，有經驗的中國司機在中國。中國的路況和司機駕駛習慣，在大多數有經驗的中國司機心中，是自成體系的一套規則。除了遵守“交通規則”之外，真實的路面行駛，還會存在很多的“變通”，大家彼此心照不宣。所以，一般的中國司機在路面上遇到了複雜情況時，就不太會出現美國司機初到中國那樣的預期不符。雖然也會在遇到特別不講道理的車輛時出現負面情緒，但總體來講，普通中國司機的主觀預期與道路實際狀況基本吻合，所以，正常的中國路況不會引起有經驗司機過多的情緒波動。

第四類，“成熟”的中國司機初到美國。熟悉中國道路狀況和行駛習慣的駕駛員，比如我，第一次在美國駕車時，會遇到很多與主觀預期不符的情況，通俗點講，就是會受到很多刺激。

第一次在沒有紅綠燈的路口排隊停車，驚訝加困惑，為甚麼大家都停下來了呢？沒有紅燈啊？等到我排到第一輛的時候，還沒有注意到交替通行的"潛規則"，直接就衝過了停車線，同時也看到了左側的汽車正在啟動。恐懼！這不是要撞了嗎？

還是我的速度快，沒看到左側車輛裏有甚麼反應，倒是看到了對面車輛裏的司機睜大眼睛，驚訝地看着我，隨後皺眉表示不解，上唇提起，鼻孔向兩側輕微拉開，表達了輕微厭惡。我的困惑加深！怎麼了？又沒有紅綠燈！後來同行跟我講了美國的駕駛習慣後，方才恍然大悟。

當然，美國司機也不是聖人，我也無意在此評價中美兩國的駕駛規則與習慣。我只是就事論事，舉了這樣一個不同環境、不同人，會導致不同預期不符，最終產生不同情緒和反應的例子。因為這種多樣性的存在，所以在設計微表情測試方案和分析測試結果時，要特別注意被測試人和測試情境的個案特徵。

4、研究預期不符的作用

如果你能耐着性子讀到這裏，恭喜你得到了一個非常重要的小寶藏！

本章之所以要專門花費大量文字來解釋情緒產生的預期不符原理，是因為這個原理將在心理測試過程中起到決定作用。知道了情緒產生的根源，就可以有針對性地設計測試方案，進而抽絲剝繭，洞察他人的內心真相。

只有設計出有效的刺激源，才能引發被測試人的真實情緒，之後才可能捕捉到身體、面孔上出現的細微變化，最終判斷出謊言與真相。而實施有效刺激，特別是有方向性的有效刺激，需要先分析被測試人的主觀預期。一旦能假設被測試人的主觀預期，就可以通過製造預期不符來刺激對方，而預期不符的方向（也就是情緒方向）

是掌握在測試人手中的，給對方高於預期的信息，會引導其產生積極情緒；給對方低於預期的信息，會促使其產生負面情緒，隨着信息性質的不同，負面情緒的種類也不同。

真實情緒一旦產生，一定會有所表露，當然不一定僅僅限於面孔表情的變化，還可以通過身體動作、姿態（詳見《小動作的背後》一書），以及所使用的語言表現出來。我們需要通過製造不同程度和種類的預期不符來實施有效刺激，進而判斷分析對方真實心理與偽裝表現之間的矛盾，從而最終接近真相。如圖 2-2 所示。

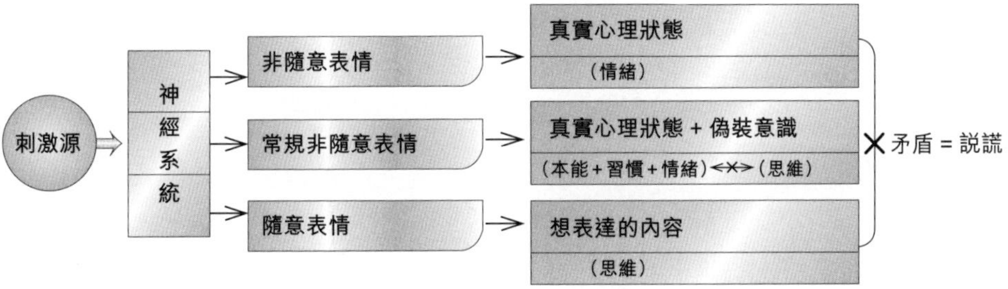

圖 2-2　從刺激源到結論的流程

第三章

表情與微表情

情緒和表情之間，有着某種必然的聯繫嗎？

從接下來的分析中我們可以看到，表情是情緒的外部表現，從廣義上說，它也是情緒的一部分，如同發聲是語言的一部分一樣，本就不可分離。神經心理學的研究也將表情納入情緒之中，認為神經系統對刺激源信息進行分析和判斷後，產生某種興奮或抑制，並指揮身體作出反應進行應對，這一"內在 + 外在"的完整過程稱為情緒。

本書中，我們將情緒作狹義理解，把它限定為某種內心體驗，而表情就是它表現在外的面部反應。

內心的情緒一定有外在表現嗎

內心的情緒一定會有外在表現，因為這些內在的神經系統狀態和外在的表現都具有重要的生理意義，不像思維那樣可以純粹地保留在大腦中而不露痕跡。

人體所有肌肉的運動，都有生理作用，臉上的肌肉運動也不例外。比如皺眉，除了可以表示憤怒、懷疑、痛苦之外，還可以間接將眼睛的上下眼瞼部分閉合，影響視覺系統的信息接收方式，如圖 3-1；抿緊嘴唇，除了表示不高興之外，還可以在喝苦藥水的時候阻止本能向外吐出的慾望，如圖 3-2。也就是說，我們司空見慣的臉部表情，除了能夠表達意義之外，還直接或間接地擁有生理方面的作用。有的生理作用現在仍然有效，有些已經從遠古時代的有效變成今日的進化本能。

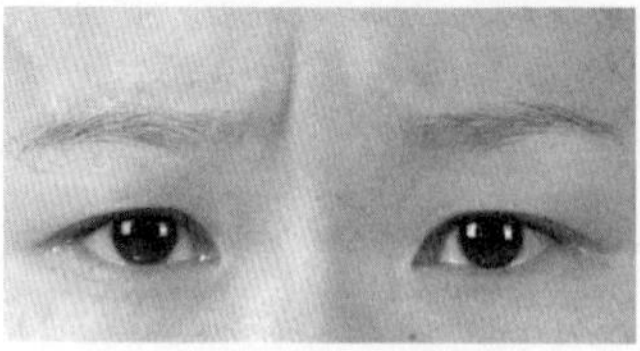

圖 3-1　皺眉

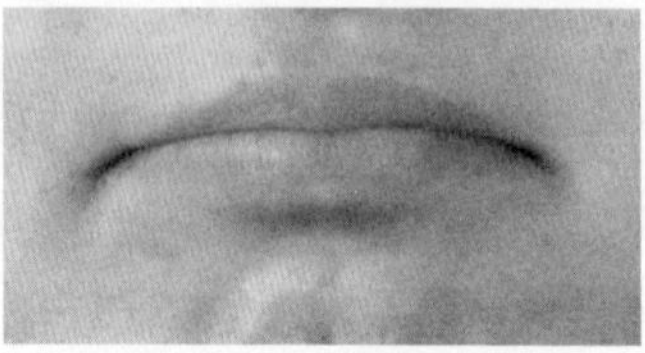

圖 3-2　抿緊嘴唇

以威脅的表情為例，我們可以看到，這個提升上唇露出犬齒的動作，並不是人類特有的生理活動，很多野生動物在搏鬥之前，都會把嘴張開，露出尖利的牙齒。這樣的面部動作，本質上就是我們所說的表情。如圖 3-3 所示。

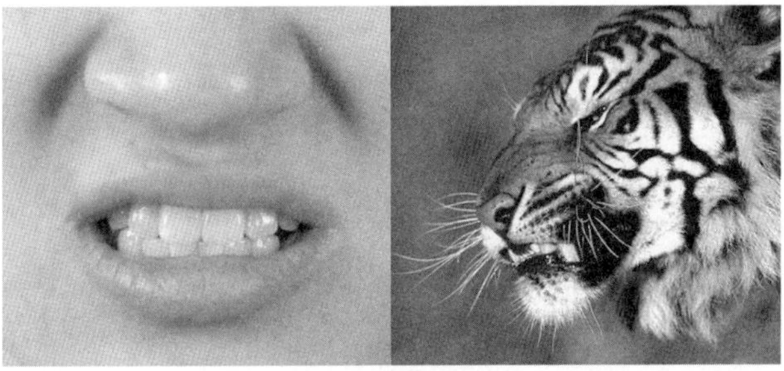

圖 3-3　人與動物的威脅表情對比

當然，人的表情可以表達更豐富的意思。例如，在友好會談之前，先彼此微笑；據理力爭的時候，則常見緊皺的雙眉；在聽説模範夫妻突然離婚的消息後，睜大眼睛表示“怎麼可能”；遇到自以為是的人侃侃而談時，會不經意地撇嘴一笑（用比較學術的話説，是單側嘴角上提）以示輕蔑；在發生衝突的時候，怒目而視甚至破口大罵；看恐怖電影的時候，倒吸一口冷氣的同時，眼睛睜大，一股寒意穿透脊梁；送別逝者的時候，傷心的人雙眼黯淡無神，為了強打精神，還得將眉頭不由自主地提升。

在此，我們要明確兩個問題：

1、有情緒是否一定會有表情？

要回答這個問題，需要着重強調的前提是：真的有情緒產生。

在不需要抑制或偽裝的情境下，情緒一定會引發與之對應的表情，能夠充分表達情緒的質和量。

在現代社會中，人和人之間的交往會遵循很多社會準則，所以隨意的情境不多，很多時候情緒的表達都要受到約束和限制。在這樣的情況下，表情就會比較隱晦，甚至出現“面是心非”的偽裝表情，如同人人戴着“社交面具”一樣。

不過，與面具不同的是，人的臉不可能保持完全的靜止不動。在有情緒產生的前提下，臉上的任何一個細微動作，都受命於神經系統的指令，具有特定的意義。或者，用我們帶有“職業病”特徵的説法，是具有分析價值。即使面沉似水，眼睛的輕微移動也能表達出當事人的內心狀態（詳見第十章）。

因此，這個問題的答案是，只要有情緒出現，就會引發面部的表情。這些表情可能很簡單，也可能很複雜，但可以肯定的是，其中一定包括真實的情緒反應，還可能包括經過加工和控制的偽裝表情。

2、有表情是否一定説明有情緒？

這個問題的答案是：不一定。

從出生開始，多年的積累能讓人隨意做出各種常見的表情，對於演員而言更是容易，好的演員甚至可以在兩秒鐘之內精準地控制某一隻眼睛默默流出眼淚。

因此，僅僅觀察到表情，並不能確認行為人內心產生了相應的情緒。在心理測試過程中，為了能夠最大限度通過觀察表情的細微變化來確認內心狀態，必須要添加一個必要的步驟——有效刺激。有效刺激是指根據被測試人的具體狀況設計刺激源，有效引發被測試人的真實情緒。真實情緒一旦產生，就會通過表情表達出來，而我們所要做的，就是過濾假的，捕捉真的。

表情是否誠實

誠如第一章中所列舉的那些圖像，普通和常見的表情會被大多數人快速識別，從而判斷出表情者的心境。歷史上確有腦功能損傷者無法識別表情的案例記載；年齡不超過三歲的嬰兒，也無法識別所有的基本表情；但心智正常的少年，以及年齡更大的人群，對於日常生活中的常見表情，都不會存在識別障礙。

然而，在識別表情含義的過程中，確實存在很多障礙，困難可以分成兩類。第一類是對複雜表情的含義確定，如第一章中最後一部分圖像，那些表情非常眼熟，但普通人卻不能準確地判斷表情者的心境，有感覺，但不清晰、不確定。第二類是自控能力強的心理高手所表露出來的表情，不論是面無表情還是逼真的表演，都具有非常大的迷惑性，不易識別。

克服第一類困難，需要具備拆解複雜表情特徵的能力；克服第二類困難，除了要能夠拆解並熟知臉上細微變化所屬的表情特徵之外，還稍微多了一步，那就是分辨真假。一句話概括的話——情緒引發的表情為真，思維控制的表情為假。

控制和表演，是完全執行了思維的指令，需要通過"想"來完成的行為。然而在開動腦筋考慮清楚之前，還有一個非常短暫的瞬間，不用"想"也不能"想"，身體就能作出相應的反應和變化，包括臉上的肌肉運動。在這個短暫的瞬間，起主導作用的是本能或習慣。

情緒是人類諸多本能中的一種，屬於神經系統的本能反應。它先於理智思維產生，不受思維性主觀意識的控制。因此，情緒表現出來的表情，是真表情；情緒越是飽滿，它所導致的變化通常也就越明顯，意義也就越容易被確認。要想分辨表情是否表達了真實的內心感受，就需要特別注意這種由情緒引發的真表情。

因此，有情緒，就一定有表情；有表情，卻不一定有相應的情緒作為支撐。情緒的產生是整個研究體系的基礎，而如何分辨真假表情，則是整個研究體系的核心價值。

甚麼是微表情

在現代社會生活中，控制和偽裝的表情數量，要遠遠多於能夠真實表達情緒的表情數量。雖然有些真表情轉瞬即逝，隨即被壓抑或替換為表演，但只要細心捕捉，還是可以透過這些短暫而細微的變化，看到表情背後的內心。這樣的表情可能持續時間很短，面孔上肌肉的運動程度很輕微，但只要情緒使然，即使像眼球的輕微移動這麼細緻的變化，也具備一定的意義。我們將這種不受思維控制的，可能由情緒引發，也可能是習慣使然[1]，持續時間短暫或面部肌肉收縮不充分的表情，命名為微表情[2]。每一種情緒，都具備特定的微表情形態特徵。

之所以用“或”來連接“持續時間短暫”和“面部肌肉收縮不充分”，是因為並不是所有的微表情持續的時間都很短。微表情既可以同時符合這兩個條件（時間短通常決定了面部肌肉的不充分收縮），也有單獨符合面部肌肉收縮不充分這一個條件，但持續時間長的表情動作。例如，保持着微笑的大部分主要特徵的面孔上，搭配了一個輕微的眉頭上提表情，這個狀態可以持續很長時間。眉頭

---

1 嚴格來講，習慣的表情動作不是因情緒而產生的真表情，不能代表內心的真實狀態。但由於習慣同情緒一樣，也不受思維控制，也會引發非偽裝的反應，所以可以作為判斷一個人心理狀態變化的重要衡量基準。通常，習慣的動作表情作為被測試人的基線，對於分析表情變化背後的真實心理狀態具有重要意義，所以也納入到微表情的概念中。比如一個人習慣快速眨眼睛，在不緊張的時候也會頻繁眨眼，就不能將眨眼作為認定其內心緊張的指徵。

2 保羅・埃克曼（Paul Ekman）在《說謊——揭穿商業、政治與婚姻中的騙局》（*Telling lies*）一書中曾指出，作為說謊的線索，微表情“可以完整呈現隱瞞的情緒，但轉瞬即逝，往往為人所忽略。從浮現到消失，微表情一閃而過的時間，不到四分之一秒。”並且，埃克曼還將微小的表情細分為微表情和碎表情等不同的分類。

的輕微上提源自額肌中束的不充分收縮。眉頭充分上提，是悲傷的典型特徵。因此，摻雜在笑容中的這個輕微的悲傷表徵，也屬於我們研究的微表情範疇。

6 種共同的表情

這是最後一個需要說明的基礎問題。不同的人，出現了高興、憤怒等情緒後，臉上的表情反應都一樣嗎？不同人臉上的相同表情反應都代表了相同的心理狀態嗎？

人能做出的表情非常之多。如果單獨計算參與構造表情的面部肌肉運動的組合數量，這些肌肉理論上可以構造出的不同的面部形態數量，遠遠超越你的想像（約 4000 萬種）。這當中還沒有計算收縮程度的不同。

當然，不是所有形態都能稱為表情，但也可以想見表情的豐富程度。不同社會生存的人，可能具備某些獨特的面部表情用於交流，這些表情很多是後天學習到的。不過，從達爾文老先生到保羅・埃克曼教授，很多前輩學者都已經科學地證明了人類共存的幾種基礎表情。達爾文用進化理論釐清了這種共通性表情可能存在的原因，埃克曼教授親身赴新幾內亞原始部落探索原住民的表情，因為那些原住民沒有接觸過所謂文明社會的人，沒有機會模仿學習。這些可敬的研究，讓我們確信，以下幾種情緒產生時，人類的表情特徵是共通的：

愉悅、驚訝、厭惡、憤怒、恐懼、悲傷。

這裏只提出 6 種具有共通表情的基礎情緒，更多的細節變化請參閱各章。除此之外，因身體受到刺激而產生的共通表情，如疼痛、睏倦、吃力，也具有跨地區、跨文化的人類共通性，我們也會在書中加以探討。

日常生活中，用來描述一個人的情緒和狀態的詞彙還有很多，比如：敬畏、貪婪、猜疑、偏執、嫉妒、愚蠢、憐憫、失望、期望、悔恨、得意、輕佻等。嚴格意義上講，這些詞彙描述的不是人類的情緒，而是某種外在的表現，或多或少摻雜了主觀評價。

我們做過一個小實驗，將“失望”這個詞提交給 20 個不同的人，讓他們想像並描述一個人失望的樣子（外在表現），所收回的描述記錄就有很大差別。有的人描述為默不做聲，轉身離去；有的人描述為暴跳如雷，大聲訓斥；有的人描述為勉強的一笑；有的人則描述為一聲歎息。

因此，這些具有一定的褒貶含義，不是直接表示情緒的詞彙，不在本書的討論範圍之內。

構成表情和微表情的肌肉

15 組肌肉主導發起並構成面部表情，更多的顱面肌肉參與到表情中。為了便於學習和記憶，我們將所有主導表情的肌肉分成上下兩組，用示意圖標示出來。如圖 3-4 所示。其中以眼輪匝肌⑤為核心的 1—5 組肌肉為上半臉表情肌群（從第四章起，簡稱上半臉），以口輪匝肌⑥為核心的 6—15 組肌肉為下半臉表情肌群（從第四章起，簡稱下半臉）。需要説明的是，圖中的肌肉是能夠對表情構成起主導作用的主要肌束。面孔上還有其他更多的肌肉，如顳肌、咀嚼肌等，實際的解剖圖遠比此圖複雜。

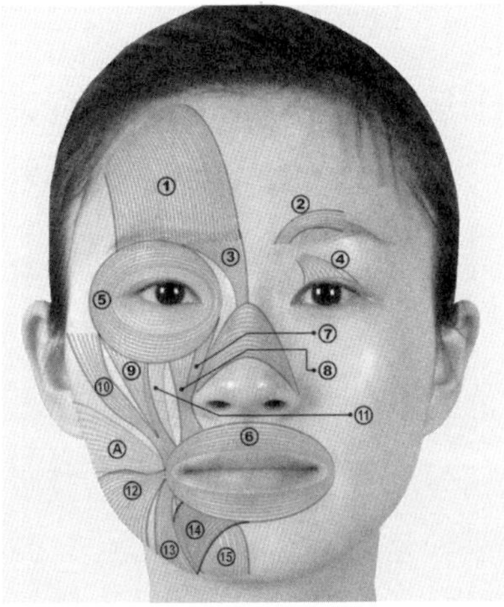

圖 3-4　15 組主導表情的肌肉

1、上半臉表情肌群

(1) 額肌

額肌位於眉毛上方的前額部，左右對稱。額肌的纖維與鄰近的肌肉，包括降眉間肌、皺眉肌、眼輪匝肌相混合，牽動並影響了整個眉毛、眼睛區域。

額肌處於鬆弛狀態的時候，人的前額皮膚平坦，自眉毛起向上至髮際線沒有表情變化。額肌收縮的時候，可以將眉毛及相應的皮膚向上提拉，使雙眉整體高抬，額前皮膚形成褶皺。如果是成年人（與嬰幼兒和老年人不同），額前皮膚會因皺起而產生 2 至 3 條皺紋。同時，眉毛的高抬，會自然造成上眼瞼的根部上提。如果是睜着眼睛，這個動作會使眼睛睜開的程度增大，用比較學術的話講，叫做瞼裂增大。

(2) 皺眉肌

皺眉肌是位於眼眉內側端的一小塊錐形肌，左右對稱。它被隱藏在額肌和眼輪匝肌的下層（這也是為甚麼在圖中被單獨繪製於另外一側面孔的原因），並與之部分融合。

皺眉肌與眼輪匝肌協同動作，可將眼眉向下、向內拉扯，使眉毛在眼睛上方形成凸起，以避免眼睛受強光照射。皺眉動作形成鼻上前額部的垂直皮紋。

(3) 降眉間肌

降眉間肌位於眉頭到鼻根之間，左右對稱。

降眉間肌可將眉頭向下拉扯，附帶產生雙眼內側角之間、鼻頂端的皮膚橫紋。它參與皺眉及雙眉集中動作，同樣有助於避免過強的光線照射。

(4) 上瞼提肌

上瞼提肌雖然很小，但是解剖結構比較複雜，主要位於上眼瞼內部，左右對稱。

上瞼提肌的作用為提升上眼瞼。上瞼提肌收縮，上眼瞼向上提起，這就是睜開眼睛的動作；眼輪匝肌收縮、上瞼提肌舒張，就是閉眼的動作。而且，上瞼提肌靠限制韌帶與控制眼球運動的上直肌相連，當眼球向上做凝視運動時，上眼瞼就會自動上抬，同時眉毛被額肌上提。

眼瞼的位置依賴於眼輪匝肌和上瞼提肌的協調運動以及眼球的凸出程度。放鬆地睜開眼睛時，下眼瞼瞼緣通常在虹膜四周的下緣水平通過眼球，上眼瞼覆蓋了虹膜上部寬度的一半（縱向直徑的1/4）。

上瞼提肌中含有平滑肌成分，平滑肌是只受自主神經系統控制的肌肉，不受思維性意識控制。當人處於恐懼或興奮狀態時，由於交感神經興奮，此處的平滑肌收縮而使眼睛睜得更大（瞼裂變寬）；當交感神經受到抑制時（比如醉酒），上眼瞼會下垂；如果交感神經收縮，還可能引起如霍納氏綜合症這樣的病變。

(5) 眼輪匝肌

眼輪匝肌是一寬扁的橢圓形肌肉，左右對稱，圍繞着眼眶的周圍，向內延伸至眼瞼。

眼輪匝肌的所處位置具有非常重要的戰略意義。它們以靠近鼻子的內側為起點，其纖維組成一個完整的橢圓體，連接了上半張臉大部分的肌肉：在上側，其部分纖維和額肌、皺眉肌融合。在內側，其部分纖維可到達降眉間肌的上外側部。在下側，其部分纖維不同程度地覆蓋或融合於臨近的肌肉，包括：上唇鼻翼提肌、提上唇肌和顴小肌。

這樣一來，眼輪匝肌就成為上半張臉肌肉的中心連接點，上面牽動着眉毛處的額肌、皺眉肌，內側連接着位於鼻子上根部的降眉間肌，下面牽動並影響着上唇鼻翼提肌、提上唇肌和顴小肌。只要眼輪匝肌一收縮，必然會牽動這些肌肉協同運動；而這些周圍肌肉的收縮，也會導致眼輪匝肌的拉伸，造成眼睛區域的形態改變。

有着如此重要的戰略地位，眼輪匝肌就會對重要的面部表情和不同的眼部反射有着重要的作用。

眼輪匝肌的眼瞼段可以自由地牽拉來輕鬆關閉眼瞼，如睡覺，或光線反射時保護性地眨眼。眼輪匝肌最重要的作用就是緊閉雙眼，或者讓上下眼瞼做出閉合動作，同時命令眉毛下壓、皺緊，協同動作來減少進入眼中的光線量。在整個眼輪匝肌牽拉時，形成眼外側角（外眥）放射狀的皮膚褶皺，這些褶皺多在中年以後永久存在，就是常說的魚尾紋。

此外，眼輪匝肌的收縮，還會牽扯到下半張臉的各束肌肉，間接影響到上唇輕微提升和臉頰隆起。之所以說是間接影響，是因為上唇提升和臉頰隆起的主導肌肉不是眼輪匝肌。對此，後文會有詳細介紹。

因此，眼睛和周圍的形態變化，具有非常強大的表達力，這都是由眼輪匝肌的戰略地位決定的。觀察眼睛及其周圍的變化，是捕捉表情變化的關鍵。

2、下半臉表情肌群

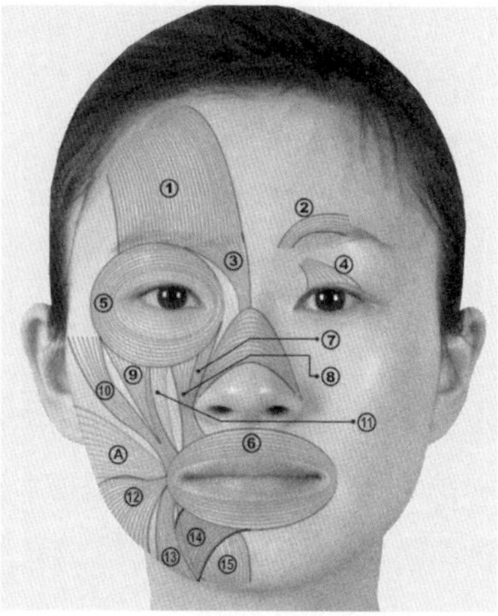

圖 3-5　15 組主導表情的肌肉

(6) 口輪匝肌

口輪匝肌是 15 組表情肌中，唯一不以對稱形式出現的肌肉，但其實它內部也是對稱的。

口輪匝肌的名字和眼輪匝肌的名字非常相似，僅一字之差。這個命名其實是個誤會，假定的是嘴部也是由一些列環狀的橫紋肌圍成，起括約肌的功能。其實，口輪匝肌是由 4 部分構成的周部和緣部共同組成的，我們通常所說的嘴唇，就是緣部。周部和緣部的對合線，在外表面上相當於紅唇和皮膚的交界線。周部都是開放的，向各個方向連接着下半張臉的其他重要表情肌肉：上唇鼻翼提肌、提上唇肌、提口角肌、頸闊肌、降口角肌、降下唇肌、頦肌。

口輪匝肌的收縮，會造成嘴部的抿緊或者撅起，而周圍的肌肉動作，則可能會起到相反作用，向不同方向拉扯相應部分的口輪匝肌，形成提上唇、嘴角翹起、咧嘴、嘴角下彎、張開下嘴唇等各種動作。

因此，嘴部是繼眼睛之後的第二個捕捉和分析表情變化的關鍵所在。

(7) 上唇鼻翼提肌

上唇鼻翼提肌的中間部附着於大鼻翼軟骨及其上的皮膚，外側部延伸入上唇的外側（偏嘴角）部位，並在此與提上唇肌、口輪匝肌融合，左右對稱。

上唇鼻翼提肌收縮有兩種作用，中間部能使鼻孔擴大，外側部可使上唇上提並外翻，使鼻唇溝頂部上升、加深，並增加其弧度。

(8) 提上唇肌

提上唇肌起自眼眶下緣，肌肉纖維和上唇鼻翼提肌、顴小肌一同會聚於上唇的外側（偏嘴角）部位，左右對稱。

提上唇肌收縮使上唇上提、外翻，並與其他肌肉一起改變鼻唇溝的形狀。

(9) 顴小肌

顴小肌起自顴骨的外表側，終止於上唇的外側（偏嘴角）部位，左右對稱。

顴小肌收縮能提起上唇，暴露上頜牙，協助加深並抬起鼻唇溝，主要參與表達厭惡類情緒和悲傷類情緒。

(10) 顴大肌

顴大肌起自顴骨，在嘴角處與提口角肌、口輪匝肌融合成更深的肌肉束，左右對稱。

顴大肌和顴小肌名字近似，但作用卻截然不同。對於表情而言，顴大肌只有一個作用，就是向上、向外側拉扯嘴角，產生笑容。

(11) 提口角肌

提口角肌的肌肉纖維在口輪匝肌的口角部位和顴大肌、降口角肌、口輪匝肌混合交織，部分淺部的纖維附着於鼻唇溝的真皮下，左右對稱。

提口角肌能在笑的時候輔助顴大肌向上提升嘴角，並間接改變鼻唇溝的形狀和深度。

(12) 頸闊肌

頸闊肌起自胸部上端，經過下頜骨終結於口輪匝肌的口角處，左右對稱。本書中所説的頸闊肌特指臉部的頸闊肌，因為它們能夠通過拉扯嘴角，構成重要的表情形態。頸闊肌接近口角部位的纖維位於降口角肌和降下唇肌之間，與降下唇肌處於同一平面，在邊緣處三條肌肉融合，均附着於下唇。

頸闊肌的作用與顴大肌相似——向兩側拉伸嘴角，但方向卻完全不同。顴大肌向耳側拉伸嘴角，頸闊肌則向兩側、向下拉伸嘴角（和降口角肌聯動），通常出現在咧着嘴哭或撇嘴的表情形態中，表達負面情緒。

(13) 降口角肌

降口角肌以一長附着帶起自下頜骨的頦結節及與之連續的斜線，位於降下唇肌起點的下方，左右對稱。

其作用是在張口和表達悲痛、難過表情時，將口角向下、向外拉。張口時，頰唇溝變得更加水平，其中間部分水平。

(14) 降下唇肌

降下唇肌位於口輪匝肌下方，與口輪匝肌下周部融合，左右對稱。

顧名思義，這組肌肉能將下唇下拉，並輕度向兩側拉伸，也可以幫助下唇外翻。在憤怒的大吼、撕咬、恐懼和悲傷時參與動作。如果想要將下齒露出，一定要動用降下唇肌才能做到。

(15) 頦肌

頦，就是常說的下巴頦（下巴底端）。頦肌起自口輪匝肌的下周部下方（下嘴唇下部），終結於頦部皮膚，左右對稱。

頦肌收縮的時候，能起到兩個作用：頦肌隆起，在下巴上形成鼓包，皮膚表面凹凸不平；同時向上擠壓下唇的中間部分。這個重要的形態特徵，最主要出現在悲傷類表情中。但是這個動作也能被隨意調用，用於刻意表達悲苦、輕蔑等否定表意。

(A) 頰肌

當口腔內頰部鼓起後，頰肌可將氣體從兩唇間排擠出來，這是吹奏樂器時的一個重要動作，也是這個肌肉名字的由來（拉丁語"頰肌"意為"喇叭手"）。頰肌對於表情的主要貢獻是鼓起腮幫子，但這個人工的表情與情緒之間的關係並不是非常密切，最多用於舒緩壓力，所以用字母"A"進行標記。在本書中並不進行詳細解釋，也不列入主要的肌肉群。

本書中用到的一些名詞

本書主要是通過捕捉微表情來分析人的真實心理狀態。書中會用到一些相對專業的名詞，先在這裏統一進行介紹，以免影響後面的閱讀。

心理測試：心理測試是個比較大的概念，既包括心理學中使用科學手段和方法進行的各種測試，甚至很大一部分是對因心理活動而引起的生理指徵測試；還包括通過諸如星座、血型等手段來分析性格、情商的眾多小遊戲。

在本書中，心理測試的範圍局限於通過應激微表情分析真實情緒狀態和信息認知、信息表達，特別注重如何過濾偽裝，辨析謊言。所以，如果不追求嚴謹的話，可以簡稱為測謊。

被測試人：本書會使用很多測試的實驗和實際測試的案例來説明微表情的原理及其應用。因此，書中會大量使用“被測試人”來指代測試過程中作出應激反應的人。

行為人 / 當事人：在介紹微表情知識的時候，當表述那些不是應激的動作時，比如在介紹表演臉部表情的上下文中，就不能用“被測試人”，而是用“行為人”或者“當事人”這樣的詞語來指代。

情境：情境是一個統稱，主要包括三個方面的因素。

一是測試背景信息，用英文講叫 what。具體點説，就是分析在測謊之前發生過甚麼事，在測謊結論出來之後（包括結論正確和結論錯誤兩種情況）將會產生甚麼結果，誰最終可能得利，誰最終可能受損。

二是測試誰，用英文講叫 who。不過這裏的 who 不是指圈定嫌疑人範圍，而是指接受謊言測試的人的具體情況，包括性格、行為習慣、成長和教育經歷、曾經做過的有代表性的事情、在整件事情中處於甚麼位置（關係網絡中的位置）等等。後面的章節內容會讓你確信，不同的人説謊的方式是不同的。

三是測試環境。這個不能翻譯成英文裏的 where，因為這裏的環境主要是指實施測試的空間裏，可能對被測試人產生影響的佈局、光線、物品、人員等。

同一個刺激源，如果在不同的情境中，可能引發不同的反應；同一個應激微表情，在不同的情境中，也會表達不同的意義。

刺激源：真正的表情，需要由真實情緒引發。因此，想要觀察到微表情，必須使用適當的刺激來引發被測試人的真實情緒。最常見的刺激方式是提問，其他的常見方式可以是圖像或者視頻展示，聲音播放，或者告知某個消息等等；極端情況下，還可以找個人，化好妝，突然出現一下。所有能引發被測試人情緒變化的刺激方式，我們在書中統稱為刺激源。

隨着美國電視劇《別對我説謊》（*Lie To Me*）的熱播，互聯網上流行起了很多對説謊微表情的總結，例如説只要看到別人視線往某個方向一轉，就可以確定他説謊了。這樣的“知識”極大地滿足了普通人的獵奇心理，簡單有趣，所以流傳得很快。但，你真的相信嗎？如果面對着嚴峻的考驗，你敢用這些所謂的標準來作出判斷嗎？

透過微表情分析真實心理，特別重要的一點就是要注意刺激源與被測試人的微表情之間存在的邏輯關係。比如，對被測試人進行負面刺激（如施以貶低性的刺激源）時，被測試人幾乎沒有可能[3]出現積極情緒。這種邏輯關係，既可以一定程度上預測被測試人的微

3 之所以説“幾乎沒有”，一是為了保證嚴謹；二是在極特殊的情況下，有可能被貶低也能引起被測試人的愉悦。比如，如果被測試人要隱藏實力，故意讓對方輕視自己，在被貶低的情況下（意料之中），可能會一瞬間流露出欺騙的得意。

表情反應方向，也可以在微表情性質違背邏輯關係的時候，結合情境判斷謊言。這是心理測試驗證真偽的重要邏輯準則。

第四章

驚訝的微表情

微表情和標準表情一脈相承，源自它們共同的生理機制——情緒。想要掌握每一種情緒的微表情形態特徵，必須從最飽滿的表情開始研究，然後逐步減少臉上的某些局部形態特徵，並逐步減少肌肉運動的幅度，最後沉澱下來的，就是微表情形態特徵。從驚訝開始，厭惡、憤怒、恐懼、悲傷以及笑容的微表情形態特徵研究，都是按照這個邏輯展開。下面，先從驚訝開始！

人類和動物保留了一個相同的表情——驚訝。人在遇到意外刺激的時候，會在接收到刺激信息的第一瞬間，非常非常短的瞬間，停止一切活動，抬頭，睜大眼睛，眉毛抬高，輕微張開嘴巴。可惜，人的耳朵是不能轉動的，否則我們肯定也會像小貓、小狗、兔子等動物那樣耳朵豎起、轉向刺激源，聆聽任何一點輕微的動靜。

當然，人的智商和文明程度，會讓上面描述的標準驚訝表情產生很多衍生。例如，最經典的驚訝一定是將頭抬高，這樣才能看得更遠、更多。人類則可以在保持各種頭的姿態時做出驚訝狀，低着頭可以，偏着頭可以，甚至不將頭轉向刺激源（比如背對着刺激源）也可以。這一切的衍生，都因為人對意外刺激源的風險等級分得很細。低風險的意外刺激所引發的驚訝表情，幾乎不可辨認；但如果意外刺激的風險等級被人評估為很高，那麼人還是會回歸到動物的狀態，做出完整的驚訝表情。

反過來，如果你在一個人臉上看到了驚訝的表情特徵，就可以斷定，這個刺激源是他沒有想到的，引起了他的警覺。這樣的刺激源是有分析價值的。

驚訝情緒的產生

對於動物來説，當牠感受到風吹草動的時候，就會立刻通過敏鋭的感覺器官，對聲音、圖像、氣味甚至空氣的流動進行綜合判斷，試圖發覺身邊環境可能存在的危機。牠會在第一時間停下所有的動作，將頭抬高（因為大部分感受器官都集中在頭部），儘量用眼睛、鼻子、耳朵和身上的每一根毛髮來瞬間判斷大量信息：

甚麼情況？有沒有危險？

危險來自甚麼？

牠們有多少？速度有多快？

牠們距離自己還有多遠？

我們的群體能不能保證自己的安全？

需不需要逃跑，還是戰鬥？

往哪裏跑可以逃生？

……

這麼多的問題，需要在 1 秒鐘以內判斷出個大致結果，否則就可能失去生命。為甚麼反應的時間這麼短暫？因為 1 秒鐘內，全速奔跑的獵豹可以逼近 35 米，而整個籃球場的長度才只有 28 米！所以，如果驚訝的時間太長，結果可想而知。

經過逐代的進化，人類也在積累着這種相同的本能反應。在感覺到意外刺激的時候，停下所有動作，將全部感覺器官充分激活，努力接收盡可能多的信息，用來判斷自己下一步的行動。雖然時間很短，但很重要。除了臉上的表情之外，整個身體也會進行協調配合，以保證精神的高度集中和高速運轉。因為這件事情實在很不容易，在那短短的一瞬間會消耗掉神經系統的全部力量。神經系統的高度集中和消耗，會使得身體動作大量減少，甚至停止。一方面是因為神經系統無暇顧及，同時通過減少或停止運動以減輕自身負擔；另一方面也是為了謀定而後動，不必要的動作可能會在變化不明的情況下給自己帶來災難。

驚訝情緒產生的刺激源比較簡單：當事人所關心的意外變化。意外，是指行為人沒有想到，包括有意識的思維沒有想到，也包括無意識的主觀預期沒有料到。刺激源突然出現或者消失，亦或突然從靜變動，從喧囂變得沉靜，都可以直接被人感知到。

但是，能引發明顯表情的刺激源，往往是行為人所關心的事情，因此刺激力度很大。喜從天降和飛來橫禍在第一時間會引發相同的驚訝表情，隨後才會分別發展為驚喜和驚恐。如果僅僅是出現了一個不會有甚麼影響的意外情況，比如街頭的拐角處迎面走出一個不相干的陌生人（也屬於字面意義的"意外"），不會對當事人產生甚麼影響，當事人也就不會關心，不會產生驚訝情緒。所以，我們需要認識到：能夠引發當事人驚訝情緒的刺激源，肯定是當事人關心的意外變化。

飽滿的驚訝表情

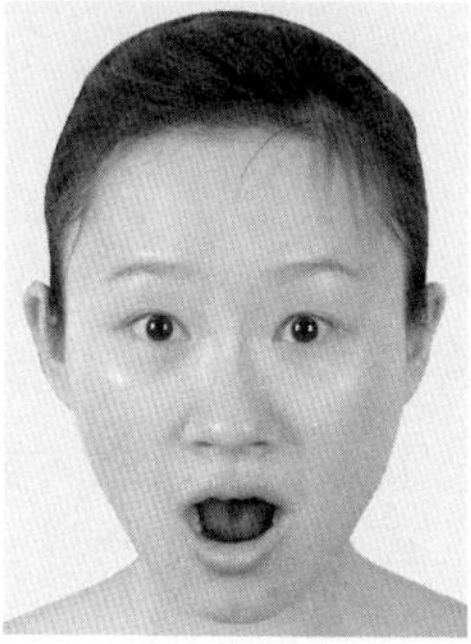

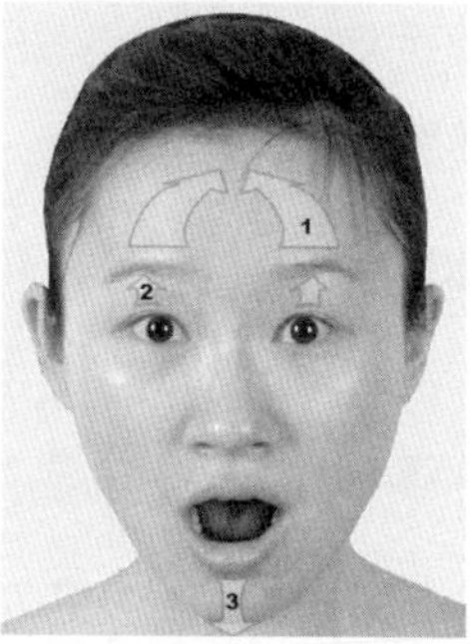

圖 4-1　飽滿的驚訝表情形態

飽滿的驚訝表情如圖 4-1 所示。如果，你覺得這張圖裏面有恐懼的成分，那麼請注意她的眉毛和嘴部。根據她放鬆的唇形、自然不扭曲的眉毛可以判斷，她沒有害怕（恐懼的表情詳見第七章），只有典型的驚訝表情。能夠引發這種程度驚訝表情的刺激源會非常強烈。對其面部形態特徵的分析如下：

(1) 額肌充分收縮，雙眉大幅提升；年齡大的人，前額會產生水平皺紋，年紀比較輕的人，前額可能平坦沒有皺紋。

(2) 上瞼提肌收縮，在額肌收縮的共同作用下，使上眼瞼大幅提升，眼睛睜大，露出虹膜上緣的眼白部分。

(3) 嘴巴不自覺地張開，配合一次快速吸氣；只有下唇在下顎的帶動下自然向下輕微張開，嘴唇表面皮膚不會變緊，不向兩側拉伸。

從面部肌肉開始收縮，到收縮程度最大期間的持續時間很短，內心中真正感到驚訝的那一瞬間約持續 1/4 秒[4]。而一旦收縮到最大不再繼續增大時，表示內心中真正的驚訝情緒已經消失，之後的面部表情形態保留，是行為人有意識地表達自己的驚訝給外界看，通常作為一種符合當時情境的反饋方式。

與此同時，與面部驚訝表情相配合的，是身體其他部分靜止不動。

1、驚訝表情的生理意義

為甚麼在受到意外刺激的第一時間，會用這樣的面部肌肉運動來配合表達內心的驚訝呢？我們來逐條拆解一下，就會豁然開朗。

(1) 額肌充分收縮，雙眉大幅提升。

(2) 上瞼提肌收縮，在額肌收縮的共同作用下，使上眼瞼大幅提升，眼睛睜大，露出虹膜上緣的眼白部分。如圖 4-2。

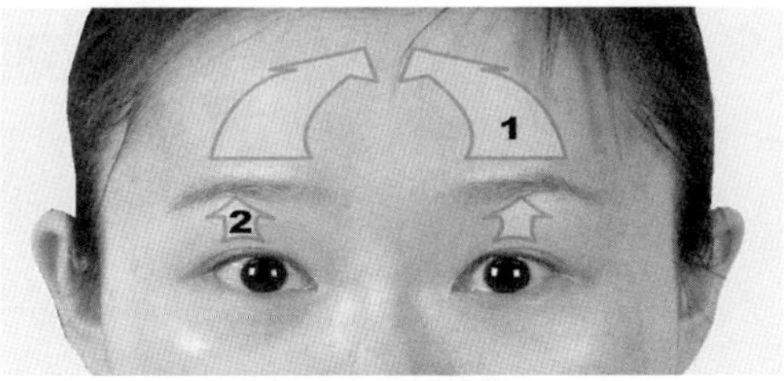

圖 4-2 飽滿驚訝表情的眉眼

4 我們對被實驗對象進行暗中攝像，在收到普通意外刺激（無傷害趨向）的情況下，使用 PAL 制式視頻分析錄影資料，20 名實驗者真正驚訝持續時間（肌肉收縮最大，面部器官改變程度最大）平均佔 6 幀，而標準的 PAL 制式視頻 1 秒鐘共包括 25 幀。

額肌和上瞼提肌的共同收縮，作用是使眼睛睜得很大。眼睛睜大表面上講的是眼皮之間的間隔（學術上稱為瞼裂）增大，實際暗指眼球暴露的部分增大。飽滿的驚訝，就符合這個暗指的含義，連虹膜上緣的眼白都會露出。而放鬆的情況下，人的虹膜上緣會被上眼瞼遮住 1/4 左右。

眼球露出這麼多，是眼睛為了獲取更多光線射入的本能反應。在黑暗中（微弱光環境下）還沒有適應過來的時候，要想看清楚某個東西，自然會睜大眼睛，而不是像有光環境中那樣瞇緊眼睛用力看。這一點，從我自己無數個冬日早晨 5 點鐘起來摸黑寫書的經歷中，已經得到了充分驗證。

所以，眼睛睜大是為了看得更清楚，獲取盡可能多的視覺信息，幫助行為人判斷刺激源的性質和潛在影響。而眉毛的抬高，則是一種附屬結果，是為了睜大眼睛而調動了額肌的參與，從而使眉毛提升。因為如果單獨使用上瞼提肌來提升上眼瞼，不但吃力，而且效果並不能使眼睛睜到最大。你可以自己試試看，在穩住眉毛的同時，儘量睜大眼睛，就會因吃力而感受到提升眉毛的衝動。額肌的配合收縮，會讓睜大眼睛的動作變得輕鬆而高效。

（3）嘴巴不自覺地張開，配合一次快速吸氣；只有下唇在下巴（下顎）的帶動下自然向下輕微張開，嘴唇表面皮膚不會變緊，不向兩側拉伸。如圖 4-3。

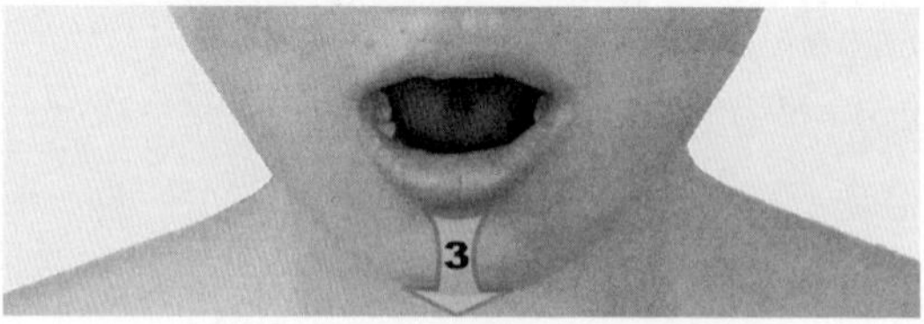

圖 4-3　飽滿驚訝表情的嘴部

受到意外刺激的那一瞬間，人並不能判斷出刺激源是好的還是壞的，會不會有危險。多年進化積累下來的經驗是：先吸氣準備好能量。在一瞬間的驚訝（判斷過程）之後，如果刺激源是負面的，就逃跑或者戰鬥，這樣的行為需要消耗大量的體能，即使表面不動聲色，腦子裏面風生水起的思考也屬於衍生的逃離或者戰鬥；如果刺激源是正面的，那麼可能安然繼續之前的狀態，也可能瘋狂地衝上去歡呼雀躍，表達自己的驚喜之情。

嘴部的這個運動，純粹是為了吸入更多的空氣，從而為身體準備好下一步逃跑或者戰鬥所需的能量。因此，嘴部的變化無須拉伸嘴唇以及周圍的肌肉，那麼費力的動作，不會出現在驚訝的狀態中。僅僅是下顎有意向下打開（符合重力作用方向，這樣比較省力），使嘴張開，然後快速吸氣。

達爾文解釋過為何驚訝時嘴向下張開。他認為，當我們突然注意到甚麼事情時，“身體的其他器官（如肌肉）被忘記和忽視”，下巴的重量使下顎下垂，嘴隨之張開。這樣也會為震驚提供空氣，準備“逃離危險”。

雖然這個猜想現在已經可以被否定了，因為人在完全昏迷的時候，下巴也不會自動垂下，上下顎的骨骼和肌肉結構決定，張嘴肯定是有意識的運動。但是達爾文分析原因的思考方向非常具有啟發性，而且早在百餘年前就注意到了如此細微的表情特徵，這種敏鋭的科學研究功力還是讓人讚歎。

這個時候，你也可以試試看，只用鼻子快速吸氣。如果你夠仔細，會發現不張嘴只用鼻子快速吸氣，會有喉部附近的肌肉大量參與收縮，是一件很困難的事情。如圖 4-4。所以受驚時，用嘴呼吸是成本最小、效率最高的儲能方式。

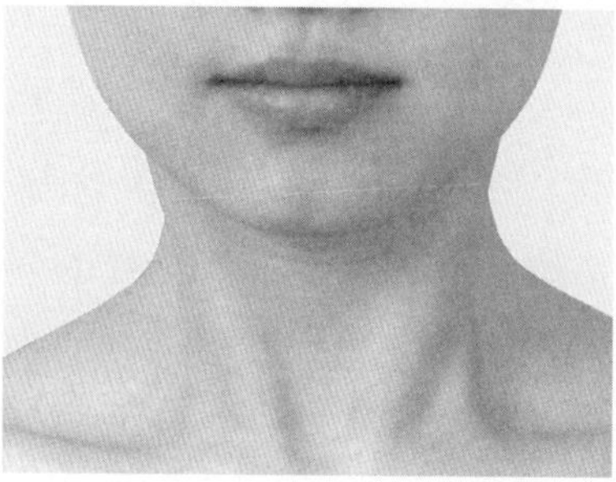

圖 4-4　只用鼻子呼吸時的喉部

至於驚訝的情緒和表情之所以持續很短的原因，在前面講述驚訝情緒的產生時就已經討論過了。對於意外刺激，如果判斷其性質和影響（多半是危害）的時間太長，肯定會貽誤了最佳反應時機，輕則是被人恥笑“還沒想明白嗎”，重則會遇到危險甚至丟失生命。

2、生活中的驚訝

我們幾乎每年都會有招聘新員工的工作。去年我們遇到一個應屆畢業的女碩士生，她的成績、作品和經歷都讓我們印象深刻，單看簡歷就已經可以確定本人的出色。面試的時候，當我們提到其作品中所使用的一項新的動畫技術時，她立刻反應出了經典的細微驚訝表情，隨後轉為自信的笑容。這個經典的表情，來自她沒有想到我們會看得這麼細（一般招聘官審查簡歷的確不會這麼細），提問提得這麼精確，如此對她的胃口。經過上級部門審查，她被順利錄用。在錄用電話接通後，只從她的語氣中就可以判斷出，她當時有多驚喜，因為足足一秒後，她才高聲確認並表示感謝。可惜的是，那一瞬間的驚訝表情我沒有辦法看到，想必一定非常飽滿。

驚訝的微表情形態特徵

在現實生活中，飽滿的驚訝表情是非常少見的。原因有二：一是媒體資訊發達，大家的見識普遍比較廣，能引起大驚訝的刺激源很少；二是大家通常比較內斂，不會做出明顯的表情，使自己顯得很外露。人總是會試圖掩飾和隱藏自己的負面情緒，因為過於直白的表情流露，其效果和把心裏話喊出來給周圍的眾人聽沒有甚麼區別。

現實生活中，更多的驚訝是部分面部肌肉形態的表現。

第一種表現是沒有嘴配合的驚訝。如圖 4-5。

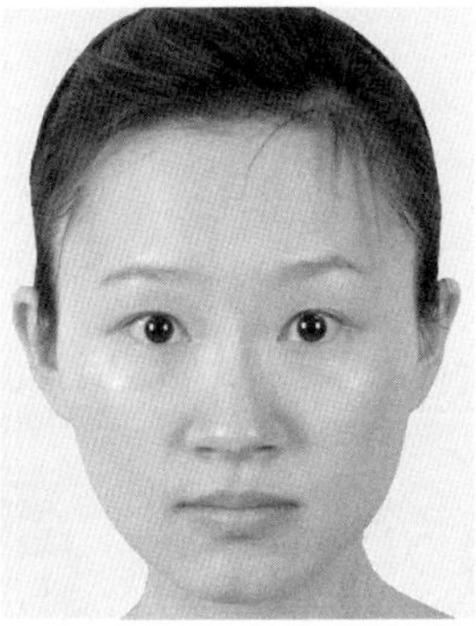

圖 4-5　中等驚訝表情

與飽滿的驚訝表情相比，上圖有兩個地方值得注意：

(1) 眉毛抬得不那麼高，眼睛睜得不那麼大。但是與正常狀態相比，確實提升了眉毛，睜大了眼睛。如圖 4-6。

正常狀態的眉眼

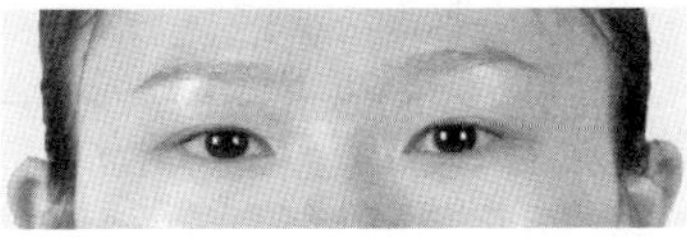

中等驚訝的眉眼

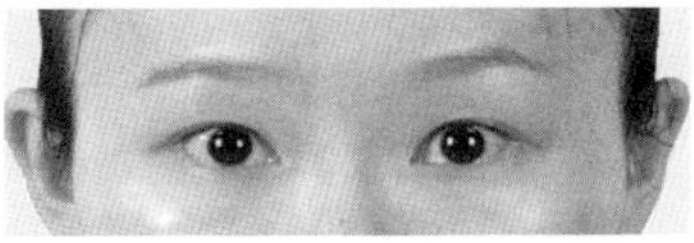

圖 4-6　不同表情的眉眼對比

(2) 嘴巴部分的動作，可能很小（非常輕微地張開），甚至不存在。但如果嘴唇沒有分開，那麼必然配合有鼻子吸氣的動作，當然吸氣的力度不足以讓你看到頸部肌肉的緊張收縮。如圖 4-7。

飽滿驚訝的嘴　　中等驚訝的嘴

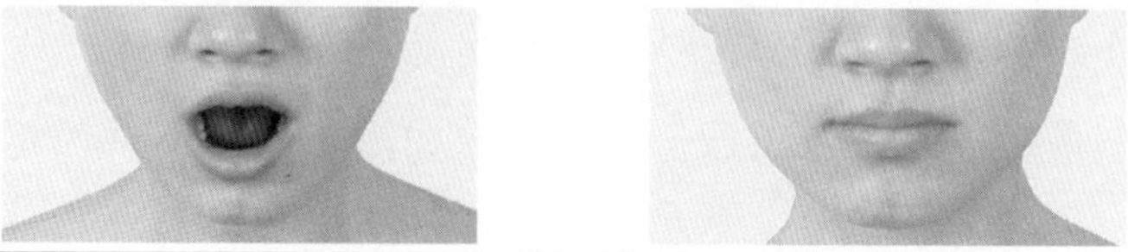

圖 4-7　不同表情的嘴部對比

第二種表現是連眉毛的上揚都幾乎不可見，只剩下上眼瞼的提升。如圖 4-8。

鬆弛的臉　　輕微驚訝的臉

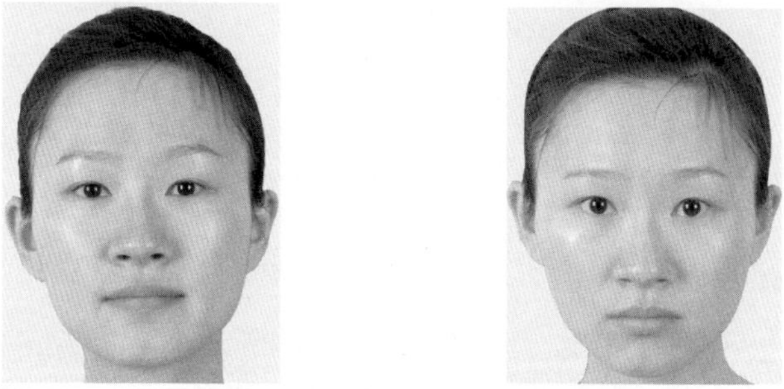

圖 4-8　不同表情的臉部對比

主觀控制的抑制，或者刺激源力度的不足，都可能導致眉毛部分沒有明顯提升變化，這時，僅僅保留上眼瞼的提升。如圖 4-9。

飽滿驚訝的眉眼　　中等驚訝的眉眼　　輕微驚訝的眉眼

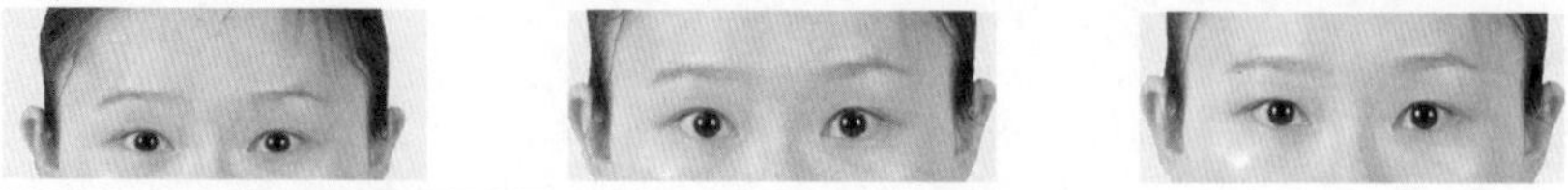

圖 4-9 不同表情的眉眼對比

反過來，如果僅僅是提升眉毛而保持眼瞼不動，則會出現失神的樣子，如圖 4-10。可以確定，這樣的表情形態，不是驚訝情緒的表現。

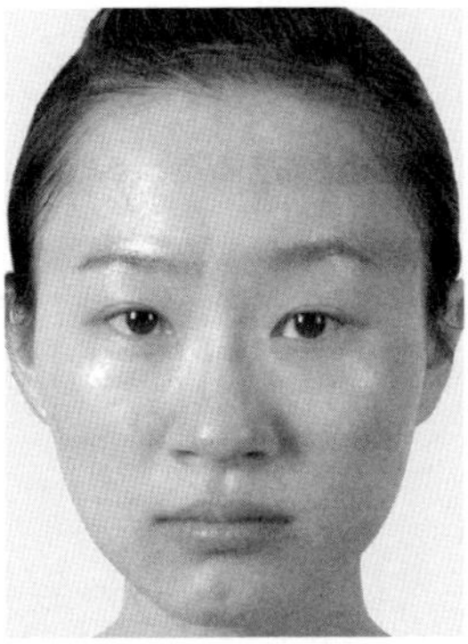

圖 4-10　失神

經過這一節中的逐步縮減變化，我們可以發現，即使沒有嘴部形態的參與，甚至沒有眉毛形態的參與，仍能通過上眼瞼的提升來表現出內心的驚訝狀態。因此，我們特別提出驚訝的微表情形態特徵，比較正規的稱法是驚訝表情的"必要形態特徵"(後文中在需要嚴謹論述的地方，會使用這個詞彙)。

必要形態特徵，是指一種表情中必然不能缺失的面部形態特徵。比如在驚訝表情的所有面部形態中，眉毛可以不抬高，嘴可以不張開，但上眼瞼必須上提，且在眼瞼睜大的那一瞬間，必定會有整個身體的靜止同步配合；吸氣的動作交給鼻子來完成後，其幅度可能不易觀察到，但肯定有吸氣的動作趨勢。這些構成驚訝表情的必要形態特徵，就是判斷一個人是否出現驚訝情緒的微表情指徵。

這一節對於微表情研究很重要。我們總結，驚訝表情的必要形態特徵為：

(1) 上瞼提肌收縮，上眼瞼上提，虹膜露出的部分較平常狀態多。

如圖 4-11。

圖 4-11　不同表情的眼部對比

（2）上眼瞼上提的同時，整個身體沒有其他動作，會出現瞬間的停頓。如果沒有這一瞬間的停頓配合，也不能確定為驚訝表情，有可能是憤怒的進攻趨向，也有可能是恐懼的逃避趨向。

（3）雖然不易觀察到，但驚訝的過程中，會有吸氣的動作，或者僅僅是吸氣的動作趨勢。所以，如果沒有發現吸氣的動作，不能否定驚訝的存在，因為那也許僅僅是因為觀察不到；但如果發現了與吸氣相反的動作——呼氣，則可以確定必然不是驚訝，更有可能是憤怒。

這樣的微小變化從整體上講，基本屬於不動聲色，如果不是因為刺激源的力度不夠，那就要讚歎當事人的內斂和城府了。

驚訝和其他情緒的組合表情

驚訝相對於其他 5 種通用表情而言，是最“小”的表情。這裏説的小，除了持續時間最短之外，還因為驚訝本身是中性情緒反應。愉悦是積極的情緒反應，厭惡、憤怒、恐懼、悲傷則是負面的情緒反應，只有驚訝是一瞬間的判斷過程。因此，在驚訝之後，通常是配合了其他情緒的轉換發生。因為在那短暫的一瞬間，人已經可以判斷出刺激源的性質和力度，隨後馬上以此為依據作出後續的相關反應，積極刺激引發積極情緒和反應，負面刺激引發負面情緒和反應，刺激源的力度越大，反應的程度越強烈。

通常，緊隨驚訝之後出現的，是喜悅、憤怒和恐懼等，所形成的綜合表現依次是驚喜、驚怒和驚恐等。

1、驚喜

如圖 4-12 所示，上眼瞼的上提和虹膜上緣的充分露出，證明了驚訝情緒的存在。

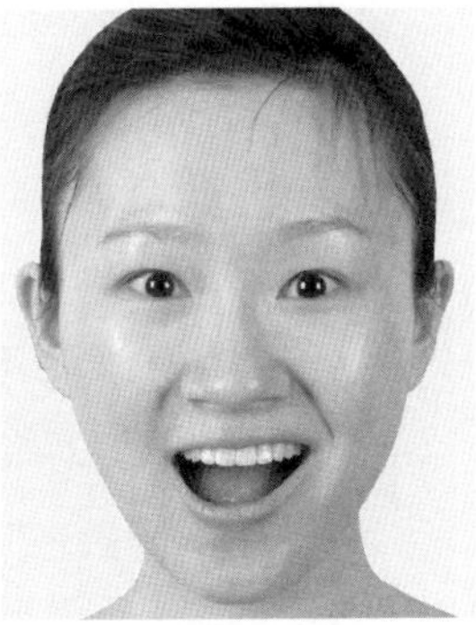

圖 4-12　驚喜表情

在不足一秒的快速驚訝之後，發現刺激源是積極的，且力度很大，能讓人產生強烈的滿足和愉悅，這就是驚喜。

買彩票贏得大獎，驚險的比賽取得勝利，都會出現上面的表情。影視劇中經常出現的製造驚喜手法，往往是欲揚先抑。在主人公生日當天，親友們故意製造一些讓人鬱悶的事情，例如就是不提起生日祝福，或者憑空製造一些讓主人公忙亂、失敗、尷尬、堵心的情況，然後在他情緒低谷的時候，化解一切誤會，並以盛大的形式召開生日慶祝會。這一套情緒刺激的手法，只要前面的負面刺激別太過分，都能取得皆大歡喜的結局。

2、驚訝轉厭惡

圖 4-13 為驚訝轉厭惡的組合表情。仔細觀察上眼瞼形態，可以看到上眼瞼線在眉毛的壓力下，呈現出了明顯的轉折。如果沒有這條直線，上眼瞼會提升很高，虹膜會露出很多。這個微表情形態特徵證明了驚訝的存在。

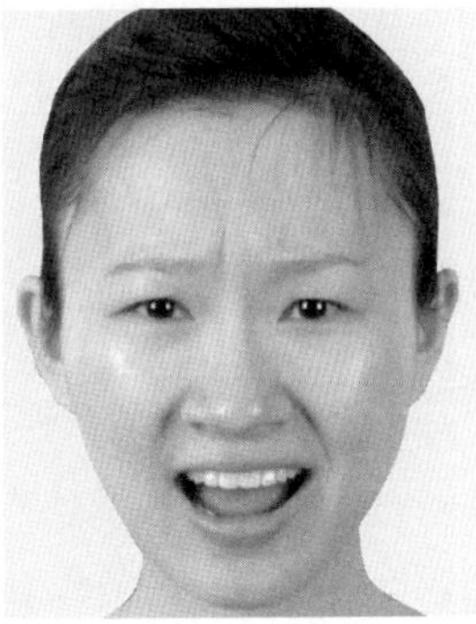

圖 4-13
驚訝與厭惡的組合表情

最能直接表現出圖中表情的情境大概是：朋友家的可愛狗狗因為生病而全身長滿蝨子，在聽到這個消息時的第一時間的反應。

厭惡的典型特徵是皺眉＋較深的鼻唇溝，一旦這個形態特徵加入到驚訝中，就會出現圖中的表情。當然，實際生活中的驚訝轉厭惡並不會如圖 4-13 中這般明顯。

案例分析

在一次實際測試中，被測試人是一個受到社會關注的公益人士，獲得過很多獎勵和讚譽，但是和自己的家人，包括愛人、子女和長輩之間，卻存在着深深的矛盾，家人對她都感到非常擔憂和厭惡。經過背景分析和調查，我們發現這與她幼年時父母離婚，繼而在爺爺奶奶家長大的成長經歷有關，行為模式屬於極端偏執，只要自己認為是要做的事，就不會聽取其他人的意見，而且誰提意見誰就是敵人。

被測試人內心早就對我們可能作出的負面評價有防備或者抵觸情緒。當我們抽絲剝繭地將問題推進到她的成長經歷與目前遇到的困境之間的關係時，我們提出了一個問題："你的父母是不是已經離婚了？那時你幾歲？"

從視頻回放中可以觀察到，被測試人的反應中身體停頓非常明顯，但是臉上吃驚的表情卻不夠充分，幾乎肉眼不可察覺，只有上眼瞼的略微提升。隨之而來的，則是皺緊雙眉、面沉似水，對這個問題表示嚴重關注，從向兩側拉開的鼻孔以及鼻翼兩側的輕微溝紋來判斷，驚訝之後的情緒是厭惡。我們猜測她此時內心的台詞是："嗯？！"（你們怎麼會知道？問這個問題幹甚麼？）

3、驚怒

看到這張圖（圖 4-14），你就可以聯想到一句常見的台詞："你說甚麼？！"請注意觀察她瞪大的眼睛（虹膜幾乎全部露出），這是驚訝的微表情形態特徵。當然，上揚的眼瞼被下壓的眉毛抵住，遮住了部分虹膜，並形成厚的眼瞼皮膚褶皺（俗稱"三角眼"的斜線）。雙眉下壓和上眼瞼提升的組合，是憤怒表情的典型形態特徵。

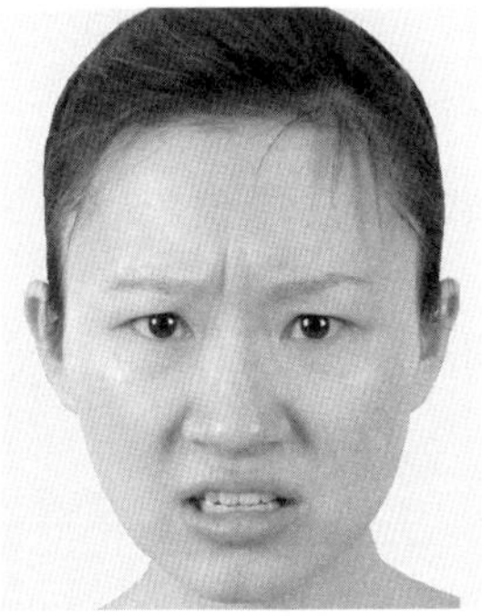

圖 4-14　驚怒表情

在不足一秒的快速驚訝之後，發現刺激源是負面的，對行為人的利益產生很大的威脅（憤怒的核心刺激源，詳見第六章），能讓人本能地產生攻擊慾望，這就是驚怒。生活中出現驚怒的慣常情境，是擁有掌控感的人被所掌控之人挑釁、蔑視甚至威脅。

我曾經於 2008 年參加過一個大型中美專題高端論壇，兩國的主要參會人員都是各自國家中相關領域具有較高建樹的專家級人物和外事官員，中方派出了一位副部長致辭。然而，就在致辭的過程中，卻發生了意外情況——話筒因為音響的問題出現了嘯叫。

嘯叫從開始到結束，一共不超過 6 秒鐘，但這短短的 6 秒鐘，卻讓我觀察到了發言人臉上的明顯變化過程。在發言遭到嘯叫打斷的第一時間，發言人臉上呈現出了瞬間的驚訝，除了嘴沒有明顯張開之外，眉毛和眼睛的動作都很到位。但驚訝的狀態在嘯叫的繼續刺激下很快消失，繼而轉為凝眉瞪目的憤怒，本來鬆弛的下半臉變成了咬牙切齒的緊繃狀態，就是通常所說的鐵青着臉。在嘯叫故障排除之後，發言人盯着負責會務的工作人員看了一眼，表情恢復如常，若無其事地完成了發言。

4、驚恐

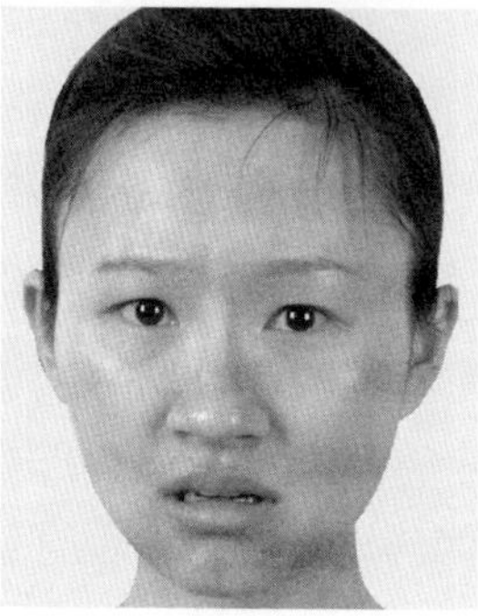
圖 4-15　驚恐表情

在不足一秒的快速驚訝之後，發現刺激源具有壓倒性的威脅，可能直接對行為人的安全產生很大的傷害，就會產生驚恐情緒。如圖 4-15。

我們從小就知道，蛇是一種可怕的動物，陰險兇狠，動作很快，被蛇咬傷的後果會很嚴重。因此在房樑上、牀底下突然發現一條又粗又長的蛇時，先是定睛一看（驚訝），然後快速後退、慌張逃離（可能會撞倒幾件傢具），臉上的表情就是來自內心深處的恐懼。

除了這種可能造成傷害的刺激源外，人在面對另一類情況時也會產生驚恐。之前做了違法犯罪的行為，或者違背其他社會公眾準則或道德的事情，在被揭穿的那一瞬間，當行為人確認自己的行徑已經被別人掌握了，隨之而來的肯定是嚴重懲罰的那一刻，驚恐出現。公司的財務人員，違反公司規定和相關法律，挪用公款炒股票、買彩票來謀求私利經常見諸報端。這種事情就怕別人知道，如果最後錢能補齊，只要沒有人堅持追查，也許就能僥倖地悶聲大發財了；但如果遭到了虧損，或者有人堅持查賬的話，在遮掩不住的那一瞬間，就會產生驚恐情緒。

5、驚訝轉悲傷

一不小心闖了禍，或者得知了不好的消息，就會驚訝轉悲傷。如圖 4-16。

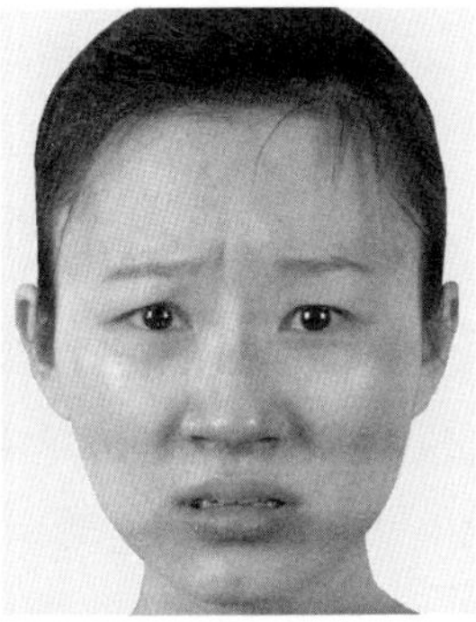

圖 4-16
驚訝與悲傷的組合表情

我們研究小組的某位成員迷上了某款智能手機，每天無聊的時候就狂玩其中的冰壺球遊戲。一日因為用力過猛，手指滑動揮出的瞬間，手機也從老舊的保護殼中應聲飛出，結結實實地跌落在地上，原本光滑的觸摸屏上裂出了頗具藝術氣息的碎紋。那一瞬間，這位同事的表情就是驚訝轉變為悲傷的經典過程。

總結

驚訝的微表情形態特徵是上眼瞼提升，露出較平時更多的虹膜上緣。在平靜的臉上一旦出現這種微小的變化，即可確定為驚訝情緒的產生。當然，驚訝轉瞬即逝，很快就會恢復常態。

驚訝表情的典型形態特徵是：雙眉高

挑，眼瞼睜開，眼睛睜大並呈關注狀態，下顎自然張開，嘴部張開用於輕微快速吸氣。

在驚訝的表情之後，可能轉換為各種主要情緒所對應的表情，分別是：驚訝轉喜悅，驚訝轉厭惡，驚訝轉憤怒，驚訝轉恐懼，驚訝轉悲傷。驚訝是遇到有效刺激之後的第一反應。

實踐應用

在實際測試過程中，由於心存抵抗和掩飾，即使遇到有效刺激，更多的人也只會輕微睜大雙眼，有可能嘴巴會張開（倒吸一小口氣），而沒有其他的過分表現。因此，觀察驚訝之後的其他情緒反應，才是正確使用驚訝原理的測試方法。

在測試中，驚訝情緒是具有重要價值的分析線索，因為驚訝情緒的出現，是源自意料之外的刺激源，且刺激源為被測試人所關心。因此，驚訝＝有效刺激。

在做心理測試的時候，如果希望使用驚訝情緒和表情原理，需要注意以下兩個問題：

(1) 提前設計好問題作為刺激源。要根據被測試人可能關心的方面，設計一些他不知道你已經掌握的問題，或者他不知道的其他相關重要情況，在意外的時間提出。

(2) 一旦驚訝表情出現，就意味着這件事情具有分析價值，驚訝的表情越飽滿，刺激源的價值越大。

第五章

厭惡的微表情

如果是負面刺激的話，甚麼東西會讓人厭惡呢？惡臭、醜陋，以及其他不認同的東西，都會讓人心生厭惡。

看到“厭惡”這個詞，也許你就會在腦海中構想出那個經典的表情：瞇緊眼睛（表示不願看），皺起鼻子（表示不願聞），嘴角向後咧，可能還會吐舌頭（表示不願吃）。沒錯，厭惡情緒的本源，就是對腐爛食物的排斥。因為遠古的祖先吃過腐爛食物之後，引起了身體的強烈不適，嘔吐、生病甚至死亡，所以在看到、聞到和嚐到腐爛食物的時候，就會本能地排斥這些東西，這應該是進化過程中積累下來的保命本領。

有意思的是，儘管現代人對食物健康很有認識，很少會有聞到或嚐到腐爛食物的真實經歷了，但遇到讓自己心存不爽的人或事時，比如阿諛諂媚的無能官員或無能無知的紈絝子弟，還是會做出相同的表情，彷彿這些人或物身上存在着腐爛的氣味或味道一樣。

厭惡情緒的產生

在所有負面刺激引起的情緒中，厭惡屬於相對較輕的反應類型，憤怒、恐懼和悲傷，都會產生比厭惡更嚴重的反應。

厭惡的具體刺激源有效性受不同社會文化和教育的影響很大。比如張揚的個性，在崇尚和鼓勵個性的社會氛圍中，不會成為厭惡的刺激源，但若放到一個保守的、等級森嚴的社會氛圍中，則非常容易引發周圍人的厭惡。

我們盡己所能，試圖總結出人類社會中能夠引發厭惡情緒的刺激源通用特徵，拋磚引玉。行為人會對所厭惡的刺激源作出兩種評價：一是否定；二是認為它低級，這裏的低級是指雖然可惡但卻不足以對當事人構成威脅。

舉兩個例子來說明一下。

自以為是的人幾乎在所有社會和文化中，都是最容易引起別人厭惡的刺激源。自以為是，不是個性張揚，而是沒有基礎的張揚。這個詞的內在含義是他事實上並“不是”，但卻認為自己很“是”。這裏的“是”可以翻譯成正確、成功、高尚、完美等各種肯定性評價。總而言之一句話，“我很好，你（們）很差”的想法就是一個實際上不怎麼好的人自以為是的心態。對自己有過高評價，而又以此為基礎進行炫耀、爭辯，或者否定其他人的正確意見，是最容易被人厭惡的行為模式。

一個參與我們研究的志願者小雅講述了她曾經遇到過的一名極品男子。在雙方初次接觸的過程中，該男子首先遞上了自己的名片，上面印着6個不同的頭銜，從某公司總裁到某集團顧問，再到某研究機構的研究員，最後一條頭銜是“某大學研究生課程班班長”。在這種奇特的身份介紹之後，雙方開始就電影產業的現狀進行意見交換，試圖尋找合作的機會。

在這名男子的眼裏，搞電影產業，就是要“三大”：大投資、大明星、大宣傳。雖然到目前為止，他還只拍過兩部實驗性質的MV，但他堅信，只要有人投以足夠的錢，用這些錢僱傭大牌導演和明星，改編一個人們熟知的歷史故事就可以拍出成功的作品。接下來，從開機就進行炒作宣傳，甚至製造噱頭引起關注，直至最後進入院線，就一定能實現名利雙收。

當小雅提出，電影是用畫面和聲音講述故事的一種藝術手法，因此好故事才應該是一部好電影的核心要素時，該男子大加駁斥，並反覆強調：“中國的老百姓，誰看故事啊？只要屏幕上有明星，就會興奮，明星越大牌，愛看的人越多，票房就越高！”在隨後陳述自己宏偉計劃的時候，他慷慨激昂的樣子甚至讓別人無法插話，並且頻頻提到自己和哪些娛樂明星一起出席過活動，一起合過影，手機裏存了哪些人的電話，完全是躊躇滿志的樣子。

最終，小雅不得不提前中斷了這次會面，以有事為藉口禮貌地離開。我們嘗試着指出了當時她的情緒來源，小雅認同了我們所分析的兩個特徵：“第一，這名男子所說的東西在我看來是不對的；第二，他沒有認識到自己的觀點是錯誤的，還大言不慚地吹噓和標榜，這種無知讓我感覺很低級。”

與此性質相同的實際案例，還有某娛樂名人跨界扮演意見領袖的事件。2010 年，某著名演藝界人士通過公眾媒體發表了自己對一些事件的觀點和評價，在受到公眾的質疑和反對後，大肆謾罵反對自己的人，成為一時笑談。

整個事件結束後，我們分析了公眾厭惡這位藝人的原因，認為主要是因為他以不適當的身份，發表了民眾不認同的觀點。民眾認為他的錯誤觀點很低級，而以藝人的身份在自己並不熟知的領域中充當意見領袖，則屬於自以為是，非常讓人厭惡。

當然，民眾的反饋中也存在大量謾罵的現象。需要注意，謾罵屬於憤怒情緒導致的攻擊行為，已經超過了厭惡情緒的上限。而厭惡情緒的一個必要特徵是——不具備攻擊慾望。

通過討論上面的兩個案例，我們不難發現，在人際交往中能夠引起厭惡情緒的刺激源，具有共通性規律。當事人對刺激源產生厭惡情緒，至少同時存在兩個必要特徵：一是對刺激源的否定，具體表現為不認同；二是除了不認同之外，還認為刺激源很低級，遠低於自己對它的主觀預期。

如果當事人並不期望改變刺激源低級的錯誤狀態（也許是不屑，也許是不想），那麼就會產生厭惡情緒；如果當事人試圖通過攻擊行為強迫對方認輸，甚至想要驅趕或消滅對方，那麼所產生的情緒就是憤怒。關於憤怒，我們將在下一章詳細解釋。

例如，兩位公司高管在進行合理爭辯，各自都有具體的理論依據或者事實依據來支持自己的觀點，儘管雙方都會心懷否定，但不一定會產生厭惡，也許還會惺惺相惜。如若在這個情境中加入了低級評價因素，比如產品部經理認為銷售主管所提的下一年度銷售增長計劃根本就沒有任何依據，完全脫離公司現有客觀情況，全部都是信口胡言，就會心生厭惡。

有些情況下，刺激源的水平也許客觀上並不低，但因為其過高的自我定位超過了實際情況，也會造成相對低級評價。目中無人的老前輩雖然確有水準，但因不能接納後輩合理觀點，盲目自負，就會讓人心生厭惡。歷史上很多名臣也因為這種功高自負，引起了君王的厭惡。《三國演義》中的大將魏延就是因為這個原因，逐漸引起諸葛亮的厭惡和防備。這種行為人所持的主觀低級評價，是刺激源過高的自我認知造成的相對影響，客觀的實際情況會被刺激源的自大襯托得很低級。如果客觀情況本來就很低級，還搭配上盲目自大的表現，就會強烈增加厭惡的程度。

飽滿的厭惡表情

周星馳的電影中有一句經典台詞："吐啊吐啊就習慣了"。對討厭的人或者事感到極度厭煩的時候，身體會出現嘔吐的類似反應，如同被腐爛氣味或味道侵襲一樣。

1、極度的厭惡：嘔吐

厭惡表情的最根本特徵，源自一種身體行為：嘔吐。如圖 5-1。

圖 5-1　嘔吐

為了把嘴張到最大，除了下顎向下打開之外，人還會本能地提升上唇（注意圖中張開的嘴，兩側嘴角向上提起的形狀，這是對上唇被提起後的誇張表達）。提升上唇會用到提上唇肌和上唇鼻翼提肌兩束肌肉，如圖 5-2。需要注意的是，這兩束肌肉不可能單獨運動某一束，總是同時收縮運動的。所不同之處在於，提上唇肌更容易有意控制，而位於鼻樑兩側的上唇鼻翼提肌則通常由強烈的情緒自發控制。因此，特別強烈的厭惡表情中，上唇鼻翼提肌會起到主導作用，普通程度的厭惡表情中，提上唇肌起主導作用。

臉平面圖

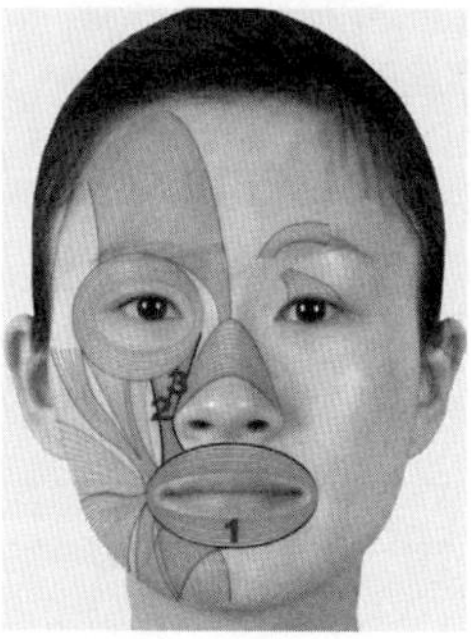

臉側面圖

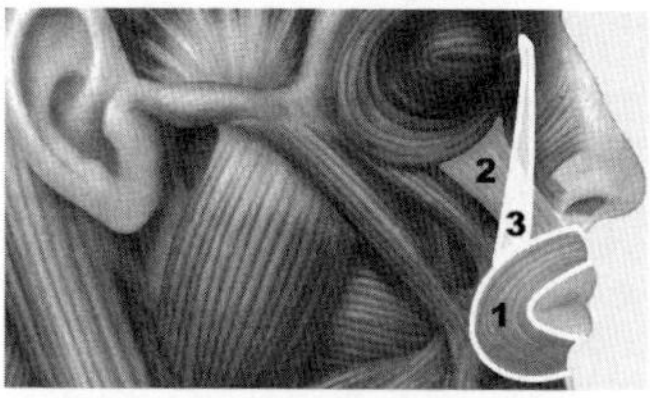

圖 5-2　口輪匝肌 (1)、提上唇肌 (2) 與上唇鼻翼提肌 (3)

除了張開嘴之外，嘔吐動作還會引起一個本能的聯動反應——緊閉雙眼、皺緊雙眉。緊閉雙眼需要眼輪匝肌收縮，與隆起的臉頰共同擠壓眼瞼，從而造成強烈閉眼動作（但多數不會完全閉合），形成下眼瞼下方的弧線紋路。眼輪匝肌的收縮，一方面可以避免因嘔吐而造成的內壓升高傷害眼球，另一方面也可以在一定程度上減少刺激源帶來的負面視覺刺激。但是需要注意的是，眼輪匝肌的收縮，不是刻意為之，而是嘔吐動作的自然反應。

2、飽滿的厭惡表情

這些由嘔吐動作的生理需求調動的肌肉運動，形成了厭惡表情的飽滿形態。如圖 5-3 所示。

可以看到，在嘔吐的原始表情基礎上，極度厭惡的表情中嘴被緊緊閉上，眼睛和眉毛的形態保持基本不變。這個表情彷彿是聞到了甚麼讓人噁心的臭味，而且惡臭在不斷的逼近中。閉上眼睛不看，皺起鼻子不聞，緊閉雙唇不嚐，嚴格禁止一切反感的信息進入身體。

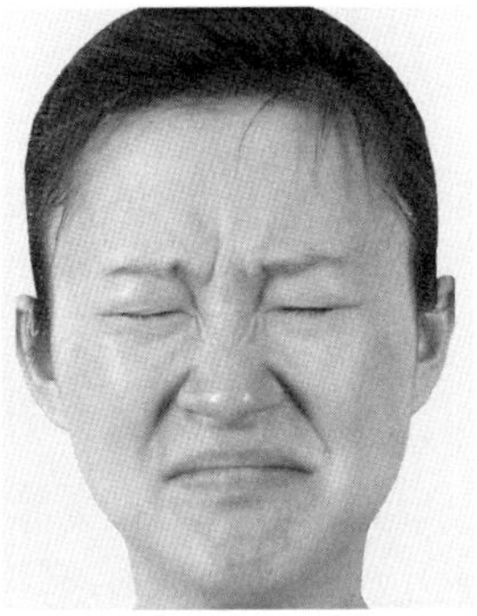

圖 5-3　飽滿的厭惡表情

常見的厭惡（當厭惡作為一個子類和輕蔑、不屑同級時，指最強烈的一種厭惡類情緒及其表情，接近飽滿形態）、輕蔑和不屑表情中，都包括有上述一種或若干種面部形態特徵，只不過數量和程度存在區別。

厭惡的微表情形態特徵

現實生活中的人際交往，鮮有如此誇張的外在表現，除非是故意表演給別人看的。更多由真實情緒所引發的厭惡表情，保留了嘔吐動作的部分臉部結構形態，但與嘔吐相比，表現形式都溫和了很多。每種不同程度的厭惡，都會表現為不同的表情形態。

1、不同程度的厭惡情緒

隨着刺激源的力度從大變小，厭惡情緒存在着不同程度的衍生。

如果刺激源的力度很大，會讓人產生強

烈厭惡情緒，非常討厭刺激源，試圖遠離。與憤怒情緒不同，強烈的厭惡不會有消滅刺激源（比如改變對方想法）的慾望，單純是極度討厭，避免和刺激源近距離接觸，以免發生任何關係。

刺激源力度減弱為中等的話，會讓人產生輕蔑情緒。“輕”和“蔑”有細微差別。“輕”是看不起的否定，可以翻譯成“不怎麼樣”；“蔑”的本意是“目受傷而不明”，引申為不想看到的厭惡，以及對刺激源作出“小”（就是前面說的“低”）的評價。因此，輕蔑總體上表達了行為人對刺激源自上而下的排斥感。雖然也是排斥，但心態輕鬆很多，不需要消耗很多精神來應對。

如果刺激源力度很弱，會讓人產生不屑情緒。不屑就是完全的輕視，除了看不起之外，根本就不用花力氣來加以排斥。成語“不屑一顧”就形象地表明了連看都懶得看一眼的不屑情緒。這是最輕微的一種厭惡衍生，很容易和笑容連在一起（因為內心完全輕鬆，優越感會引發笑意），形成譏笑或冷笑表情，表達非常輕鬆的否定評價。

如果你遇到一個極其愚蠢的人（當然是你自己認為對方很愚蠢），這個傢伙還不自量力地來挑釁你，你認為自己有瞬間搞定他的能力，由於彼此之間的實力過於懸殊，你就會呈現出這種不屑的神情。如果對方是嚴肅而認真的，也許你的表情僅僅會停留在不屑；但如果對方嘗試着做出些笨拙而好笑的行為（動作或語言），你就會不由自主地露出譏笑的神情。

有次和某 IT 企業中層一起開會，大家討論公司某個互聯網應用產品的改進方案。由於設計方案中用到了大量的英文詞彙，所以所有的人都是半中半英地混着說。當開發部門的技術總監操着帶有方言痕跡的口音進行解說時，我注意到他的某個下屬臉上閃現了非常輕微的譏笑神情。

總監在開發經驗和技術能力方面，是公司公認的牛人，所以可以判斷，這個譏笑一定不是針對修改方案的。會後我問總監，那名下屬是不是有留學背景，他給出了肯定的答覆。這證明，之前的判斷正確，那名下屬的不屑笑容是由總監不夠標準的英語口音引發的。由於對自己的英語發音非常得意，因而不由自主地流露出了內心的情緒。

綜合上述分析，我們可以總結出厭惡情緒（三個衍生）的所有共通性含義，那就是否定。有用力的否定，也有輕鬆的否定。所以，應用到心理測試的過程中，如果你觀察到了被測試人表現出厭惡類情緒的表情特徵，如厭惡、輕蔑或者不屑，就可以直接得出結論：被測試人對刺激源的信息持否定態度，嚴重的拒絕接受，不嚴重的懶得理睬（自視甚高）。

2、厭惡的表情特徵

厭惡的樣子，與嘔吐相比，有一處明顯的不同：因為不需要為嘔吐創造通道，所以嘴不會如嘔吐動作中那樣張開得很大。如圖 5-4。

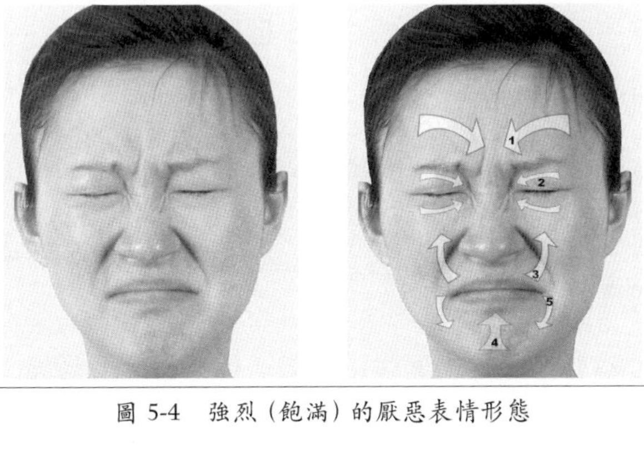

圖 5-4　強烈（飽滿）的厭惡表情形態

這張圖是嚐到很難吃的味道或者聞到很難受的氣味時的表情。我們在聽到噁心的話，或者看到厭惡的畫面時，也會做出相同的表情。如此強烈的面部表情肌肉形態（可以用扭曲來形容），在現實生活中可以產生比嘔吐更強烈的厭惡表意。因為，頦肌收縮，下唇向上推起，使雙唇緊緊閉合在一起，是明顯的抑制嘔吐動作，符合文明社會中不能隨便嘔吐的規則。與嘔吐相比，這個表情更實際，不誇張。這樣的嘴部形態既可以理解為控制自己的表現，不能當眾吐出來（已經厭惡到極端了）；也可以理解為拒絕接受任何難吃的味道這種原始表意。

要讓人產生如此強烈的厭惡表情，需要刺激源具備非常大的刺激力度。單純的問題刺激、語言刺激很難達成這樣的效果。在我們所做過的實驗中，只有《法醫學屍體解剖示教》錄像以及一些血肉模糊的災後屍體照片讓被測試者出現了接近這種程度的厭惡表情。

這個表情特徵和疼痛表情非常相似。與疼痛的細微差別之處在於，厭惡表情的上唇提升程度更大，鼻翼兩側溝紋的深度更深。也許，這是因為觀看這些比較慘的視覺信息，會引發被測試者的自身傷痛感覺，但不是真的疼痛，所以演變成本能的排斥性厭惡。

構成厭惡表情的肌肉運動和面部形態特徵如下：

（1）皺眉肌收縮，雙眉皺緊。

（2）眼輪匝肌強烈收縮，緊閉雙眼，同時造成雙眉下壓。

（3）提上唇肌和上唇鼻翼提肌收縮，提升上唇，同時在鼻翼兩側擠壓形成鼻唇溝。

（4）頦肌收縮，將下唇向上強力推起，使雙唇緊緊閉合；下巴同時向上皺起，表面皮膚產生很多褶皺；下唇與下巴上的肌肉隆起之間形成深溝。

(5) 降口角肌收縮，將嘴角向下拉，與提上唇肌的作用形成制衡，在嘴角兩側形成括號形紋路。

與此表情形態類似的其他厭惡表情，主要的區別在於嘴部形態。有的嘴部下唇鬆弛，嘴輕微張開，除了上唇之外，其他部分並不用力參與表情構成。如圖 5-5 所示。

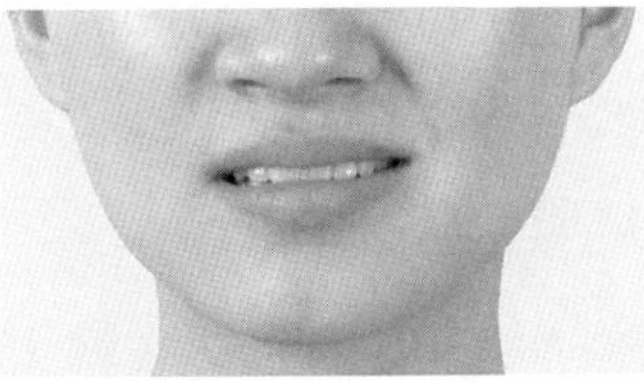

圖 5-5　其他厭惡表情的嘴部

有的嘴角會在頸闊肌的作用下，向兩側劇烈拉伸，使下唇拉平，表面皮膚變光滑，露出部分上齒，下齒被上齒部分遮擋。如圖 5-6。

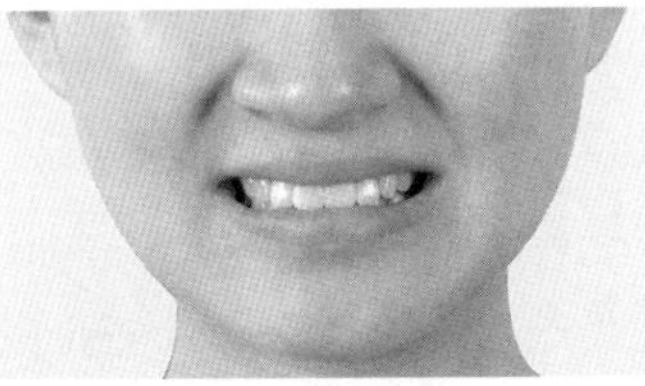

圖 5-6　其他厭惡表情的嘴部

3、輕蔑的表情特徵

刺激源力度降低，厭惡表情的程度也隨之降低。當我們的排斥狀態稍微弱一些的時候，由上唇鼻翼提肌主導的表情就改由提上唇肌來主導控制，臉部的變形程度也就整體上輕一些。如圖 5-7。

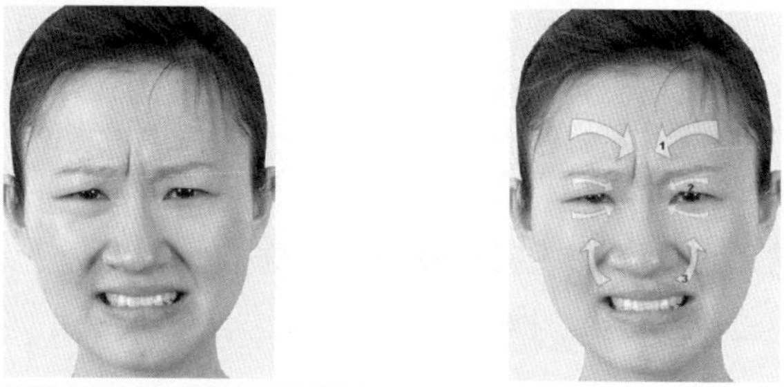

圖 5-7　輕蔑表情的形態

圖中所示的輕蔑表情，可以分析出如下形態特徵：

(1) 皺眉肌收縮，形成輕微皺眉紋。

(2) 眼輪匝肌輕微收縮，造成眼瞼緊張、輕微閉合，同時造成雙眉輕微下壓。

(3) 提上唇肌主導收縮，上唇向上提升；鼻翼被間接向上提升並向兩側拉伸，在鼻翼兩側形成淺溝紋。

(4) 下唇沒有明顯形態變化，雙唇可能保持閉合，也可能輕微分開。

由此可見，在表情肌肉運動整體減弱的情況下，最突出的特徵還是提起上唇，提升鼻翼和隨之形成的鼻翼兩側溝紋，次突出特徵是眼睛和眉毛的關注形態。達爾文在《人類和動物的表情》一書中也曾經講到過，厭惡有時也會在看不到上唇變化（比如被濃密的鬍鬚遮擋）的情況下表露出來，只要觀察到鼻翼兩側的深紋，加上眼睛、眉毛，就能充分表達。

這樣的輕蔑表情可以理解為對強烈厭惡表情的改進，是存在更多克制的版本。通常，這種程度的厭惡表情是來自對醜陋的外形、笨拙的思維或動作以及沒有品位的風格所產生的輕視和否定。

通常，我們在談論一些以“醜”而被眾人熟知的網絡紅人時，會不由自主地出現這個表情。如果再加上畫面的刺激，效果會更明顯。

案例分析

我們測試過一個非常希望出名的年輕女孩，她拍攝過一些尺度較大的曖昧風格照片，試圖通過這種方式引起關注，隨後在演藝圈中立命安身，獲得發展。為了確定她的行為動機，我們準備了某著名網絡紅人 × 姐的照片和此人參加過的電視節目視頻。當女孩看到她的照片和視頻時，臉上立刻出現了圖 5-8 中的表情。

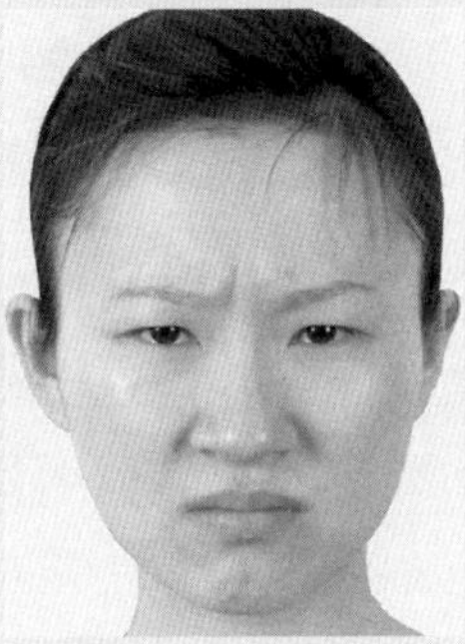

圖 5-8　輕蔑的表情

通過分析這個自然的表情反應，我們確認她對 × 姐的外表心存輕蔑。但是，隨後播放的若干段電視節目視頻剪輯，則讓女孩的臉上流露出了極大的興奮和關注。儘管 × 姐在節目中進行了各種豪放、自信的表演和侃談，但並沒有增加女孩的厭惡感。通過對女孩視線方向變化的捕捉和分析，我們注意到，她的興奮增強，和不斷更替出現的各大電視台台標存在直接關係。因此，我們分析的結論是，能夠參加各大電視台的節目錄製是讓她興奮的刺激源，女孩很希望也能如此被人關注，如此出名。她的輕蔑，僅僅停留在對 × 姐外貌的厭惡上，對於她的爆紅方式，則沒有意見。

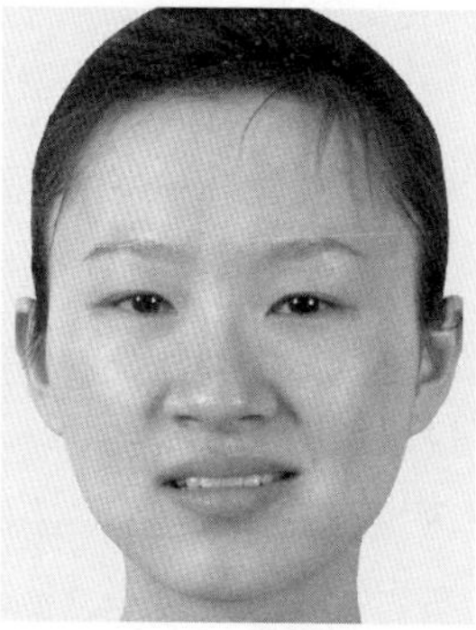

圖 5-9　不屑的表情

4、不屑的表情特徵，譏笑和冷笑

最淺的厭惡表情是完全地看不起，“不屑一顧”是對這種情緒很好的表述。如圖 5-9。

在不屑表情中，只有提上唇肌的運動。具體形態特徵如下：

(1) 眉毛不再皺起和下壓，眼睛形態也幾乎完全沒有變化。

(2) 提上唇肌輕微收縮，上唇輕微提升，上唇線較正常形態略微拉平。

(3) 由於提上唇肌的作用仍在，所以鼻子周圍變化還是比較明顯。鼻翼輕微提升、側拉，鼻翼兩側與提升的臉頰形成淺溝紋。

(4) 由於內心的輕鬆和優越感，通常會產生輕微笑意。

有的時候，行為人內心中強烈的優劣對比，會因自己的優越感而導致單側上唇提起，連帶這一側的嘴角上揚，看起來像是一個不完整的笑容。更有甚者，行為人為了表達自己內心的不屑一顧，還會特意加大這種笑意的表達。如圖 5-10。

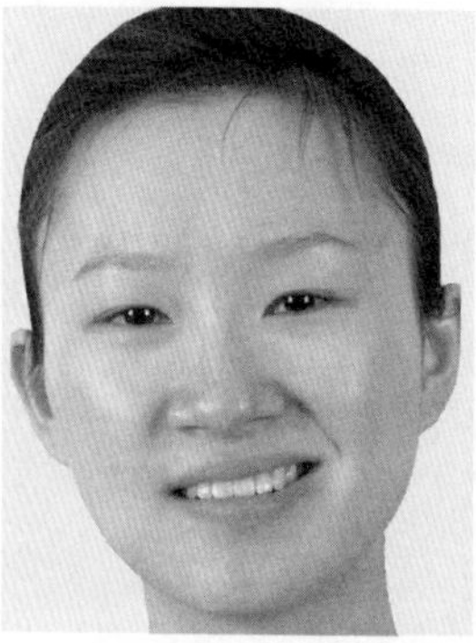

圖 5-10　譏笑

譏笑中，與上揚嘴角同側的眼睛也參與到表情中來，眼瞼在眼輪匝肌的輕微收縮下，做出一定程度的閉合動作；輕微提升的臉頰和收縮的眼輪匝肌，在下眼瞼下方擠壓成一道淺溝紋。通常還會配合一次輕微而快速的呼氣，可能通過鼻孔，也可能通過張開的嘴角。

一旦你觀察到，別人的臉上自然流露出了這樣的神情，就可以斷定對方內心深處已對你進行了否定，而且是抱着隨意就能把你踩在腳底下那種強烈的優越感進行的否定。

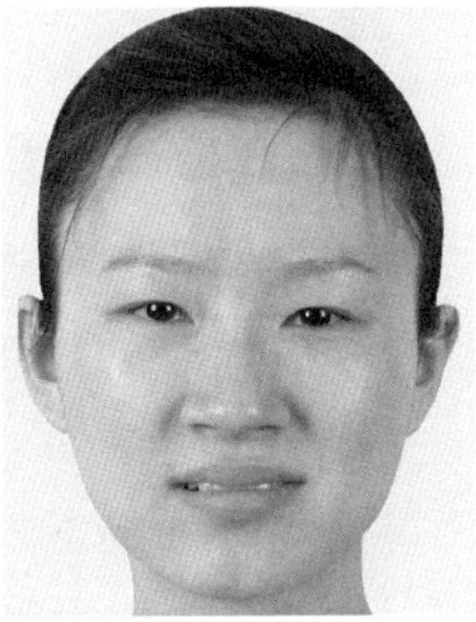

圖 5-11　冷笑

而冷笑，也是一種常見的不屑，它與譏笑之間的區別在於冷笑沒有明顯的眼部形態。換句話説，就是冷笑中看不到眼睛的笑意，只有嘴部的不完整笑容形態。如圖 5-11。

5、厭惡的微表情形態特徵

厭惡、輕蔑和不屑，都屬於不同程度的厭惡情緒。所有厭惡情緒的面部表情，都存在一個同樣的特徵形態，那就是上唇提升，鼻翼隨之提升，鼻翼兩側出現溝紋。所不同之處，在於肌肉運動的程度和其他面部器官的配合程度。

鼻子在其他表情中的作用都不那麼重要，但在厭惡情緒產生的時候則成為了典型指徵。當臉上沒有其他明顯變化的時候，鼻子的形態改變以及同時出現的鼻翼兩側溝紋，都可以讓我們輕鬆判斷出厭惡的存在，即使上唇的動作被遮擋住也沒問題。如圖 5-12。

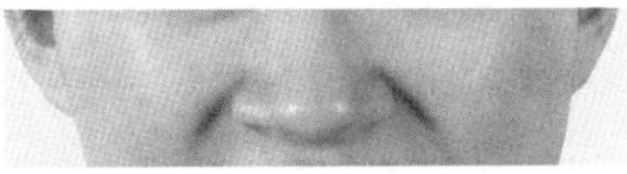

圖 5-12
厭惡的微表情形態特徵

總結

1. 厭惡的微表情形態特徵

厭惡的微表情形態特徵，也就是厭惡表情的必要形態特徵，就是提上唇肌和上唇鼻翼提肌的運動。外觀上看起來是上唇提升，鼻翼兩側有鼻唇溝。在受到有效刺激的前提下，如果被測試人臉上出現了這樣的特徵，則可以斷定其內心生出厭惡情緒。而厭惡情緒的根本表意，是否定。

2. 不同程度的厭惡情緒

如果刺激源的力度很大，會讓人產生強烈厭惡情緒，也就是極度厭惡，避免和刺激源近距離接觸發生任何關係；如果刺激源力度減弱為中等的話，會讓人產生輕蔑情緒，輕蔑總體上表達了行為人自上而下的排斥感，但心態輕鬆；如果刺激源力度很弱，會讓人產生不屑情緒，“不屑一顧”是這種心態的典型代表。

不論厭惡的程度如何，能夠得出的共同結論是：厭惡的出現，意味着行為人內心的否定。

3. 厭惡表情的意義總結

不論是深度的厭惡，還是中等的輕蔑，其核心都是嘗試着將不喜歡的東西排斥出去，所以動作圍繞着鼻子和嘴來進行，而且通常會引起皺眉，聯合起來表達不想看、不想聞和不想嚐的本能意願。但不屑略有不同，僅僅表達了看不起和強烈的優越感，並沒有排斥的意願。由於心態過於輕鬆，因此伴隨着不屑出現的，常常是單側嘴角翹起的不完整微笑。

案例分析

我們曾經測試過一個小胖子，期間的一道核心問題是他對自己的體形是否介意。由於他是學習刑事偵查專業的，所以我們從測謊技術開始聊起。

問：你覺得傳統測謊儀測謊的效果怎麼樣？

答：還可以吧。從敏感程度和客觀性來講，對於排除犯罪嫌疑人還是比較準確的。做過了，只要不是真忘了，説謊説沒做過，肯定能被捕捉到。（表情：沒有明顯變化，保持基線的笑瞇瞇的樣子。）

問：你覺得我們的微反應心理測試技術用來測謊怎麼樣？

答：不是特別了解，聽你們介紹來看，可能還行吧。（表情：上唇提升，單側嘴角上翹，同側眼睛瞇得更緊，呈不屑的笑狀。）

問：其實你並不完全認同，僅僅是覺得我們介紹的內容還算有邏輯，但並不認同測試的準確性，對嗎？

答：（有點驚訝和尷尬，轉瞬即逝）呵呵，我是覺得這種測試技術應該能被當事人的主觀表演所干擾。

問：你覺得自己的體形是不是偏胖了？

答：是有點胖。（表情：恢復至笑瞇瞇的樣子，看起來波瀾不驚。）

問：你自己介意嗎？會不會覺得不夠好看？

答：我也沒辦法啊，順其自然好了。（表情：再次出現單側嘴角上翹、同側眼睛瞇得更緊的笑容，但這次的笑容有些僵硬。）

分析：根據其基線狀態（笑瞇瞇的樣子），以及對同質問題（微反應心理測試）的不屑反應，我們可以確認，在回答是否介意自己的體形偏胖時所出現的表情證明，其內心是比較介意的。所回答的"我也沒辦法啊"表達了自己對體形的不認同但無奈的心態，與表情表意吻合；"順其自然好了"則延續着無奈的表意，加入了不太介意的傾向。

第六章

憤怒的微表情

當負面刺激的力度升級，超越了厭惡情緒的極限，對當事人產生威脅時，就會引發憤怒情緒。憤怒的特徵是有攻擊傾向，試圖驅除或消滅負面刺激源。

厭惡的本質，是對負面刺激源持否定態度，試圖避開或者懶得理睬。在厭惡的所有級別中，都沒有對刺激源的改變、攻擊甚至破壞的慾望，大不了一走了之。但是，如果刺激源產生威脅和傷害，就會將當事人的情緒提升到新的級別——憤怒。

憤怒的本質，是攻擊的慾望——通過攻擊來消除危險。

能夠引發憤怒的事情，在生活中豐富多樣不勝枚舉。小到街頭攔截出租車的時候司機視而不見，大到有人用武力攻擊你或者你的小孩，都會讓人心生憤怒。

儘管憤怒的表現形式千差萬別，但是它們都來自一個共同的源頭——威脅。

憤怒情緒產生的根源

在動物的世界裏面，如果是簡單的捕食與被獵殺，那麼捕食者心存飢餓（這是最大的行動動因），被獵殺者心存恐懼。因為二者間的對立關係並不平衡，強勢和弱勢的差距太過明顯。弱勢一方無力消除威脅，只能快速恐懼逃跑，如果運氣好，跑得夠快，就能躲過一劫。所以，可以肯定的是，弱勢一方肯定不會心存憤怒。而強勢的一方如果沒追上，也不會心中罵娘，所能做的只不過是調整體力，以期再戰。

如果雙方勢均力敵，則比較容易出現憤怒。領地，是有統治力量的動物彼此間心存共識的交往規則。無論是從領地內發起的挑戰，還是來自領地外的陌生力量攻擊，都會讓領地的掌控者心生憤怒，因為這樣的挑戰行為意味着兩件事：第一，明知道是自己的地盤還敢來冒犯，這是巨大的預期不符，是對自己尊嚴的侮辱和踐踏；第二，如果挑釁者贏了，原本領地的主人就失去了一切，配偶、後代和美好的生活，甚至性命。這是巨大的威脅，而且是牽涉到生存和繁衍的雙重威脅。這樣的威脅，一定要消滅！憤怒情緒產生，接下來就是武力抗爭。

能夠激發人類憤怒的刺激源同樣也是威脅，是對生存和繁衍可能造成傷害的威脅。這一點和動物的憤怒產生機制，本質上完全相同。當然，人類的憤怒，有着更廣泛、更複雜的衍生變化。文明和教育，以及生活被分解的細緻程度，讓憤怒更多地來自衍生出來的各種威脅。

這裏所說的威脅刺激源，不單純指形式上的威脅，比如口頭警告，或者晃動着武器恐嚇，而是更多地指抽象一點的概念，是當事人主觀上認為可能會造成傷害的情境。當事人對刺激源是否能夠形成威脅進行評估，如果認為威脅經過自身努力可以消除，那麼就可能心生憤怒；如果心中沒有消除威脅的念頭和信心，則為恐懼；完全不當回事兒的，就是厭惡（常見的是輕蔑）。因此，是否存在威脅，只在當事者一心。

1、駕駛的憤怒

開車上路，是非常容易產生憤怒的情境，尤其是路況不好的時候。如果你有駕駛經歷，就會馬上聯想到可能讓你憤怒的原因。小一點的情況，如前面的車該加速不加，該排隊不排加塞，該讓不讓，或者突然並線不打轉向燈等等；大一點的情況是出現事故，比如無端被追尾或相撞。在這些情況中，預期不符都是明顯的誘因，心中口中都會憤然脫口而出一句：“會不會開車啊？！”

有人據此將“不合理”總結為憤怒的刺激源。他們認為，如果大家都合理駕駛，一切都能夠秩序井然，暢通無阻，就不會出現這種憤怒了。還有另外一種觀點認為，大家都可能做過不合理駕駛的事，這不是憤怒的關鍵刺激源，吃虧受氣才是憤怒的刺激源。

如果不合理的駕駛屬於蠻霸的自以為是，甚至惡意挑釁，的確會引發憤怒，這是尊嚴受到挑戰的自然反應，就像陌生人在路上趾高氣昂地推你一把一樣，跟開不開車沒有直接關係，只不過是開車時被別人用開車的形式挑釁了而已。這種對能力和尊嚴的負面刺激，與對動物的領地進行侵犯是一樣的，會讓人本能地產生憤怒。

如果不是惡意挑釁，僅僅是吃不吃虧的問題，那麼我們可以再深挖一下：加塞或變道超車能佔到甚麼便宜？

其實，真正引發憤怒的心理過程，不一定就是別人對自己的阻礙、延遲或者冒犯，可能比所直接想到的原因更深一層。是否會產生憤怒，與開車去幹甚麼有直接的關聯。

通常狀況下，開車上路，真正關心的都是到達目的地後要做的事情，在路上只是個必需的過程。如果是漫無目的地在路上兜風，遇到普通的不合理駕駛（不是惡意的那種）以及堵車，就不會那麼容易憤怒。如果被撞了，可能會引發憤怒，不過深挖一下思想根源的話，憤怒的原因應該是這個事故會造成定損、理賠、修車等很多麻煩的事情和時間的浪費，直接影響後面一段時間的正常生活安排，跟車子受傷的程度關係不大（只要別傷到人）。試想，如果你開着一輛已經受傷但還沒去送修的車悠閒兜風，再傷一下又怎麼樣呢？當然，新車受傷，還是會引發憤怒，因為再沒機會享受完整的新車體驗了。

2、自由受限

自由受限是對生存最大的威脅。沒有行動的自由，就會如同被捕獵者包圍一樣無路可逃，當然必死無疑。所以自由受限在人類進化積累得到的本能意識中，是非常嚴重的威脅。

和小孩子玩耍的時候，為了親昵，大人可能會把他抱在胸口，然後用手和腳輕輕把他控制住。你能猜到小孩是甚麼反應嗎？

沒錯，那一瞬間他會突然變臉，渾身漲得通紅，憋一口氣，試圖掙脱束縛，這是很明顯的憤怒反應。其實，約束的力量並不大，也不會弄疼他，而且之前玩耍的氣氛都很好，只是因為束縛行為，就突然發生了這麼大的變化。

孩子的主觀預期是自由活動，任何束縛小孩行動能力的行為，都會形成負面的預期不符，即使是在玩耍的過程中，突然不能自由行動也會讓他本能地感覺到不適和憤怒。當然，只是很短的一瞬間，經過微薄的努力之後發現沒有辦法改變這種局面，小朋友馬上張開嘴大聲哭喊起來，表示委屈（不願意但無力改變）和不解，這就是悲傷情緒了。

3、焦急的憤怒

為人父母的人都會有相同經歷——哄孩子睡覺，這是很甜蜜、充滿愛意的時刻。這時候有沒有可能出現憤怒情緒？完全有可能，最典型的情境就是家長在孩子睡了之後，還有重要的安排（比如電話會議）。

如果後面有重要的安排，可是小孩子還是像平常那樣講完一個故事再要求一個，或者賴皮翻來覆去不肯睡，時不時地在你以為他睡着了的時候跟你搭句話，這些原本可愛的舉動，就會激起父母焦急的憤怒。

時間不斷逼近，父母的焦急也不斷積累，變得焦躁不安，產生憤怒甚至喝斥孩子。但是，再進一步，如果你確實只能等他睡着之後才能做自己的事（比如家裏只有你一個人帶孩子），那麼當要事的時間一過，孩子還沒睡着，也就算了，憤怒會消失，心情反而平靜下來。除非那件事的意義比孩子傷心更重要。

插句題外話，這也是為甚麼特別忙的家長容易養出叛逆的孩子的本質原因，因為孩子會認為，自己在父母的眼裏，還不如掙點錢或者開個會重要。既然我不重要，你們就少管我。

4、利益爭鬥

人類社會中最常見的一種憤怒是別人威脅了自己的利益。

公司兩個競爭部門向老闆要預算。不論兩個部門的負責人使用了甚麼方法，也不論老闆最後給出了甚麼預算結果，只要不是良性的競爭行為，就可以激起兩個負責人之間的憤怒仇視。然而憤怒的根源真的是源自老闆多批或者少批的那部分預算嗎？有一種可能是，兩個人並不是單純地關心錢的多少這個數字問題，而是關心數字背後所代表的競爭結果。

誰得到的預算批准多，誰的衍生結果就會很多，也許這個批示意味着領導的認可性評價，也許還意味着“江湖名聲”以及手下的忠誠度，這些都會影響到後面的生存和發展。即使是兩個部門錢一樣多，甚至是獲得較多預算的一方，也會因為對方這種無理的競爭行為感受到威脅，進而心生憤怒。

因此，很多利益受損而引發的憤怒，利益本身只是表象，或者說只是個引子，而利益受損所代表的未來威脅，才是核心問題。如果利益受損成為既定趨勢，也就是說，競爭對手相信已經被你打敗了，那他心中就會充斥着無力的恐懼或悲傷。

同樣性質的例子還有很多，搶人、搶錢、搶地盤都是如此。愛情過程中的競爭，也是最常產生憤怒的情境。出於對優質繁衍的追求，凡是對自己愛別人構成威脅，或者對所愛之人構成威脅的，都會讓人產生憤怒進攻的生理衝動。但如果真愛已逝，心中流淌的就是傷心的眼淚，而不是憤怒的熱血。

5、被否定

否定是對一類刺激源的統稱，如同厭惡一章中所分析的那樣，厭惡、輕蔑、不屑的實質都是否定，所以從具體表現形式上來講，可以細分為直接否定、輕視（輕蔑和不屑）、厭惡，以及基於輕視所表現出來的挑釁、不尊重等多種形式。

（1）輕視

否定的常用台詞是“你不行”，隨着語氣的不同，可以表達很豐富的含義。這種輕視並不一定有甚麼威脅性的舉動，也許僅僅是一句話或者一個眼神。誰都不願意被別人否定，尤其是被輕視（相對增加否定的效果），而沒有事實依據的否定（污衊），更是容易激起憤怒。

動物在生存的過程中，如果被同類看得很低，則意味着失去了權威和掌控，自己的安危存在非常大的風險，可能被捕食、被擊敗，失去配偶、後代甚至生命。在文明和分工高度發達的現代社會，人的某一種技能被否定，也意味着失去競爭力和生存機會。這種威脅是激發憤怒的最直接刺激。

很多時候，即使是有涵養的學者，如果在其所擅長的專業領域被無端污衊和輕視，也會站出來維護自己的名譽。互聯網上因為點滴觀點的不同，就引得意見領袖們口誅筆伐的鮮活案例不勝枚舉。

（2）挑釁

挑釁是最能激發憤怒情緒的行為，通常發生在正式鬥爭之前。發起挑釁的一方通常表達的是戰鬥的慾望，希望當事人能夠以戰鬥的方式回應，因而會刻意激起當事人的憤怒，用各種方式攻擊當事人最關心的事。

挑釁的方式很多，關鍵要看當事人的性格特徵和所關心之事，但總體來講，一種是表示“我們鬥鬥看”，一種是“你沒甚麼本事，我不屑和你鬥，如果鬥的話，輕鬆搞定你”。通常後者更能激起憤怒，因為前者的表達往往很認真，表達的人也頗具實力，當事人更容易用理智來思考事情的發展走向和戰鬥之外的解決方式，除非是有旁觀者的評價干擾。而後者則是故意表達很低的評估結果，且用不屑來增加這種預期不符的刺激程度，讓當事人很想證明這種評估結果的謬誤並試圖教訓挑釁的人，因為對方的評估太低了，很容易矯正。但，這恰恰是心理圈套。

(3) 名譽受損

名譽是人類社會所特有的，也許動物們也有名譽，但這一點我們無法證實。由於語言的存在和評估體系的複雜性，名譽的作用就像是領地邊界中動物的尿液體味，散發着很多當事人的屬性信息，而且名譽的傳播效果和共識效果，要遠遠高於尿液體味。人類社會中的口口相傳，會無形中形成一種共識的力量，對人的個體認知產生影響。名譽的建立和提升，可以加強並鞏固自己的生存，這也是為甚麼明星的收入會更高的原因；而名譽的損壞，則可能讓當事人在社會中損失很大，甚至無法繼續生存下去。

因此，如果名譽已經建立，當事人也會極力完善和維護這個既有的"領地"標記，通過名譽來建立自己生存和繁衍的平台，降低成本。一旦名譽受到攻擊和威脅，其效果就相當於體味邊界線被衝破一樣，威脅到了當事人的生存和繁衍，很容易激起憤怒情緒。

有興趣的話，讀者朋友可以通過互聯網搜索一下，有多少名人因為名譽被損而發怒訴訟，又有多少名人站出來與貶損自己的人進行交戰。本書就不一一列舉了。

(4) 所歸屬群體被否定

如果你對一個自身條件不錯的大學生説："你們那個學校真垃圾！"而他並不認可這種評價的話，就極有可能因為自己歸屬的群體被否定而產生憤怒。同樣的例子，還有團隊、民族、國家等規模不等的群體被否定而引發憤怒。儘管這種否定評價是針對一個組織或一個群體的，甚至是針對所歸屬群體中的其他個體的，但因為內心的歸屬感使然，還是非常容易引發對方的憤怒，而且這種憤怒有時還會很強烈。

國人的憤怒就是典型的案例。自清末百餘年來，中國飽受列強侵略和欺侮，尤其是日本對中國的長期蹂躪，更是讓中國後世子孫對曾經的侵略者心懷憤怒。憤怒的人們無須了解更多的史實細節，就可以輕鬆達到咬牙切齒的憤怒力度。若能將這種憤怒轉為自強的動力，方可在充斥着各種國際規則與發展規律的當今世界上不再受欺侮；但如果這種憤怒的情緒被利用和誘導，則容易陷入極端民族主義的盲目和偏激當中，充當炮灰。

(5) 不合理

“不可理喻”是另外一種引發憤怒的刺激源。無論是在共同戰線中的合作者，還是在競爭中的鬥爭者，即便是在路上開車遇到的萍水相逢的陌生人，做事情不合理都可能引發強烈的憤怒。

不合理，實際上是不合當事人認可的道理，也就是引起了當事人的預期不符。團隊討論解決方案的時候，老大說了方向性意見，團隊成員們正緊張焦灼地細化成可執行方案。如果此時，一個傢伙自以為是地講出些空中樓閣的想法，就可能引起大家的憤怒（當然也有可能是輕蔑）。當事人認為按照自己的預期和思路做事情，可以以最佳方式得到結果，即使是不追求結果而集中於過程享受，也是這樣做最能享受過程。而其他人在這個相關過程中做不合理的事情，就會讓當事人擔心可能影響到自己預設的結果或過程。行為受阻的本質是自由受阻，與嬰兒的自由行動受到拘束性質相同，再加上可能存在的利益威脅，當然會激發憤怒。

與不合理相似的是，做事情的過程中遇到非人為因素，或者不明人為因素而造成的不順，除了不合理的製造者不明確之外，其他因素都與不合理相同，因此也會引起當事人的憤怒。

6、威脅還是破壞

有一種説法是憤怒來自對利益的破壞。這種説法值得再深挖一層。破壞是既成事實，威脅是一種結果不確定的負面刺激源，可能會造成傷害，但也有可能通過努力來消除這種傷害的風險。因此，如果負面傷害已經造成了當事人最關心的利益受損，那麼還有抗爭的必要嗎？如果還可以抗爭，就説明結果尚未確定，有機會通過行動挽回。是否已經受損，主要看當事人心中的判斷，與威脅一樣，是主觀評估的結果。所以，憤怒的刺激源確是威脅。

在現實生活中，有些人面對無中生有的誣蠛時會發怒，而有些人卻可以置身事外、一笑了之。這種情況就源自對威脅的評估，也就是説感到威脅會憤怒，不覺得威脅則淡然。威脅是一種主觀感受。

恐懼是對負面刺激進行評估之後的弱勢心態。如果是遇到威脅生存或繁衍的重大事件，會憤怒；而如果負面刺激是壓倒性的，就只會畏而不怒（字面上就不能算“威脅”了）。這裏的威脅也是主觀感受。

當然，不可否認的是，人類的智力在某些方面可以影響情緒。如果是受到嚴重傷害，不論是自己受傷，還是親人受傷，記憶和理智都會讓人在感到悲傷之外，念念不忘刺激源所產生的惡性影響，每個念及的時刻，都會引發一定程度的憤怒。

綜上，人類社會的文明程度越高，各種共識性規則越複雜，能夠引發憤怒的刺激源就越紛繁複雜，在具體問題的分析過程中，應當根據具體情境和當事人來具體分析。但總體來講，可以將憤怒的刺激源歸結為對所關心之事的威脅，並可以追溯到原始時代對生存和繁衍的威脅。

飽滿的憤怒表情

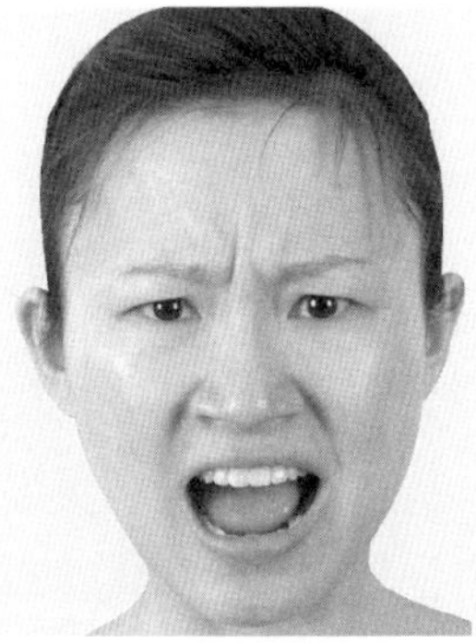

圖 6-1 飽滿的憤怒表情

憤怒情緒是應對具有威脅性刺激源的反應，目的是調動能量來攻擊、驅趕、傷害或者消滅對方。一旦負面刺激源超越了神經系統的那根紅線，憤怒就會取代厭惡而突然爆發出來。由於憤怒直接導向攻擊行為，無論是通過口頭的呵斥怒罵來宣洩，還是肢體的進攻動作，都可以回溯到遠古時代的搏鬥。這些攻擊行為都需要在短時間內消耗非常多的能量，所以真正的憤怒情緒很難長時間持續。而其他的情緒和肢體動作沒有如此緊密的配合，即使處於極端狀態，也不會存在進攻趨向。

1、憤怒表情的形態特徵

如圖 6-1 所示，最飽滿的憤怒表情中，包括 5 個典型特徵：

（1）雙眉下壓、緊皺。

（2）上眼瞼提升劇烈，下眼瞼緊繃，通常可稱為怒視。

（3）嘴用力張大，上唇繃緊拉伸，露出牙齒作為攻擊武器。

（4）下巴降低。這一點很重要，真正的攻擊行為，沒有抬着頭、抬着下巴的。

（5）鼻翼提升，不但露出上齒的威脅形態，而且鼻孔還會擴張，用於保持呼氣通道

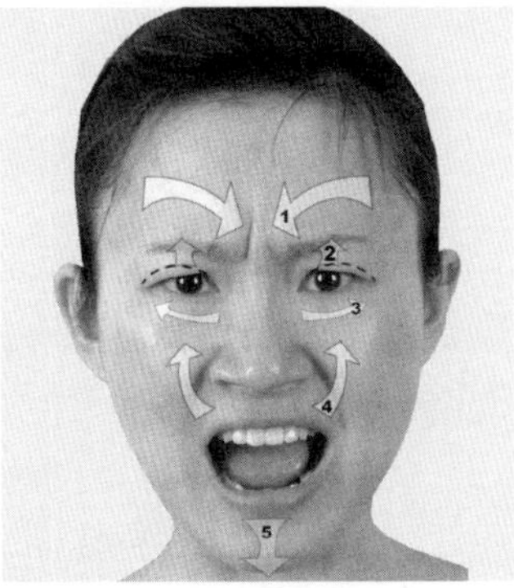

圖 6-2
飽滿的憤怒表情形態

的暢通。

根據圖 6-2 中的提示信息，我們可以分析飽滿憤怒表情的面部肌肉形態特徵如下：

(1) 眼輪匝肌強烈收縮，導致雙眉下壓；皺眉肌強烈收縮，眉頭緊皺。

(2) 上瞼提肌強烈收縮，將上眼瞼提至最高，想要努力露出全部虹膜上緣（如圖中虛線所示）。但是，上眼瞼的提升和雙眉下壓形成互相擠壓的憤怒形態，會在上眼瞼皮膚上形成斜線的皮膚皺褶。

(3) 下眼瞼繃緊。上眼瞼的形態和繃緊的下眼瞼匹配，稱為怒視。

(4) 提上唇肌和上唇鼻翼提肌共同收縮，提升鼻翼的同時也使臉頰隆起，形成鼻翼兩側深溝紋。

(5) 下顎向下張開，下唇在降下唇肌的作用下下拉，露出部分下齒，在頸闊肌的收縮作用下向兩側拉伸並變薄，緊緊貼在下顎骨上。

2、怒視的眉眼形態

(1) 雙眉下壓

雙眉下壓是憤怒表情的一個顯著特徵，出現在絕大多數憤怒表情中。如圖 6-3。達爾文的研究認為，眉下壓表示遇到麻煩。他推測，在原始時代，這個動作可以在注視困

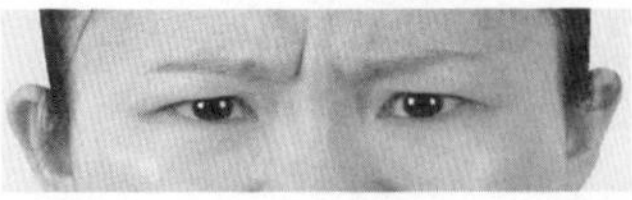

圖 6-3
飽滿憤怒表情的眉眼

難的時候減少眩光，隨後演變為遇到任何困難的習慣動作。的確，雙眉下壓經常會出現在厭惡、困惑（我在給學生講課的時候經常看到，但如果講清楚一個問題，這種情況就會消失）、為難、深思甚至用力的表情中，這些都算麻煩事。但遇到麻煩是偏客體的說法，所以我們將達爾文的結論從偏主體感受的角度更新為：雙眉下壓表示嚴重關注。

僅僅有雙眉下壓，還不能確定為憤怒形態，還需要眼睛努力睜大。雙眉下壓再加上眼睛睜大，這就會形成怒視，怒視是憤怒表情的關鍵形態特徵。

（2）怒視：上眼瞼提升（虹膜上緣暴露）、下眼瞼繃緊

雖然上眼瞼會在眼輪匝肌的收縮作用下被向下閉合，同時受到眉毛下壓的阻力，但上眼瞼的提升動作仍然會由上瞼提肌協同完成。因此，兩股相反的力量在上眼瞼皮膚上相互擠壓，改變了上眼瞼形態，形成一道褶皺重疊。如圖 6-4。

人在通常狀況下，虹膜的上半部分會有接近 1/4 被上眼瞼蓋住。但是在憤怒的表情中，由於上眼瞼的大幅提升，會露出較大面積的虹膜上緣，雖然上瞼線受到這層褶皺重疊的影響而變形，但我們可以推導出，如果沒有眉毛的下壓而形成的皮膚褶皺，上瞼線

圖 6-4　怒視的眼睛

會越過虹膜，不會遮蓋住虹膜上緣。在上眼瞼被強力提升的同時，下眼瞼由於眼輪匝肌的收縮，輕微提升，變直而繃緊，使怒視看起來更有力。

當三個因素——雙眉下壓、上眼瞼提升（露出虹膜上緣）、下眼瞼繃緊同時出現的時候，憤怒之火就會從眼睛中噴薄而出。

當然，我們此處所討論的是憤怒表情的標準構成條件，現實的表情不一定每一項都那麼標準。如圖 6-5 中所示，通過眉毛的形態、上眼瞼努力上提形成的皮膚褶皺、緊繃的下眼瞼和怒吼的嘴，我們可以清晰地判斷這個女人處於憤怒狀態，但眼睛卻睜得不大，虹膜也露出得不多。

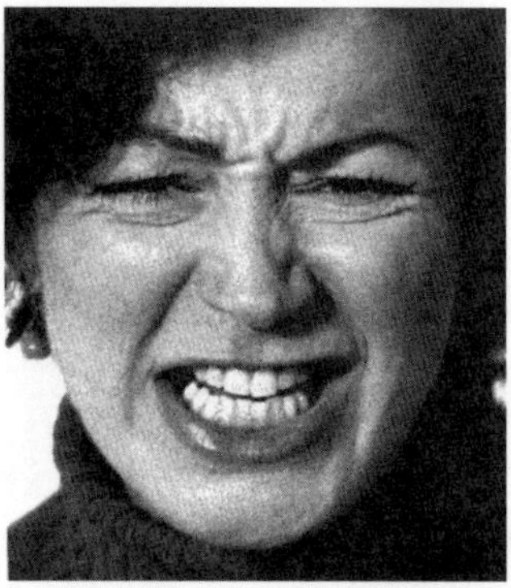

圖 6-5　憤怒表情

（摘自 *"The Artist's Complete Guide to Facial Expression" by Gary Faigin*）

出現這種現象的原因很多，比如這是動態的一瞬間，剛好抓拍成為一幀，不是憤怒的終結狀態；又或者行為人雖然憤怒，但心中略有恐懼，進攻的慾望不是很強。重要的不是觀察眼睛的大小或虹膜暴露的多少，而是注意眉毛、眼瞼的形態組合。

圖 6-6
飽滿憤怒表情的鼻子

(3) 鼻子和臉頰形態

憤怒的表情會動用提上唇肌和上唇鼻翼提肌。雖然這兩組肌肉的直接作用是提升上唇，但也會間接影響鼻子形態：鼻翼向上提升，鼻孔張開，鼻翼兩側形成深溝紋。同時，臉頰也受到間接影響而輕微隆起。如圖 6-6。

在美劇《別對我説謊》第一季第一集的開頭中，那個高大禿頭的犯罪嫌疑人在聽到萊特曼説出真正隱藏了炸彈的地點後，面露的表情就是典型的憤怒（眉毛 + 鼻子 = × 形狀），大俠萊特曼當即知道炸彈所藏之處正是剛剛試探性詢問的那個地方。但是，編劇卻認為這是輕蔑的微表情，這是《別對我説謊》中比較明顯的錯誤之一。單看上唇提起和鼻兩側產生溝紋，的確是輕蔑，但不能忽略上半臉的眉眼形態。這個情節的“技術含量”在於：憤怒來自威脅，嫌疑人是因為自己的犯罪計劃受到威脅而心生憤怒，從而表現在臉上成為憤怒表情，而輕蔑的原始意義是否定，不會出現在正確答案產生威脅之時。

3、憤怒的口型變化

除了典型的憤怒眉眼形態外，飽滿的憤怒表情還存在幾種變化，主要是由嘴部的不同形態引起。最可怕的憤怒表情是張開嘴嘶喊的憤怒，如圖 6-7。這是情緒失控的表現，稍加理智，就會變成咬緊牙關。

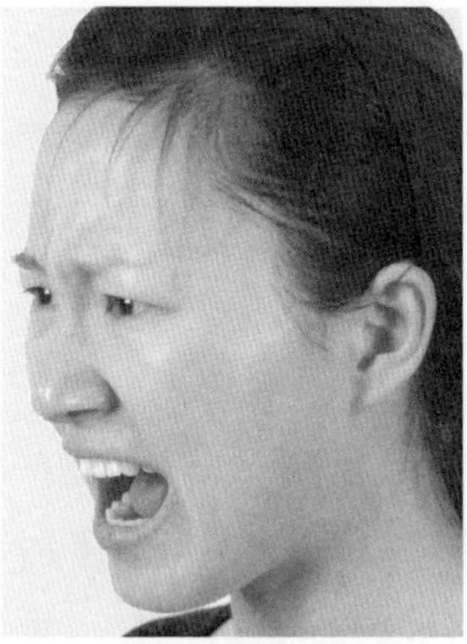

圖 6-7　憤怒的吼叫

(1) 憤怒的吼叫和撕咬

憤怒的吼叫發聲，也是攻擊對手時的常用手段，客觀上要求嘴部打開。撕咬動作是為了咬住對手的肢體，故而和咀嚼不同。咀嚼是後齒動作，而撕咬主要使用前面的犬齒和切齒，因此客觀上也要求張開嘴並露出牙齒，這就會用到下顎骨（把嘴打開）、提上唇肌、上唇鼻翼提肌（露出上齒）以及降下唇肌（露出下齒）。

除了大吼之外，憤怒的時候，還有其他的口型配合憤怒的表情，用來表達不同的憤怒程度，同時也是因為憤怒的攻擊行為客觀上需要不同口型的功能性配合。如圖 6-8。

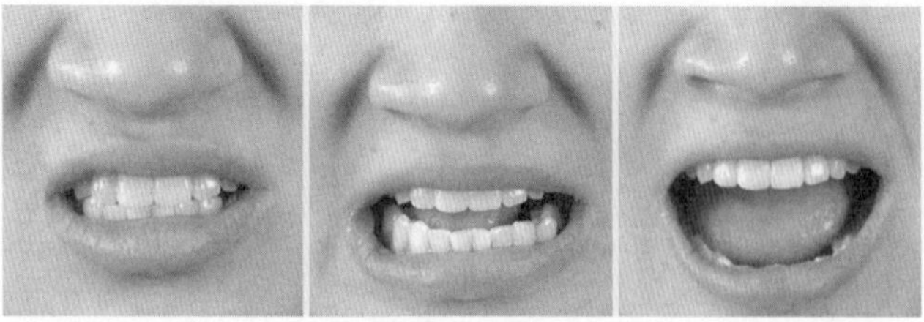

圖 6-8　不同的憤怒口型

左圖：提上唇肌和上唇鼻翼提肌共同收縮，強力提升上唇。人類的這個憤怒表情形態和動物在發出攻擊警告時的形態，幾乎完全一樣。上唇的提升動作和厭惡時的上唇形態非常相似，但力度更大，因為本能的意識要求一定要顯露出上齒中的犬齒尖牙（位於嘴角處），才能充分表達攻擊的慾望。

中圖：以語言為攻擊武器，在爭辯或者呵斥的時候，會通過下唇的運動，露出下齒。可以想見這張嘴所在的整體面孔有多麼憤怒，接近於“咬牙切齒”一詞所描述的狀態。

右圖：下唇在降下唇肌、頸闊肌和下顎骨的共同作用下伸展。下顎骨下降，打開口腔；頸闊肌收縮，將嘴角向兩側拉伸；降下唇肌將下唇拉成 U 形，更甚至會露出下齒和牙齦。口輪匝肌收縮，使嘴唇變直，變緊，這在大聲發聲的時候很重要。

(2) 張開嘴，咬緊牙關

人體在沒有情緒的情況下，會因為兩種狀況而做出咬牙切齒的動作：疼痛和用力。而這兩種咬牙切齒的誘因，又都是搏鬥過程中最容易出現的狀況——搏鬥的雙方都會用力求勝，受傷後會疼痛——為了勝利、為了忍痛，咬牙堅持是必需的。更何況，對於動物而言，牙齒是進攻利器之一，撕咬是主要的搏鬥動作。

上下顎通過咬牙切齒保持緊緊閉合不是自然、舒服的姿態，在放鬆的狀態下，牙齒之間沒有互相咬合的壓力。如果要同時露出部分牙齒，難度會更大，因為要動用更多的肌肉進行複雜運動。你可以自己試試，先緊緊咬住牙齒，然後拉伸嘴唇盡力將牙齒露出，就像強忍頭疼或用力拔河那樣。與怒吼的憤怒不同，咬牙切齒和怒視的眉眼形態相配合通常出現在用力的憤怒時。

憤怒和疼痛表情的下半臉非常相似，如圖 6-9。口型都是由提上唇肌、上唇鼻翼提肌等收縮形成的上唇提升，同時下唇拉伸。但整張臉的表情卻不同。如果只看下半張臉的話，就沒有辦法清楚地辨認出是憤怒還是疼痛。但是，從眼部形態可以判斷，左側表情為用力的憤怒；右側閉眼圖中眼瞼閉合，只是疼痛，沒有憤怒。

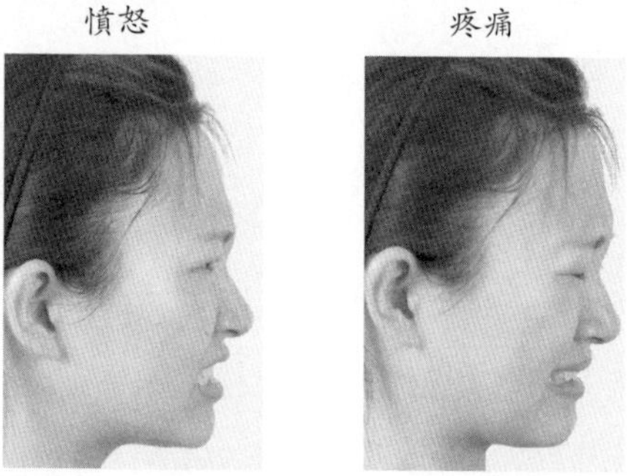

圖 6-9　憤怒與疼痛表情的側面對比

憤怒的微表情形態特徵

歇斯底里的爆發和嚴厲的逼視，外表上看起來有天壤之別，但是在一定的條件下，可以讓人產生相同的恐懼感。這是因為所有的憤怒表情，都具備一個相同的特徵：進攻趨向。怒吼的進攻、露齒的威脅、緊閉雙唇的嚴厲以及犀利目光的逼視，都可以歸為憤怒情緒的不同表現。

從最飽滿的憤怒表情開始，我們需要向下遞減分析的，並不是情緒本身的程度。因為憤怒是具有進攻趨向的危險情緒，速戰速決是所有戰鬥的天然要求，所以它會在很短的時間內急速爆發，也許前一秒鐘還是冷冷的厭惡，隨後就突然變成暴怒了。

按照生活中的常見憤怒表情，我們從下半臉開始，逐漸分析憤怒表情中嘴、鼻、眼睛和眉毛的變化，全面而系統地掌握憤怒的微表情形態特徵和典型表情特徵。

1、緊閉嘴唇

在緊閉雙唇的憤怒表情中，嘴部形態直接取決於三束肌肉：口輪匝肌、降口角肌和頦肌。如圖 6-10。這三束肌肉有着共同的作用，那就是在收縮的時候，能讓嘴唇擠在一起。而提上唇肌和降下唇肌是用來張開嘴唇的，在閉嘴的動作中沒有參與收縮動作。

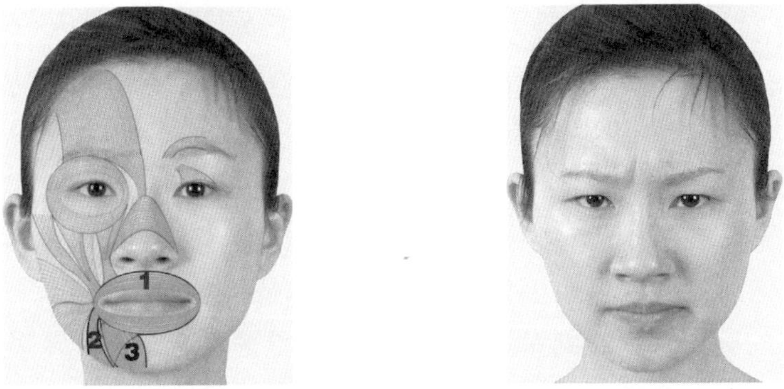

圖 6-10　口輪匝肌 (1)、降口角肌 (2) 和頦肌 (3)

表達否認（勉強、為難、悲情）的撅嘴，是頦肌和降口角肌共同收縮的結果，口輪匝肌保持鬆弛。但如果口輪匝肌也參與收縮，則會增加嘴唇閉合的力度，輕則表示不悅，重則使本來的否認意義更加強烈，成為抑制的憤怒形態，説明心中已經不再是勉強、為難之類的猶豫了，還得加上更大的力量，才能管得住那種進攻的衝動。如圖 6-11。

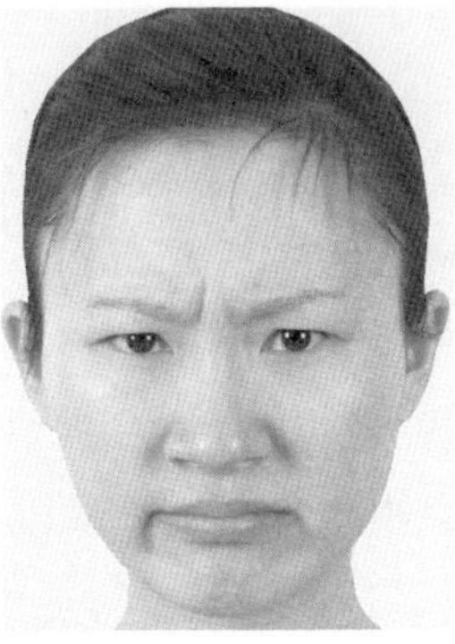

圖 6-11　撅嘴的憤怒表情

2、憋氣的嘴唇

如果沒有社交規則的禁止，人類在憤怒的時候，也會像動物那樣對刺激源發出吼叫，並可能伴有肢體進攻動作。因憤怒情緒而被籌集起來的巨大能量，總要有個出口消耗掉，才能取得身體下一步的平衡。但文明的不斷傳承和滲透，使人從小就接受各種各樣對於負面情緒的禁忌，尤其是可能造成危險和麻煩的憤怒。

在現代社會的交往過程中，除了對自己的親人或者搏鬥的敵人之外，普通人即使生氣了也不會隨意張開口吼叫，更多情況下是緊閉雙唇，憋一口氣。在對峙的狀態下，憋一口氣和懷揣一顆炸彈沒有甚麼區別，因為這個樣子看起來，能讓人感覺到隨時爆炸的危險，效果會更具影響力和威懾力。只要事情的結果還不清晰，這種潛在的威脅就會起到壓迫作用，比大吼更讓對方害怕。緊閉雙唇再配合標準的憤怒眉眼組合，看起來就是異常憤怒的樣子。如圖 6-12。

側面

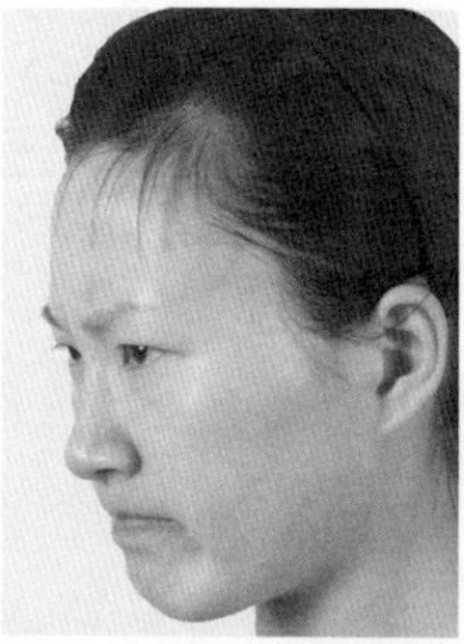

正面

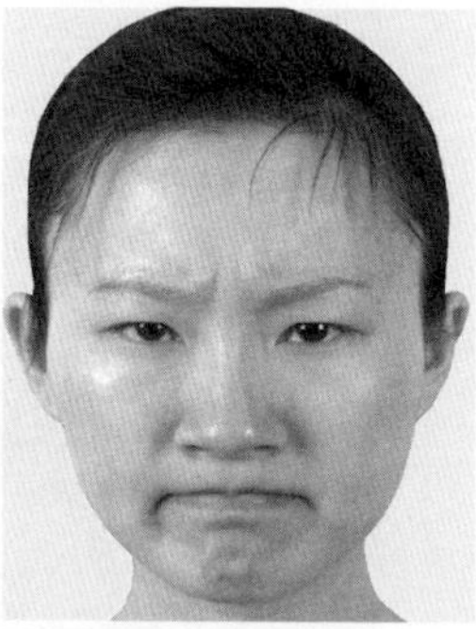

圖 6-12　憋氣的憤怒表情

這就是一個憋氣的表情，憤怒情緒提供的能量灌注到三束控制嘴部的肌肉中，形成了這種特殊的憤怒嘴部形態：

(1) 上唇提升（提上唇肌和上唇鼻翼提肌的作用），鼻翼提升，鼻翼兩側出現溝紋。

(2) 下唇頂上，與上唇緊緊抿在一起，嘴唇變薄，拉伸成直線，下唇突出。

(3) 下巴位置的肌膚隆起且不平坦(頦肌的作用)。

(4) 嘴角下垂嚴重(降口角肌的作用)，和抿嘴微笑的時候恰好相反。這種形態可以簡稱為慭氣嘴，是真正憤怒的典型形態，因為需要三位一體的肌肉作用，很難表演偽裝。

這個慭氣的憤怒表情，面孔上的肌肉形態特徵如圖 6-13 所示：

(1) 皺眉肌收縮，眼輪匝肌收縮，使雙眉皺緊並下壓。

(2) 上瞼提肌收縮。

(3) 眼輪匝肌收縮，還會使下眼瞼繃緊並輕微向兩側拉扯。

(4) 口輪匝肌收縮，使雙唇緊緊閉在一起。

(5) 降口角肌收縮，使雙側嘴角向下彎曲。

(6) 頦肌收縮，在下巴上形成肌肉隆起，表面凹凸不平，同時向上推起下唇，保持雙唇緊閉。

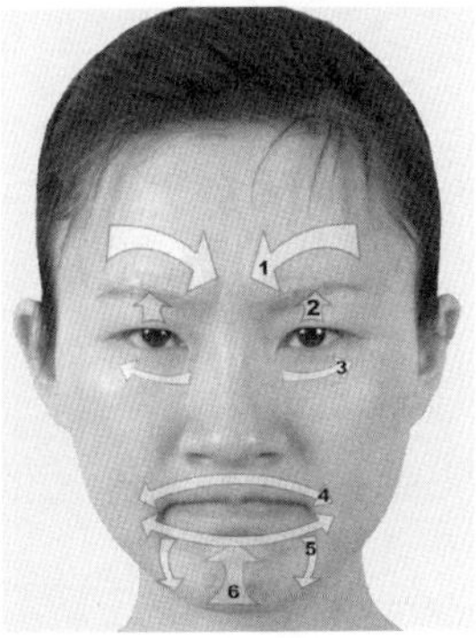

圖 6-13
慭氣的憤怒表情形態

但是，這種嘴部形態卻不能單獨作為憤怒的微表情形態特徵，因為雖然這個“憋氣嘴”的形態是常見的憤怒表情組成部分，但是也可能出現在其他情緒中。如圖 6-14 所示。

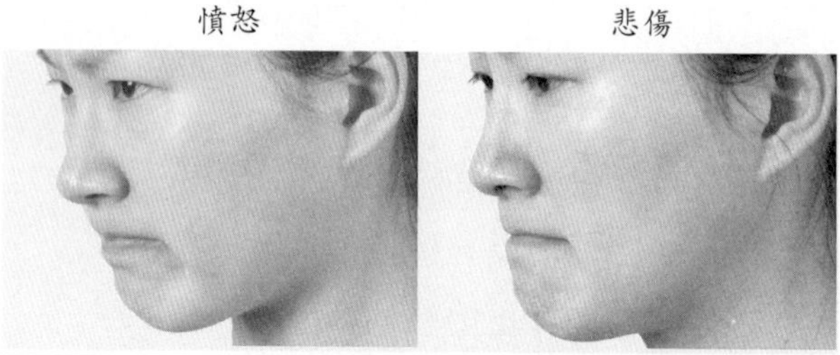

圖 6-14　不同的憋氣表情對比

如果我們把這張圖的上半臉擋住，或者換一幅其他的眉眼形態則可以看出，僅有憋氣嘴，還是不足以確認憤怒的真實存在。由於上唇的提升以及它所引起的鼻翼周圍的變化不像厭惡中那麼主要、那麼明顯，所以憋氣嘴還可以作為悲傷的一部分出現。如圖 6-15 所示。

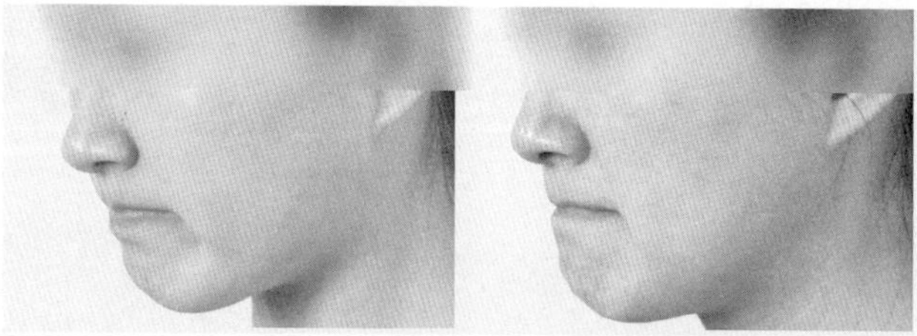

圖 6-15　僅有憋氣嘴無法識別表情

總之，繃緊的嘴唇可以一定程度上表達憤怒，但也可能出現在其他表情當中，如果需要確認憤怒表情，還必須配合標準的憤怒眉眼形態。

3、厭惡的憤怒

厭惡的憤怒表情如圖 6-16 所示。看到這幅圖，最容易想起一句台詞："滾！"

圖中行為人的上唇有輕微提起，離開了下唇。上唇的唇形以及鼻翼兩側的溝紋形態將厭惡表達得非常充分。但是，圖中的眉眼形態則不是厭惡，而是憤怒，主要的區別在於上眼瞼的提升程度和下眼瞼的緊繃程度。她的臉上很清楚地顯示了皺眉肌收縮，雙眉下壓，上眼瞼上提以及下眼瞼繃緊、變直，這是標準的憤怒怒視。因此，厭惡變成了帶有攻擊趨向的憤怒。這幅圖發生在呵斥前的一瞬間，也許上唇的上提還有發聲方面的準備意義。

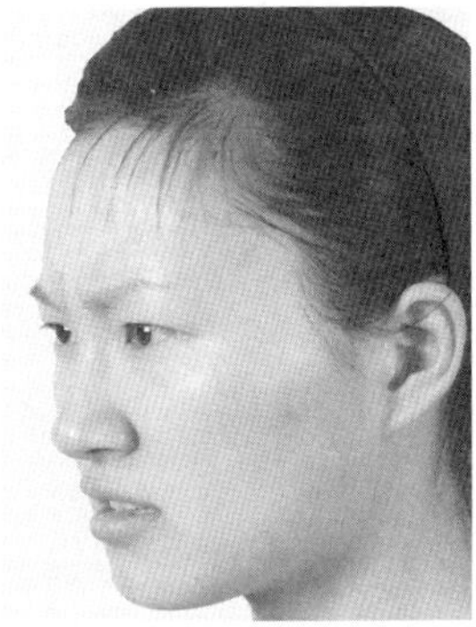

圖 6-16　厭惡的憤怒表情

但是，如果將圖中的眉毛和眼睛形態遮擋住，單憑鼻子周圍和嘴部的形態，則不能確定為憤怒，更符合厭惡的形態特徵。如圖 6-17。

由此可見，即使臉上的鼻子和嘴部形態非常明顯地呈現出厭惡情緒，但因為眉眼形態的典型性，整個面孔的表情還是確定為憤怒。當兩種表情的典型特徵同時出現在一張面孔上時，情緒強烈的那種表情佔據主要表意位置。由於憤怒是厭惡的提升情緒，比厭惡強烈，所以厭惡和憤怒都出現的時候，主要表達憤怒。

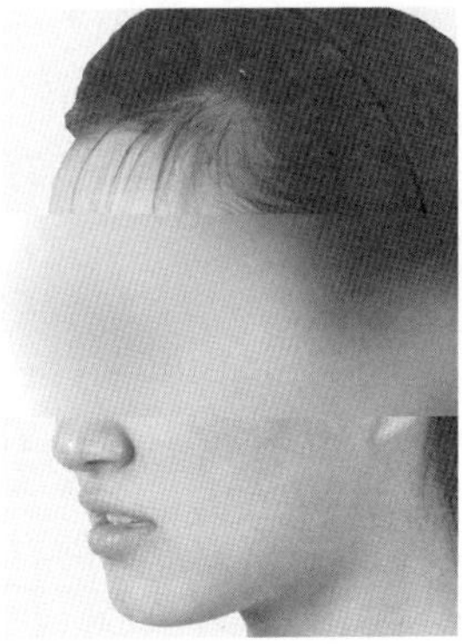

圖 6-17
厭惡的憤怒的下半臉

4、平靜的下半臉

單看圖 6-18 中的下半臉，包括鼻子周圍和嘴部形態，是無法判斷行為人的表情和情緒的。由於上唇沒有明顯提升，所以鼻翼也沒有被提升，鼻翼兩側和臉頰沒有直接擠壓形成的溝紋（圖中鼻翼兩側的陰影，是因為拍照的燈光交叉照射而成）。和普通的張嘴狀態相比，圖中嘴部形態的不同主要在於上唇變窄，口輪匝肌只有部分程度的收縮。她的嘴看起來不是很憤怒，如果遮住上半臉，她看起來像是在說話。

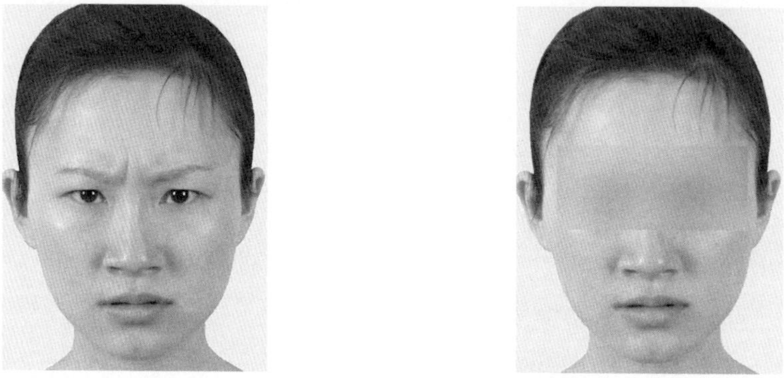

圖 6-18　下半臉平靜的憤怒表情

其實實際發生的狀況也比較容易理解。當怒吼過去，嘴部就會變鬆弛，但由於憤怒的刺激源仍在（還沒有被解決掉），所以眼睛仍然能夠強烈地表達憤怒情緒。從面部表情總體來看，憤怒的程度還是很嚴重的，而這一切，都是由眼睛和眉毛的形態促成的。

由此可知，在憤怒的過程中，嘴的形態不一定總是保持緊繃，上唇也可以不提升，即使在鼻子和嘴部放鬆的時候，憤怒也可以通過特定的微表情形態表達出來。這個微表情形態，就是標準的憤怒眉眼形態。

5、憤怒的微表情形態特徵

經過前面的比對和分析，我們可以推導出眉眼形態對於表達憤怒具有重要的意義：眉毛強烈下壓，上眼瞼大幅上提，上眼瞼皮膚出現褶皺紋，虹膜上緣部分露出更多，下眼瞼綳緊變直。憤怒的程度越強烈，眉毛和上眼瞼緣之間的距離越短。如圖 6-19。

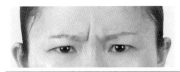

圖 6-19　憤怒表情的眉眼形態

如果憤怒的程度降低，眉眼的肌肉運動程度也相應減輕，從而構成幅度減弱的憤怒眉眼形態。如圖 6-20 所示。

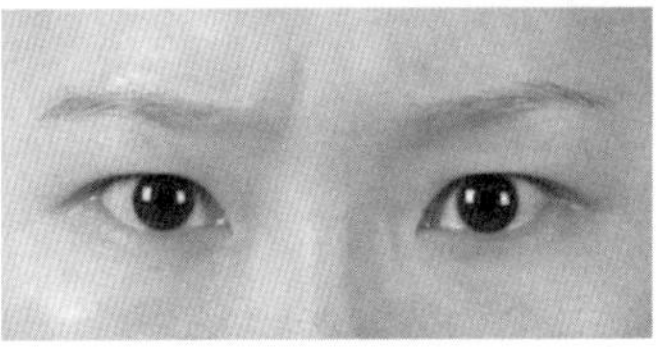

圖 6-20　輕微憤怒表情的眉眼

由於雙眉下壓、皺緊，上瞼提肌收縮時的提升力量能夠部分對抗眉毛的壓力，使眼睛睜得更大，但畢竟還是會受到眉毛下壓的阻力，因此形成皮膚堆積起來的褶皺（上眼瞼變厚）。當壓低的眉毛和瞪大的眼睛共同出現的時候，就可以形成怒視。

雙眉下壓、上眼瞼提升、下眼瞼綳緊、緊閉的嘴是經典的憤怒表情面部特徵。如果一個人臉上長期習慣性（或者生理性）地保持着上述某種特徵（眉或嘴，眼瞼不可能長期提升和綳緊），就會給他人造成壞脾氣、冷酷或者非常嚴肅的感覺。如圖 6-21。

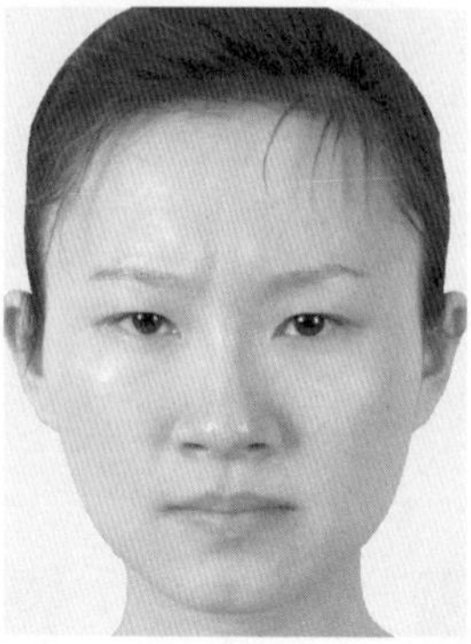

圖 6-21　習慣性的憤怒表情

從對比圖 6-22 中我們可以看到，只需要觀察一個人的眼睛局部特寫，就可以判斷其內心是否憤怒。由於眼瞼形態發生變化，虹膜上緣和下緣都會露出更多的部分，眼白露出的形狀也會與常態不同。這種彎折明顯、外側 2/3 接近直線的上眼瞼形態是由雙眉下壓形成的。

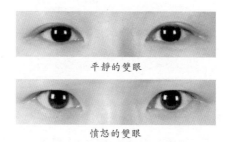

平靜的雙眼

憤怒的雙眼

圖 6-22　不同表情的眼部對比

由此可見，有效的增強憤怒表達的方式，是上眼瞼的提升和下眼瞼的繃緊，眼睛瞪得越大，憤怒的表意越強。在批評人的時候，逼視的眼睛則會讓人感到恐懼。如果怒視的雙眼，配合以下壓的雙眉和緊閉的嘴唇，則憤怒表意非常明顯。

限於具體情境，如果不可以或者不願意表達憤怒，行為人的表情可以幾乎沒有變化。然而這張幾乎沒有變化的臉，也會有兩個特徵洩露行為人內心的憤怒：一是部分上提的上眼瞼（一定程度露出虹膜上緣）和繃緊變直的下眼瞼，這個時候，可能連眉毛的變化都不容易被觀察到；二是整張臉雖然幾乎沒有任何變化，但由於過於用力地克制憤怒情緒，可以看出緊張和僵硬，絕不是鬆弛狀態。在面無表情的克制過程中，常常會出現張大的鼻孔向外粗重地噴氣。

上眼瞼的上提和下眼瞼的緊繃，在眼球和頭沒有任何移動（驚訝的睜大眼睛會有輕微後退）的情況下，讓人感覺視線有力，形成怒視。反過來，如果上眼瞼的肌肉不再收縮而恢復正常，上眼瞼不再明顯上提（因為通常只有一瞬間），下眼瞼也恢復鬆弛的時候，即使臉上還保留着憤怒的其他特徵，如雙眉下壓、緊閉雙唇，也會讓原本的憤怒消失殆盡。

因此，憤怒表情的必要形態特徵，是上眼瞼提升和下眼瞼緊繃。缺失了這個必要特徵，就可以斷定沒有憤怒情緒。這組眼瞼形態特徵，就是憤怒的微表情形態特徵。

克制的輕微憤怒，容易被誤認為是深思。在二戰時期，加拿大攝影記者尤瑟夫・卡什（Yousuf Karsh）為了試圖引發丘吉爾在面臨重大決斷時的深思狀態，冒着風險搶走了他嘴裏的雪茄作為挑釁。結果，丘吉爾的即時憤怒反應，讓這幅雙眉下壓、下唇撅起、類似鬥牛犬的攝影作品出現了（圖 6-23）。這張照片讓卡什一舉成名。

圖 6-23　丘吉爾的經典照片

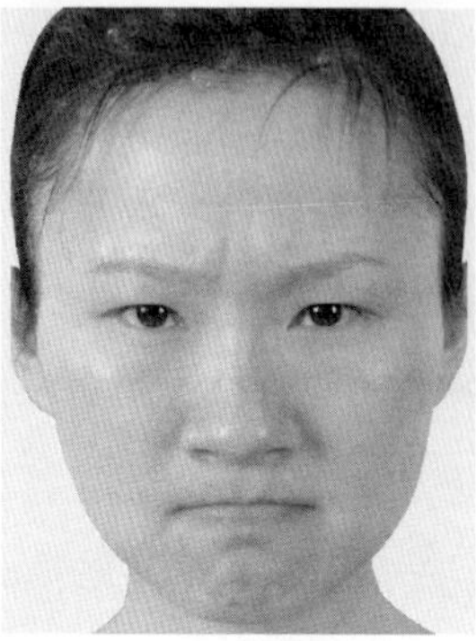
圖 6-24　微表情測試圖

小測試

經過了這麼多的學習和研究，我們用圖 6-24 來測試一下你對憤怒表情特徵的識別能力。

請觀察一下這幅圖，並判斷這幅圖是憤怒，還是委屈？

答案：貌似委屈，實為憤怒。

最容易讓人誤認為是委屈的形態特徵，是嘴部的緊閉撅起狀態。這樣的嘴部形態，的確會出現在委屈的表情中。由於保持上眼瞼的長時間提升以及下眼瞼的緊繃狀態很困難，所以怒視的雙眼狀態不會持續很長時間；但雙眉和嘴的形態卻可以比較容易持久，因此圖中整個表情看起來更像是委屈。但是，基於以下原因，這幅圖可以被鑒定為憤怒表情：

(1) 眉毛：眉毛皺緊、下壓，表示關注，從肌肉運動力度來判斷，關注程度很高。

(2) 眼睛：表面上看起來，圖中的上眼瞼並沒有上提的痕跡，虹膜也被上眼瞼遮住接近一半。但是通過判斷上眼瞼邊緣和眉毛之間的距離可以得知，上眼瞼已經非常努力地提升了，只不過雙眉下壓的時候力度過大，造成了這個形態。而且，能夠觀察到下眼瞼緊繃，比正常時位置略高、變直，這正是憤怒的微表情形態特徵。

(3) 嘴部：頦肌收縮頂起下唇，形成下巴上的凹凸不平的隆起；雙唇緊閉且都變薄，在口輪匝肌的作用下向外鼓起；降口角肌收縮，輕微下拉嘴角。這就是我們前面講述過的憋氣嘴，是憤怒的一種典型嘴部形態。

總結

1. 憤怒的微表情形態特徵

有一點你可能不太容易想到，憤怒這樣一個外在化的情緒，表情的核心判斷因素，卻是一個很小的細節——眼瞼的形態。憤怒情緒的強烈程度和上眼瞼提升程度、下眼瞼緊張程度有着本能的直接關聯，上眼瞼提升得越高，下眼瞼繃得越緊，表情看起來越憤怒。如圖 6-25。

憤怒的雙眼

圖 6-25
憤怒的微表情形態特徵

2. 憤怒表情的典型形態特徵

憤怒表情的典型形態特徵是雙眉下壓，與上眼瞼邊緣距離最近；眼睛睜大，上眼瞼大幅提升，虹膜被上眼瞼遮住的部分通常少於 1/4，下眼瞼繃緊；憤怒的嘴部形態比較多變，常見的有露齒、怒吼，或者緊閉雙唇。如圖 6-26。

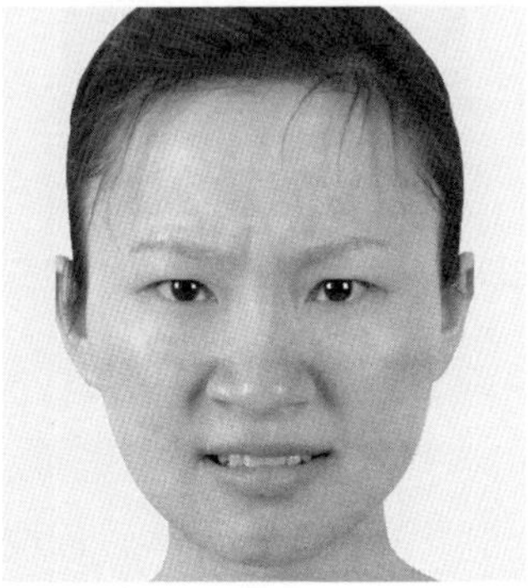

圖 6-26　典型的憤怒表情

眉毛：雙眉下壓表示強烈關注。由於能引起憤怒情緒的刺激源，都具有威脅級別的刺激力度，絕對值得關注，所以在自然的表情中，會出現雙眉下壓的典型形態。

眼瞼：憤怒的表情一定要有上眼瞼的提升（導致虹膜頂端能夠較平常狀態暴露更多）以及下眼瞼的緊繃（位置略微提升，眼瞼線變直）。眼睛睜得越大，憤怒的程度越大。怒視的眼睛配合下壓的雙眉，眼神就具有了強烈的穿透力。

嘴部：憤怒的口型是憤怒中變數最大的因素。在怒吼的憤怒中，口型由所說的內容影響。上唇在多數情況下會出現提升形態，下唇的變化較多。有可能出現露齒的撕咬狀，還可能會擠壓在一起並在頦肌和口輪匝肌的作用下鼓起，甚至有可能保持平常的鬆弛狀態。在眼瞼提升幅度相同的情況下，張開嘴怒吼的人比閉着嘴的人更憤怒些。

眉眼形態和憤怒的嘴部形態配合在一起，就可以明確表達憤怒的存在。

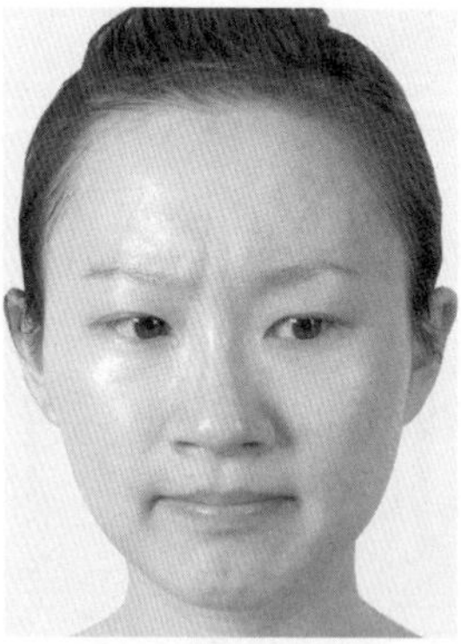
圖 6-27　無眼瞼變化的表情

現代社會的人際交往過程中，臉上充分表露出憤怒的清晰表徵的情況非常少見。如果能注意到怒視瞪眼的一瞬間變化，就可以觀察到行為人內心的情緒。

沒有眼瞼變化的憤怒是偽裝的表演。如果眼瞼處於平常的狀態，單靠雙眉下壓和抿緊嘴唇不能有效表達憤怒，看起來更像是有壓力時的反應，在為難的決斷和深思時通常會看到這樣的表情形態。如圖 6-27 所示。

實踐應用

只有對被測試人產生了威脅，才會引起被測試人的憤怒。也就是說，一旦你觀察到被測試人臉上出現了憤怒，就可以斷定刺激源是非常有效的核心問題，是被測試人最最擔心的問題，也是最不願意被揭穿的問題。

案例分析

我們接觸過一個"奇人"，一個除了搞發明創造之外，甚麼事情都不做的奇人。

小陸是一個挺有名的民間發明家，曾經因為自己動手用廢舊材料製造出水陸空三棲機器人而聞名。但根據我們的背景資料調查，發現他除了悶在家裏搞民間發明外，甚麼事情都不做，既沒有工作(沒有常規經濟收入)，也沒有朋友，就連女朋友懷孕了，還要親自打理所有的家務。

我們在跟他接觸的過程中，有意問及他怎麼看待自己所做的這些"發明創造"。他一開始非常自信，而且對自己的作品呈現出難以掩飾的得意神情。我們提示他，他所做的所有東西，世界上在更早的時間早已有了更精密、更具科技含量和使用價值的工業化產品。他領會了我們的暗指——"你所做的事情和'產品'都沒有任何意義和價值"，隨即勃然大怒，除了面孔上出現經典憤怒表情外，還有肢體語言的微反應加入到隨後的反駁和自我辯解過程中。

究其原因，是因為小陸的所有行為都只出自一個原因——愛好。因為這個愛好太過沉重，在讓他廣受關注的同時，也給他帶來了過大的壓力，讓他不得不逃避現實生活中的所有問題，只能埋頭於執着行事。而這一點是他最不希望被別人看穿（其實明眼人都能看得清），也是最不希望別人指出的。因此，核心利益（行為方式評價）受到威脅（質疑），必然引起其憤怒反應。

附：憤怒情緒的刺激源——向保羅・埃克曼教授致敬並探討

美國從事微表情研究的學者保羅・埃克曼教授認為，憤怒的情緒可以分為很多不同的主題。他提到的例子有嬰兒被束縛自由，遭到侵犯尤其是故意侵犯，遇到挫敗或者力不從心，遭到侮辱和詆毀，被自己的愛人拒絕，來自他人的憤怒，對他人尤其是所關愛之人失望，行為和信仰遭人冒犯，他人宣揚自己反對的行為和信仰。

保羅・埃克曼曾經總結道：“我們可以認為挫敗感、他人的憤怒、受到傷害的威脅以及被他人拒絕都是侵犯主題的變體。甚至就連對於我們所反對的事物的宣揚者的憤怒也可以視為一種變體。”

基於以上內容，我們認為保羅・埃克曼教授在《情緒的解析》一書中對憤怒情緒的產生根源描述略顯鬆散，沒能清晰地概括出憤怒刺激源的共同特徵——威脅。無論是被束縛、被侵犯、被干擾、被否定，還是他人的憤怒，其實最終都指向了自身利益遭受威脅。謹就這一點向前輩和廣大讀者商榷。

此外，保羅・埃克曼還特別使用了“瑪克辛・肯尼案例”來解釋和說明憤怒。案情非常簡單，名叫大衛・利恩・斯考特三世的男子姦殺了瑪克辛・肯尼的女兒，一年後大衛被捕，又 4 年之後才審判定罪。

保羅・埃克曼在書中以瑪克辛在罪犯行刑當天的一段陳述、一張照片以及對罪犯的一次攻擊行為，試圖解釋憤怒情緒的產生。但對憤怒情緒產生的直接刺激源分析得不夠細緻，這也是他的“憤怒”這一章中，對憤怒的起源分析略顯散亂的原因。至少在這個案例中，保羅・埃克曼沒有提及悲傷存在的可能性，而這樣的案例中，是不會沒有悲傷的。

我們可以按照時間順序猜想一下當事人瑪克辛・肯尼的情緒變化。注意，下面的內容，僅僅是基於假象，不是實證方法的科學研究過程，不能用於下定結論。

(1) 如果她當時在案發現場，目睹了罪犯對女兒的侵害過程，一定會產生憤怒情緒，儘管罪犯可能高大魁梧，可能手持尖刀，但是出於對後代的保護，當事人一定會憤怒遠遠大於恐懼，在憤怒的力量支撐下與罪犯搏鬥以保護女兒。因為罪犯的侵害行為，直接威脅到了她的子女安全（對繁衍的威脅），傷害了養育孩子所長年付出的心血，威脅到了她在未來的生活狀態，尤其是情感狀態。因此，當時的憤怒一定是非常強烈的。

(2) 如果罪犯結束了犯罪，已經強姦了她的女兒並造成死亡結果，那麼接下來的情緒要取決於罪犯的後續行為。如果罪犯轉而對當事人瑪克辛•肯尼實施武力侵犯，直接威脅當事人自身的生命安全（對生存的威脅），那麼在自保和女兒被害的憤怒情緒支持下，當事人仍然會勇敢地同罪犯搏鬥。如果搏鬥結果還不確定，憤怒是主導情緒；但是一旦罪犯的搏鬥成壓倒性的優勢（糾結在一起也不算壓倒性，畢竟還可以用力撕扭），當事人已無力改變結局（輸甚至死亡）的情況下，恐懼和悲傷都可能成為主導情緒，憤怒還在，但已經不會佔據主導地位了。

(3) 如果罪犯結束了犯罪，殺害了當事人的女兒之後隨即離開，不再傷害當事人，當事人是會去追擊罪犯，還是會留下面對着女兒的屍體悲痛欲絕？沒有接受過戰鬥訓練或擁有戰鬥經歷的普通人肯定是選擇後者。此時，悲痛成為主要情緒，當事人一心只關注在女兒的生死存留上，憤怒由於暫時失去刺激源而退居其次，甚至會非常輕微。在得到可信人員（如醫生或警察）宣佈的女兒死訊之前，當事人還有能量，認為事情的結果還有轉機，可能會保持比較興奮的神經狀態盼着女兒能活下來，這時候憤怒存在的可能性極小，即使存在也遠不是主要情緒。但如果女兒被確認死亡，那麼當事人則可能只剩下悲傷的情緒，無力抗爭甚麼，也失去了挽回甚麼的希望。

(4) 我們再作一些戲劇化的假設，如果此時忽略掉現場的警力和醫護人員，罪犯再次出現，可以想見勢必會出現第二個階段的情境，即刺激源的出現會引發當事人強烈的憤怒情緒。2011 年 2 月 5 日 16：00 到 2011 年 2 月 6 日 16：00，研究小組通過微博發起了一個網絡投票，請網友在以下兩個選項中按照自己的感覺單選一項："當事人和罪犯搏鬥的時候，嘴裏或心裏可能唸叨哪句話？"

A. 為甚麼？！你為甚麼要傷害她？！

B. 她已經死了！她已經死了！

24 小時的投票結果如圖 6-28 所示。在 931 票中，選擇 A 選項的佔據了 72%，選擇 B 選項的佔據了 28%。

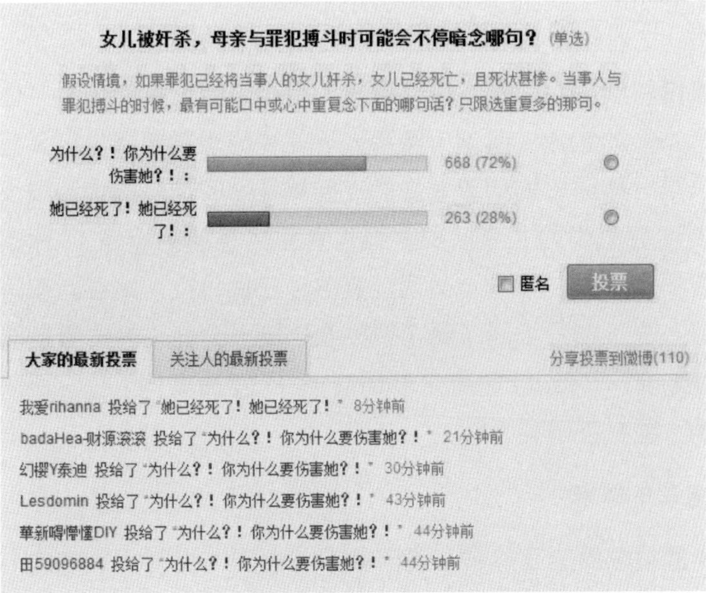

圖 6-28 投票結果截圖

對 A 選項的解釋：

在之前的內部測試中，小組的成員無一例外地選擇了這個選項。因為我們理論方面研究的猜想是，憤怒由意外的負面刺激引發，意外的不合理的侵害行為極其容易造成受侵害人的憤怒情緒。而且，意外是非常重要的因素，因為如果在意料之中，也就是當事人完全確認傷害行為的即將發生（比如刑事懲罰），則不易產生憤怒情緒，取而代之的多是恐懼（有例外）。受侵害人完全沒想到，也不理解為甚麼對方會侵害自己的權益，這種巨大的負面預期不符程度，會讓當事人在憤怒反擊的同時，產生另外一個非理智層面的慾望，那就是"打消"對方不合理的行為動機，試圖通過"教育"或"爭辯"的方式，將這種威脅和傷害因素化於無形。"你為甚麼要傷害我的女兒啊？！她是無辜的（她又沒有傷害你），她還這麼小，她還正在上學，她有美好的前途……"也許，還有另外一種可能，重複這些合理（不應被傷害）因素，對比不合理的侵害行為，能夠增強自己的憤怒情緒，從而調動更多的能量用於反擊。

值得特別說明的是，這些慾望，不是理智思維的結果，僅僅是習慣和本能的組合。所以，當事人不是真的想勸服罪犯打消犯罪念頭，只是一種原始的期望。當然，如果是爭吵性質的侵害與反擊，則需要理智思維的大量參與，但也會產生相似的反應："你為甚麼取消我們的計劃？我們為這個計劃熬了三個日夜，這個計劃是整個團隊的心血，你仔細看了嗎？憑甚麼不到一分鐘粗粗一看就能否定我們的計劃？這個計劃可是參照着 ×× 經典案例（或 ×× 理論）起草的，絕對正確啊！"

對 B 選項的解釋：

B 選項中的語言也會在實際情況中出現，但當事人的內心狀態則有較大不同。損失是悲傷的來源，女兒的死亡，如果沒有其他因素干涉，那麼當事人肯定只會心存悲傷，沒有力氣顧及其他事物。“她已經死了”可能出現在瘋狂的搏鬥時，但更多的是出現在悲傷的意識中（真的悲傷很少會説出來），是對失去的一種強化。

令當事人意外的、罪犯刻意的傷害行為造成了死亡，會在當事人悲傷的情緒中，增加相當程度的憤怒。但“她已經死了”的重複，並不是憤怒的直接表達方式，而是悲傷的表達。當事人用這個令人悲傷的結果，強化自己的預期不符（健康的生活 VS 意外被害死亡），從而強化激發憤怒情緒，調動能量用於戰鬥。

總結：

A 選項是憤怒的表達，B 選項之所以得到較少認同，和我們的猜想相符，是因為那句話是悲傷意識的表達，而不是直接的憤怒表達。

在隨後的一年中（抓捕到犯罪嫌疑人之前），當事人可能心存哪種情緒最多，是仇恨的憤怒，還是失去至親的悲傷？我想，兩種情緒都會有，而且主導情緒的種類因人而異。在面對“女兒已死亡”這個刺激源時，悲傷佔據主導地位；在想起女兒被殺的原因時（罪犯的行為是刺激源），憤怒佔據主導地位。

最後，在判決後的行刑當天，當事人當場對罪犯説：“你認為自己是個武士？醒醒吧你！這裏不是封建的日本，即使是，你也永遠不可能是一個武士，因為你是懦夫！你在夜裏鬼鬼祟祟地穿着黑袍，帶着武器，到處尋覓無辜的、手無寸鐵的女孩子……你強姦、殺人，就因為你誤認為這種身份給了你這樣的權力。你更像一隻在黑夜裏流竄於牆壁之間的骯髒的令人作嘔的蟑螂，污染了所有的東西。我一點都不可憐你！你強姦了我的女兒蓋兒，還虐待她，殘忍地殺害了她，刺了她不止一次，而是 7 次。她的手上佈滿了自衛時留下的傷痕，而你對她竭盡全力求生鬥爭視而不見。你不配活着！”

但罪犯沒有絲毫懊悔，一直微笑着面對當事人的發言。當事人打了罪犯的頭，被丈夫和警官制止了。

用這段攻擊性十足的語言，可以充分描述出憤怒的攻擊傾向和言語表現形式。但若以此案例作為憤怒情緒產生的解釋支持，則顯得不夠妥當。因為這個案例中，這段在法庭上的表述僅僅能説明當事人充滿憤怒情緒的表現，並不能清晰地解釋憤怒產生的根源。

失去女兒的主要情緒應是悲傷，這才應該是整個案件自案發到審判的主要情緒。憤怒的存在基於特定的情境，也就是當事人所處的法庭絕對安全，當事人絕對強勢、罪犯絕對弱勢，如果沒有這個情境，當事人則不會有如此憤怒的力量將心中的怨恨充分表達，甚至還要攻擊罪犯，心存更多的應該是恐懼和悲傷情緒。

因此，這個案例用來説明憤怒情緒，極容易讓讀者混淆引發幾種主要情緒的刺激源，有失妥當。而且，保羅・埃克曼自己也補充道："憤怒很少單獨持續很長時間。恐懼經常先於或者緊隨憤怒出現，害怕那些激怒我們的人有可能傷害我們，害怕自己的怒火，害怕自己失去控制，傷害他人。"這種描述難免讓讀者心生疑惑。

向前輩商榷的同時，也誠請讀者解惑。

第七章

恐懼的微表情

如果負面刺激力度繼續加大，壓倒了當事人試圖攻擊（反抗）的心理承受能力，憤怒將轉為恐懼。

憤怒的情緒會讓人反抗威脅，刺激源的力度雖然夠大，但在當事人的主觀評估裏，是可以通過戰鬥來改變或消除的。一旦刺激源的力度超過了當事人的心理承受能力，憤怒將會轉換為恐懼情緒。因為能讓人產生恐懼情緒的刺激源，同樣會對當事人產生威脅，但這種威脅更多是針對生存（安全、生命）的，且具有壓倒性。巨大的威懾力讓當事人直接聯想到受傷或者死亡，從而不再有信心反抗刺激源。放棄之後，可能選擇的最主要行為方式是逃跑；如果壓力大，也可能直接導致當事人因絕望而放棄。

恐懼情緒的產生

恐懼是人類最古老的情緒。因為人類在遠古時代，並不具備肉搏的優勢，屬於食物鏈的下層環節。在遇到食肉猛獸的時候，恐懼的出現要遠遠多於憤怒。

恐懼，是對可能發生的傷害產生的情緒。既然是可能發生，就説明還沒有發生，但因為刺激源力度過大，超過了當事人的心理承受能力，覺得無力消除這個即將發生的傷害。

恐懼情緒主導的表現非常多樣化。強大的恐懼可以引發類似心率變化、毛髮直立、體表出汗等生理指徵變化。刺激源的力度如果被評估為不能戰勝，那麼逃跑是當事人常見的應對措施；如果刺激源的力度被評估為過大，連逃跑也無法消除危險了，還可能會讓當事人陷入無法自控的恐慌，僵在原地不能動彈；在最極端的情況下，人們還可能喪失所有能量，變得非常虛弱甚至被嚇死。

不過當今的社會中，普通人很少會出現上面描述的純粹的恐懼。人們一般只有在面對武器的直接進攻以及沉船、火災等生理危險情況時，才會出現非常飽滿的恐懼反應，其他時間很少能看到純粹的恐懼。更多的恐懼是基於可能造成損失的負面事件而產生。

很多情況都會讓人感到害怕。比較低端的刺激源能夠帶來生理性傷害，比如打針的疼痛，就可能會讓一個陽剛的男青年臉上流露出恐懼的神情。小偷行竊被揭穿時，面露凶相地拿出水果刀威脅，但當他看清楚周圍是三四個便衣警察時，臉上呈現出來的就是從憤怒轉為恐懼的經典過程。

在其他遠離生死的高端情境中，比如初到陌生環境、被老闆否定、創作失敗、股票操作可能遭受損失等等，多數恐懼類表情都會被有意識地控制和壓抑住，只流露出部分特徵。

我們最感興趣的，還是捕捉面部微表情，分析出其中洩露的恐懼、不安。我們通過最飽滿的恐懼表情來學習典型特徵，然後找到在最低的擔憂和最高的恐懼之間存在着的共同特徵，從而得到恐懼的微表情形態特徵。

飽滿的恐懼表情

只有在面對生死危機的時候，人類才會出現飽滿的恐懼表情，其中包括三項最基本的典型特徵：眉頭向中間聚攏、上揚，眼睛睜大，張開嘴。如圖 7-1。

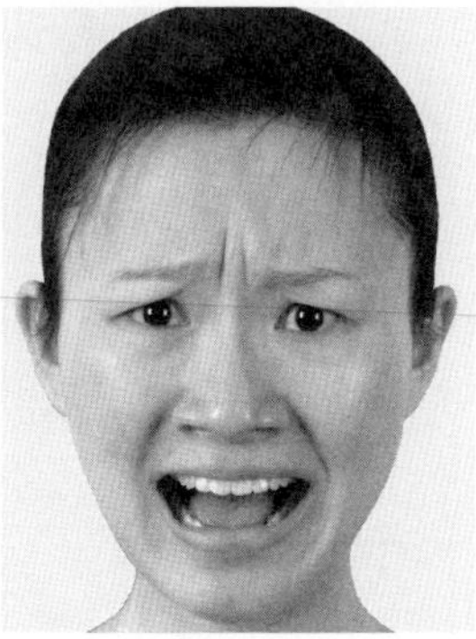
圖 7-1 飽滿的恐懼表情

看到這幅飽滿的恐懼表情圖，不由得會聯想起上一章中剛剛講過的飽滿憤怒表情，因為兩種表情之間相似程度非常高：皺眉、睜大眼睛、張開嘴。如果簡單地用文字來概括，兩種表情居然特徵一致。所以我們用圖來細細比較一下。如圖 7-2。

飽滿的恐懼　　　　飽滿的憤怒

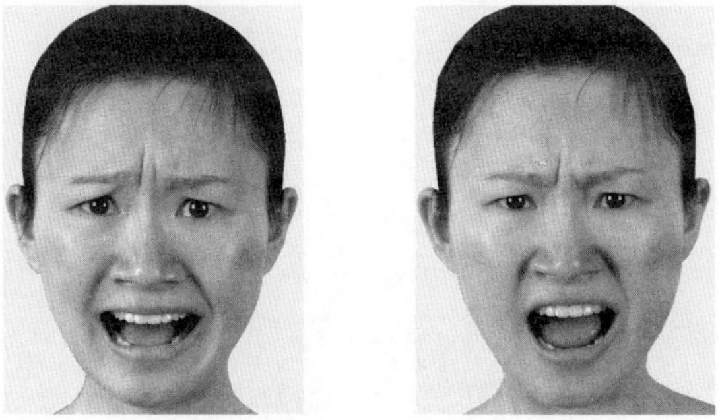

圖 7-2　飽滿的恐懼、憤怒表情對比

我們相信，正常人都可以瞬間分辨出上面兩張面孔所代表的不同表情。關鍵是，如果讓你講出這兩幅截然不同的面孔究竟區別在哪，恐怕就需要具備比較專業的觀察能力了。看一下圖 7-3 中的分析。

飽滿的恐懼　　　　飽滿的憤怒

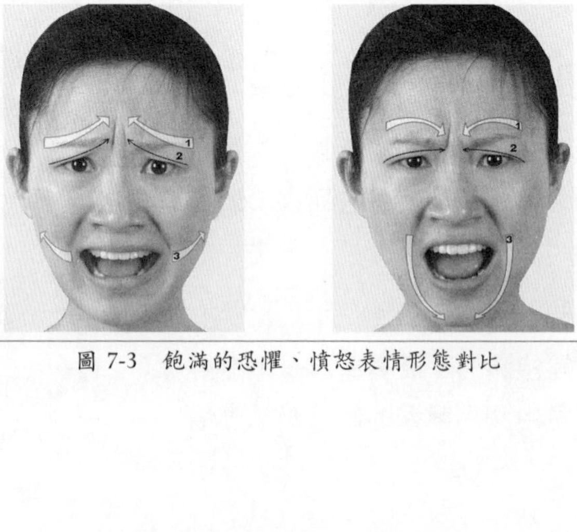

圖 7-3　飽滿的恐懼、憤怒表情形態對比

(1) 看起來，兩者都是雙眉下壓並緊皺。但仔細觀察，可以看到恐懼圖中的眉頭是上揚的，而憤怒圖中的眉頭則是向中間、向下皺緊的。這就是俗語所説類似鐘錶指針的“8：20”狀眉形和“10：10”狀眉形的區別。而且，恐懼的眉頭會向上皺起，在前額中部形成倒“U”形細紋。如圖 7-4。這種紋路在歐美人士的額頭更加深重而明顯。

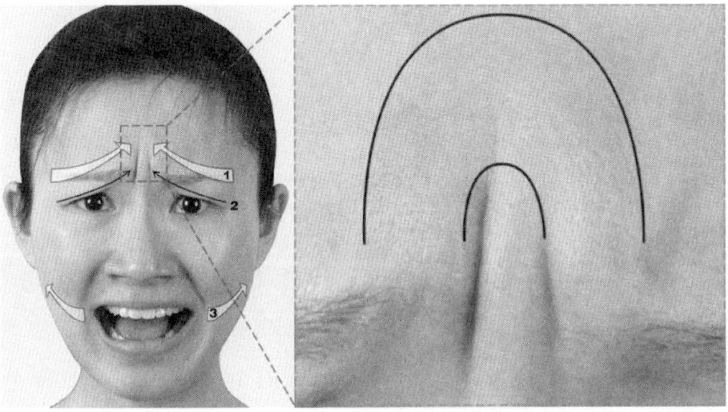

圖 7-4 飽滿恐懼表情的眉頭形態

(2) 兩種表情都是將上眼瞼盡力提升。這是因為在面對具有威脅的負面刺激源時，無論是想要戰鬥的憤怒，還是想要逃跑的恐懼，都要盡可能看清刺激源。但是，由於眉毛用力方向的區別，導致上眼瞼皮膚上擠壓形成的褶皺角度不同。有的時候，在年輕人的臉龐上，看不到清晰的眉頭上揚，眉毛僅僅顯示為水平狀態，但可以通過這層上眼瞼皮膚褶皺來輔助判斷是否存在眉頭上揚的動作。如圖 7-5。

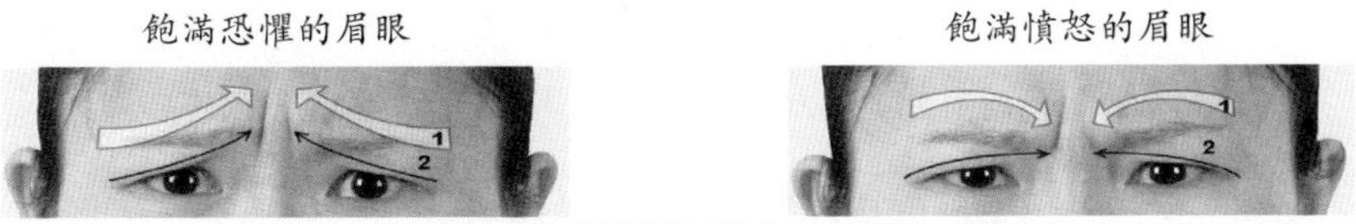

圖 7-5 飽滿的恐懼、憤怒表情眉眼形態對比

(3) 雖然兩種表情都是張開嘴，甚至有可能都是大喊發聲（恐懼表情中的張嘴更多用於深吸氣），但仔細觀察嘴張開的寬度和高度可知，二者存在細微差別。用恐懼中的口型，是無法發出犀利而具有威脅性的聲音的。因為口型不同，引發的鼻唇溝形狀也完全不同。如圖 7-6 所示。

飽滿恐懼的下半臉　　飽滿憤怒的下半臉

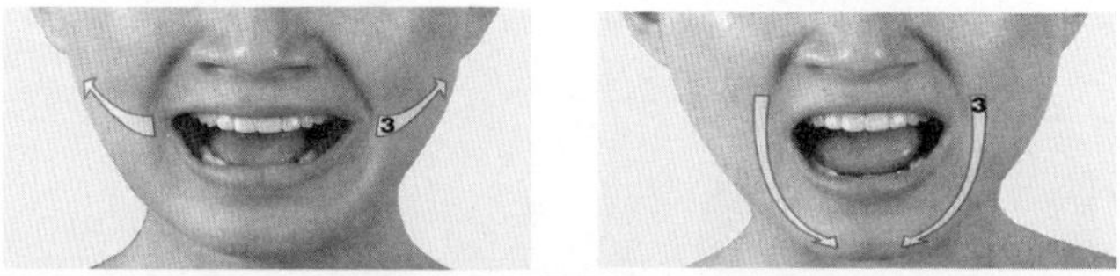

圖 7-6　飽滿的恐懼、憤怒表情下半臉形態對比

由此可見，雖然表面上整體相似，但由於存在種種細微的差別，就會導致兩個表情表意完全不同。這也是我們研究微表情的方式之一。如果能夠將一張面孔上的表情進行拆解，找到其典型形態特徵和必要形態特徵，去偽存真，就可以區別於普通人的經驗性識別，更準確地直觸當事人真正的內心狀態。

下面我們來細細拆解一下飽滿的恐懼表情，了解一下它的肌肉運動和形態特徵。如圖 7-7 所示。

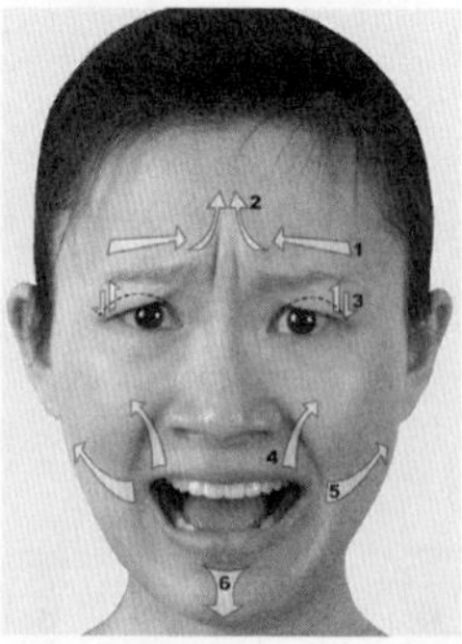

圖 7-7　飽滿的恐懼表情形態

(1) 皺眉肌收縮，雙眉向中間皺緊，形成縱向皺眉紋。

(2) 額肌中束收縮，向上提升兩側眉頭，在額前形成倒“U”形皺紋。

(3) 上瞼提肌收縮，試圖提升上眼瞼，但因為眼輪匝肌和皺眉肌的反向運動受到抑制，在上眼瞼的皮膚上形成對角線褶皺。如果不受到抑制的話，可以分析出虹膜上緣會全部露出（如圖中虛線所示）。

(4) 提上唇肌和上唇鼻翼提肌共同收縮，提升上唇，露出上齒。

(5) 頸闊肌收縮，將嘴角向兩側拉開，使嘴的水平寬度比正常狀態更大。

(6) 降下唇肌收縮，將下唇向下拉低，露出部分下齒。

在了解完下一章中即將講述的悲傷表情之後你會發現，恐懼的表情是驚訝和悲傷兩種表情的結合體，可以理解為在驚訝之後預支的悲傷。因為恐懼是被刺激源的壓倒性威懾力所震懾，不敢抵抗（想要抵抗就是憤怒），認為悲慘的結果即將發生，所以只會試圖逃跑，甚至放棄。悲慘的結果一旦發生，就轉為悲傷。

我們來比較一下恐懼表情和驚訝表情，因為二者之間存在着天然的聯繫。如圖 7-8 所示。

飽滿的恐懼　　飽滿的驚訝

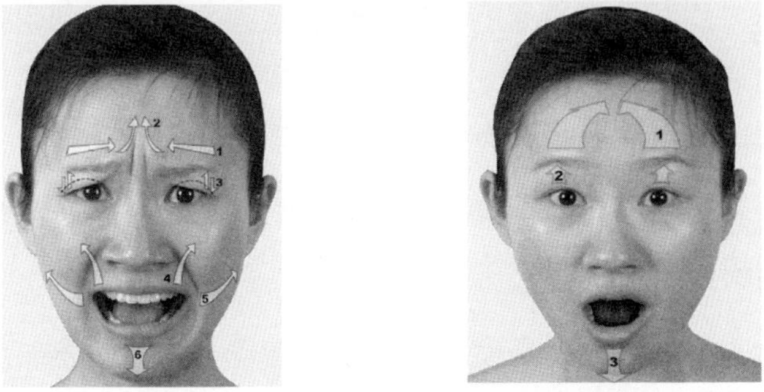

圖 7-8　飽滿的恐懼、驚訝表情形態對比

通過觀察這兩張圖，我們可以看到兩種表情的明顯區別如下：

(1) 眉形的區別

驚訝的眉形是單純上提（額肌收縮），眉形自然。恐懼的眉形是整體皺緊，眉頭上揚，眉毛呈扭曲形，有明顯的皺眉紋和額部紋路。

驚訝的瞬間，對刺激源沒有作出積極或消極的判斷，隨之而來的可能是驚喜，也可能是驚怒或者驚恐等；而恐懼情緒的產生必然是因為刺激源太可怕了，是非常值得集中精力去應對的信息。因此會在做出上揚眉毛動作的同時（額肌中束上揚眉頭），不由自主地加入皺眉肌的運動，使眉頭緊皺並向下壓。要記得，雙眉下壓表示強烈關注。

這樣一來，恐懼的眉毛形態就比驚訝的眉毛形態複雜了一些。一方面要向中間皺緊，以表示緊張和壓力；另一方面又要提高，幫助眼睛獲取更多視覺信息。所以，恐懼的眉毛形態沒有驚訝時那麼揮灑。

自己練習做這個動作的方法：先儘量提高雙眉，然後皺緊眉頭並向下壓。

(2) 眼瞼形態區別

驚訝的眼瞼是自然向上睜到最大，露出全部虹膜上緣，甚至可以露出上方的眼白。恐懼的上眼瞼也試圖睜大，但受到眼輪匝肌和皺眉肌對眉毛的反向影響，一道褶皺改變了眼瞼整體形態，但還是能看出虹膜的自然暴露程度。

最大程度睜開雙眼，原始的動因是為了快速接收更多視覺信息，以判斷自己是否安全。

恐懼的時候，人會高度緊張並對周圍變得非常敏感，整個神經系統都在應對隨時可能出現的威脅。高度的關注可以通過眼睛睜大的狀態表現出來，刺激源足夠恐怖的時候，眼睛會在一瞬間睜到極限。

眼睛睜得越大，表情看起來就越恐懼。從這一點上講，恐懼的眼部特徵和驚訝、憤怒相同。同樣是恐懼情緒引發的表情，在不那麼害怕的狀態下，比如擔憂和不安時，眼睛不會睜得特別大，虹膜上方的眼白不會露出。

因此，有一種觀察恐懼的特殊方法，就是遮擋住臉上的其他部分，只留下眼睛進行觀察。在恐怖電影中，這樣的特寫鏡頭經常使用。下圖中，雖然我們看不到眉毛的形態是否存在扭曲，但僅通過這一隻眼睛，就可以輕鬆地辨別出這不是驚訝。如圖 7-9。

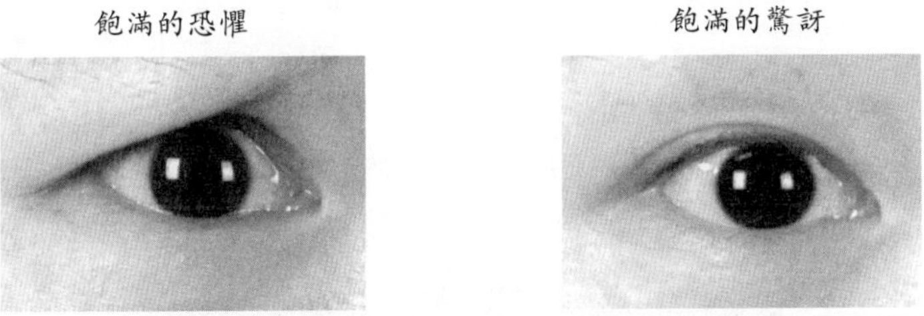

圖 7-9　飽滿的恐懼、驚訝表情眼部對比

可以明顯看出，左圖是恐懼的眼睛，而右圖則是普通的驚訝，沒有恐懼情緒的加入。左圖中的眼瞼褶皺形態，是由眉毛的特殊形態影響而成。

(3) 口型的區別

驚訝表情中沒有上唇提升，下唇隨着下顎的垂落而自然打開，用於快速輕微吸氣。這是因為，驚訝前還不確定刺激源性質，不確定要採用甚麼解決方案。一旦確定刺激源會對我們產生壓倒性的傷害，人類進化出來的本能，就會在第一時間試圖執行逃跑方案，因此張開嘴吸入最大量的空氣用於能量儲備。所以恐懼表情中，上唇被提升，嘴角被頸闊肌向兩側大幅拉開，下唇也不光是隨着下顎的垂落而打開，還會在降下唇肌的作用下被拉長、下降，露出部分下齒。這種出於呼吸儲能的需求而做出的動作，與我們害怕的時候全身進入緊張狀態——戰慄、皮膚變緊、血液循環改變性質相同。

要特別注意的是，飽滿的恐懼時，通常由深吸氣配合。注意與表情配合的呼吸動作，也是判斷情緒的重要指徵之一。

最後，要注意一種容易被誤認為是恐懼的表情。恐懼的那一瞬間，因為還保持着對刺激源的警覺，對悲慘的結果還不確定，所以眼睛永遠不會瞇起。至於像電影中表現的那種緊閉雙眼、驚聲尖叫的反應，其實是因為行為人心裏已經默許了最壞的結果發生，是悲傷的衍生。驚聲尖叫一方面是為了緩解內心壓力的本能行為，另一方面也是進化積累下來的一種攻擊手段——通過高頻聲音驅趕對手。如圖 7-10。

圖 7-10　閉眼尖叫

恐懼的微表情形態特徵

1、不同程度的恐懼情緒

恐懼包括幾種不同程度的衍生情緒，按照情緒的飽滿程度遞增，依次可以列出擔憂（worry）、不安（anxiety）、害怕（fear）、恐懼（terror）四種不同狀態。為了把這四種狀態的區別解釋清楚，我們可以以一件傷及自身利益的威脅事件為刺激源案例，將其區別如下：

刺激源是一則廣播：有消息稱，某監獄發生越獄，一名涉嫌故意殺人的犯罪嫌疑人逃脫羈押，目前可能進入 ×× 區域，請當地居民注意在夜間鎖好門窗，白天外出也須注意安全。

擔憂：身為當地居民，就會內心擔憂。擔憂的心理實質是，當事人主觀預期不好的結果（自己受到傷害）發生的可能性低，但還是存在，內心不能完全平靜。

不安：身為當地居民，而且還是主要舉報人，內心狀態就會升級為不安。不安的心理實質是，當事人主觀預期不好的結果發生的可能性增大，明知很有可能發生但還不確定（也不希望），事實和內心都處於邊緣狀態。

害怕：犯罪嫌疑人破門而入，明確表示回來報復，與敵人搏鬥之前的弱勢心態就是害怕。害怕的心理實質是，當事人主觀預期不好的結果（受傷或死亡）很有可能發生，希望逃離或者迴避這個結果。

恐懼：戰鬥失敗，刀架在脖子上，生死只在持刀人一念之間，不確定他會不會下手時，內心感受就是恐懼。恐懼的心理實質是，認為沒有辦法解決即將發生的負面結果，在沒有發生之前接近悲傷的狀態。如果此時確認自己會被傷害，情緒即將轉入悲傷。

然後，在這四級不同的恐懼情緒基礎上，還會衍生出我們日常生活中常見的幾種複雜感覺（不能稱為情緒）。

憂慮：基於擔憂產生，加入一個“慮”字，是反覆考慮如何規避所“憂”之事。

為難：也是基於擔憂。與憂慮不同的是，所為難的是幾件事，每一件都有利有弊，為難來自取捨難定。

尷尬：是基於不安的衍生，比不安的程度要嚴重，一般是因為自己做錯了事情，會導致不好的結果，試圖把事情發展的負面趨勢扭轉回來，但又沒有很好的挽回方法所產生的不安。當着現任敏感女友的面一不小心提起自己喜歡的前女友，之後就是尷尬了。

不過，因為這幾種感覺都需要一個具體的情境和連貫的動作狀態才能表達清楚，並不像情緒引發的表情那樣相對單純，所以在本書中僅將其歸類為恐懼情緒的衍生狀態，並不對具體外在表現進行詳細探討。

在上一節中講解了飽滿的恐懼表情後，我們按照程度遞減的順序，介紹恐懼的另三個衍生表情。

2、害怕的表情

在日常生活中，正常人的恐懼不會總是那麼飽滿。眉毛提升幅度不大，眼睛睜開的程度也並不誇張，只是略大一些，甚至就是平常的狀態，但即使如此，我們也可以輕易辨認出害怕的情緒。提升而扭曲的眉毛、警覺的眼睛，是害怕的典型特徵。

眼睛睜得越大，表明內心越害怕。在飽滿的恐懼表情中，眼瞼會試圖擴張到最大的位置，以至於實際上可以露出虹膜上緣的眼白（但被眼瞼皮膚褶皺所遮擋）。雖然害怕的表情不會造成這麼誇張的眼瞼運動，但觀察眼睛的形態，仍然是確定害怕程度的關鍵。

害怕表情的肌肉運動和形態特徵如圖 7-11 所示。

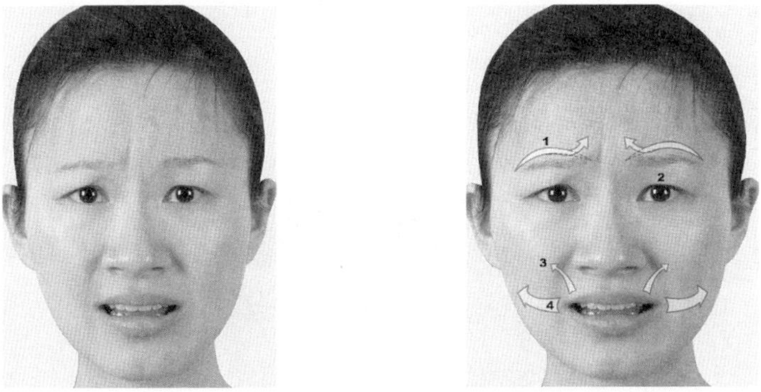

圖 7-11　害怕的表情形態

（1）眼眉的扭曲形態由皺眉肌和額肌中束共同收縮形成。正常的拱形眉形（虛線）被破壞，眉頭上揚，眉形整體在內側 1/3 處扭曲向上（箭頭）。

（2）上眼瞼向上提升，露出更多的虹膜上緣。

（3）提上唇肌輕微收縮，上唇提起，略微露出上齒。

（4）頸闊肌輕微收縮，將嘴角向兩側拉開，使嘴的水平寬度較平時的鬆弛狀態更大。

相比於眉眼形態而言，嘴的形態在害怕表情中不太重要。如圖所示，女子的嘴部形態總體放鬆，僅僅受下顎的運動和頸闊肌的收縮影響，嘴角向兩側輕微擴張，能夠露出部分下齒。

雖然這種表情較飽滿的恐懼而言，肌肉收縮運動的程度已經大幅鋭減，但這樣的表情如果出現在現實生活中，仍然可以暗示着情況的嚴重性。比如，一個貪玩的大學生有一門課兩次"掛科"，幡然悔悟後經過努力作了最後一搏，本以為考得不錯，結果又沒有及格，畢業已然確定無望，臉上就會是這個樣子。

3、不安的表情

情緒減弱，表情的形態特徵也會隨之減弱。比害怕程度更低的是不安，如圖 7-12 所示。詞語“焦慮不安”很好地表達了這種心理情緒。

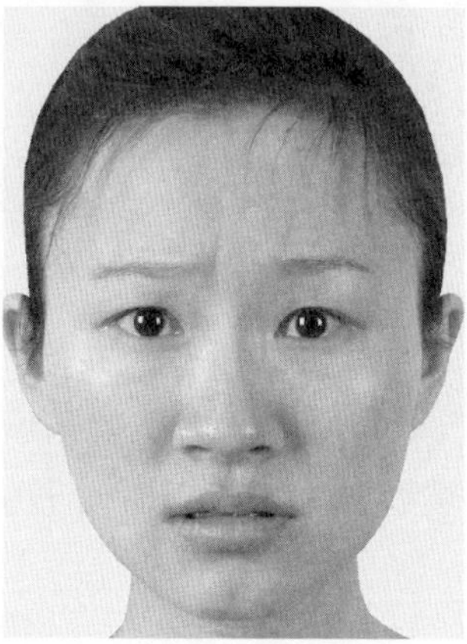

圖 7-12　不安的表情

如果聽到甚麼不好的消息，臉上出現的表情大概就是這樣。嘴的形態基本鬆弛，眉毛整體趨平，依舊保持着扭曲的狀態，眉頭上揚，但程度略微減輕。皺眉肌引起輕微縱向皺紋。眼睛睜開的程度增加，但並不誇張，上眼瞼提升沒有恐懼和害怕的表情中那麼明顯，但虹膜上緣露出的面積要比正常的鬆弛面孔中大一些。如圖 7-13。

不安的雙眼　　鬆弛的雙眼

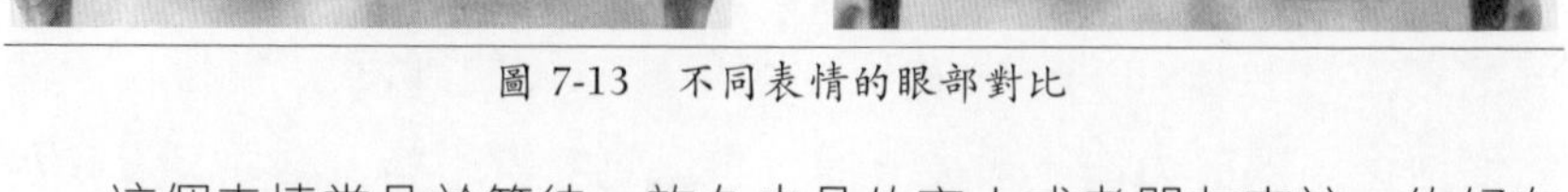

圖 7-13　不同表情的眼部對比

這個表情常見於等待。許久未見的家人或者朋友來訪，約好在機場接機，結果搭乘同一航班的人都已經陸續走出，還沒見到他的影子，電話又總是接不通，臉上就會不由自主地浮現出這樣的焦慮神情。這一切都是因為，內心中所想的基本上都是對發生負面結果的焦慮不安。

4、擔憂的表情

當內心出現恐懼情緒的時候，如果情緒的程度不大，再加上有意克制，臉上的典型恐懼表情特徵就會消失殆盡。輕微閉緊的雙唇，配合典型的恐懼雙眉形態，就可以將擔憂的情緒表露出來。緊閉嘴唇實質上是一種克制，皺眉表示內心的壓力和關注。此時，並不需要睜大眼睛的警覺，因為沒有直接的刺激源需捕捉視覺信息。

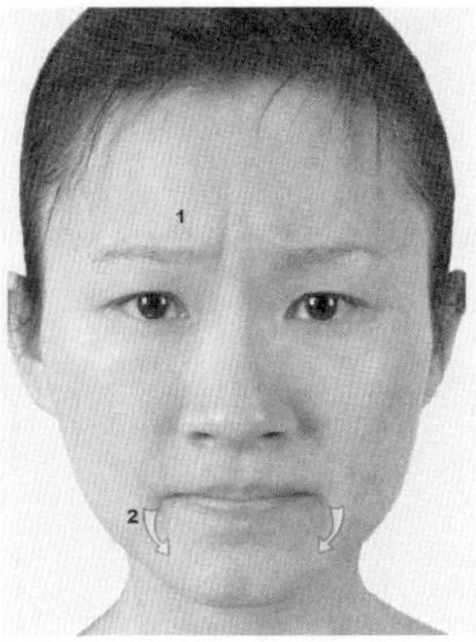

圖 7-14　擔憂的表情形態

每年春節前夕，那些為返回家鄉過年而在火車站售票窗口焦急等待排隊買票的人，會頻繁出現咬嘴唇或抿緊嘴唇的樣子，就是擔憂的表情。如圖 7-14 所示。

這張面孔中，眼瞼的擴張程度進一步縮小，形態已經從害怕的狀態基本恢復正常了，但還有上提的動作，至少沒有閉合趨勢。比較明顯的表情特徵集中在兩點：

(1) 眉頭上揚和扭曲的眉形，說明心中有壓力，但不是厭惡和憤怒，厭惡和憤怒的眉形不扭曲。

(2) 嘴唇緊閉，唇紅部分隱藏，口輪匝肌收縮使嘴唇緊繃，嘴角處由於降口角肌的收縮，也產生隆起，證明壓力的存在。

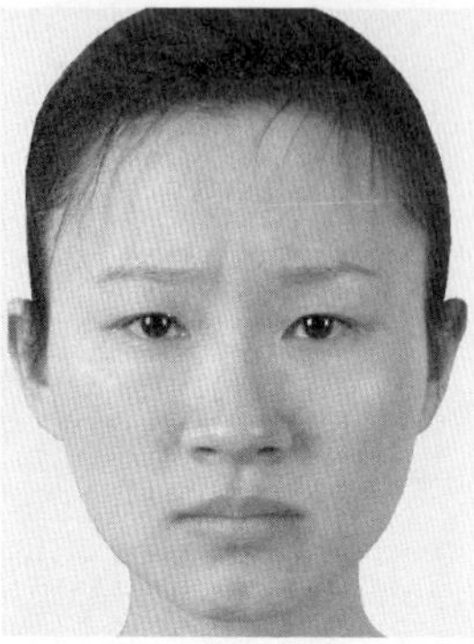

圖 7-15　輕微擔憂的表情

如果在測試過程中捕捉到這種眉毛形態和嘴唇形態的緊張，就可以分析出被測試人承受壓力的神經狀態。

如果嘴部的緊張形態消失，説明擔憂的狀態再度減輕。如圖 7-15 所示。

圖中面孔，只有眉毛和眼睛流露出了擔憂的情緒。眉毛沒有大幅提升，僅能觀察到眉頭的上揚和眉毛的平直扭曲形態；眼瞼整體自然，但上眼瞼還是處於比正常狀態略高的位置，露出的虹膜面積較大。如果此時眉毛的提升和扭曲加劇，上眼瞼進一步提升，表情就可能升級為不安甚至害怕。

這種表情很容易被識別為悲傷，因為眉毛的形態與悲傷非常相似。但是，悲傷的時候，眼睛中不會充滿這種期待的力量，而通常是暗淡無光的。悲傷的微表情形態特徵，將在下一章中講解。

在機場，我曾經親眼看到過一個女孩踮起腳尖，在送別的地方默默地揮手，臉上就是這種神情。這一定是對即將遠行的人心懷牽掛，當然，內心中也一定會有分離的悲傷。因為恐懼和悲傷的情緒本質本就趨同。

5、恐懼的微表情形態特徵

對不同程度的恐懼表情進行形態特徵總結，可以得出恐懼類情緒出現時的微表情形態特徵：眉頭在皺起的同時抬高，眉形在內側 1/3 處扭曲，上眼瞼保持提升狀態，露出較多虹膜。

這樣的組合一旦出現，即使力度不大，也可以表露出恐懼的神情，因此這是恐懼的微表情形態特徵。

總結

1. 恐懼的微表情形態特徵

眉頭在皺起的同時抬高，眉形在內側扭曲，上眼瞼處於提升狀態，會露出較多虹膜上緣。情緒的飽滿程度與眼瞼睜開程度成正比，也與眉頭抬高的程度成正比。這是恐懼類表情的必要形態特徵。

2. 恐懼類表情的典型形態特徵

如果情緒較為充分，恐懼的時候眉毛會呈現出比較明顯的扭曲狀態。整體趨平，向中間皺起，有縱向的皺眉紋，但是眉頭卻由於額肌中束的收縮提升，向上抬起，導致整條眉毛在內側 1/3 處開始向上揚起。額前有倒“U”形細紋。

上眼瞼會明顯向上提升，露出比自然形態下更多的虹膜上緣。眼瞼睜開的程度與恐懼的程度成正比。在不強烈的恐懼表情中，眼睛睜開的程度只會比平常大一點，但即使是這一點也具有重要的意義。如果眉毛的形態中有扭曲（不論程度），眼睛睜開的程度夠大，那麼即使臉上沒有其他的形態變化，還是可以判定為恐懼類表情，繼而推斷出被測試人心生恐懼。

嘴的形態並沒有出現在所有程度的恐懼類表情中。在恐懼和害怕的時候，嘴部會張開；在有意克制或者情緒不夠充分的情況下，如不安和擔憂的時候，可能出現緊閉雙唇，也可能嘴部沒有任何運動。嘴部的變化程度，可以映射出恐懼情緒的強烈程度。

實踐應用

被測試人只有在遇到即將讓自己原形畢露的刺激源時，才會心生恐懼。

由於不能使用武力威脅被測試人的身體，僅靠心理測試的分析結論也無法從物證的角度來確認事實，因此在心理測試過程中，被測試人很難感受到直接的嚴重威脅，不會出現恐懼、害怕的表情。同樣，限於心理測試的技巧和目的不是壓迫和糾纏，而是挑出被測試人的心理破綻，所以連焦慮不安的神情也很少出現，最常出現的微表情是擔憂。

案例分析

被測試人是一個事業單位的職員，不滿足於平淡和窘迫的日常生活，針對社會關注的熱點問題，開創了一門所謂的民間科學。由於主題敏感，所以得到社會若干主流媒體的爭相報道。從中央到地方，很多電視台都邀請他參加電視節目的錄製，報紙和雜誌也頻頻採訪，甚至一度驚動了海外媒體。當事人也洋洋自得地把這些"戰績"通過自己的博客進行宣傳。雖然主流媒體對他所推廣的民間科學普遍持批判態度，卻把此人和他的東西越炒越火，適得其反。

此人之前曾經在國內最高級別電視台某頻道的一檔節目中，讓一位著名心理學家拿他沒辦法，用他的話説是"專家很無能，讓我藐視"，所以精神抖擻地來挑戰某檔電視節目，因為這個節目裏有另外一位著名專家。我們受編導組的委託，對這個人進行了心理測試。

在研究他自己發佈的個人經歷之後，發現其中居然存在大量自相矛盾的內容，整個宣傳文案幾乎全部可疑。對此，我們制訂了一個測試方案：從幾件小事情開始，用細節逼問的方式戳穿他的偽裝，先從心理上壓倒他的自信和防線，之後的核心問題測試就會迎刃而解了。因為謊言被連續戳破幾次後，普通人就無法繼續流暢地表演和偽裝了。

鑒於他宣講自己曾經是軍人，受過特訓，還開過飛機，我決定以高度可疑的"開過飛機"為第一個突破點開始測試。

問：駕駛過飛機嗎？

答：(愣了一下，竟然出現尷尬的笑) 我會，我開過，但我不是天天開飛機。

分析：愣了一下就是驚訝的凍結反應，臉上的輕微驚訝表情同樣說明，他沒有想到我們測試的第一個問題就是這個完全不起眼的自我宣傳文案細節。尷尬的笑已經定義了測試後面的走向，因為前面講過，尷尬是恐懼的衍生之一。

問：起飛過沒有？

答：沒起飛過。在跑道上跑過。

分析：回答模式是典型的退一步又回半步，是不死心的表現。但這種整體後退的反應，可以充分說明其心理弱勢。選擇這個沒有起飛過的答案，可能是因為他確實沒有能力編造出起飛後的種種細節感受和技術問題。

問：甚麼機型？

答：(略微遲疑) 戰鬥機。

問：具體哪種機型？

答：殲6。(神經系統處於高度緊張狀態，呈戰鬥姿態，頭傾前，雙眼警覺。)

分析：其實第一個機型的問題問出後，他就明白了我們要問甚麼，之前的略微遲疑，是在編造這個答案——具體的機型。戰鬥姿態和警覺狀態，充分表明他感受到了問題所帶來的威脅。

問：據我所知，你沒有在空軍服過役。部隊會讓一個沒有飛行經驗的人駕駛飛機嗎？

答：能。那是我的一個朋友，是他們飛行大隊的副大隊長。(保持戰鬥姿態，但視線出現輕微下移。)

分析：視線方向的輕微下移變化，表示內心壓力的增強。但整體戰鬥姿態的保持，說明還沒有放棄一搏，要堅持撒謊。

問：飛機在跑道上跑的時候，怎麼控制加速和減速？

答：就像汽車一樣，油門別一直往下踩，就能光跑不起飛。踩剎車，飛機就減速了。（視線飄移，眉眼形態出現輕微恐懼特徵。）

分析：飛機的加速是靠控制油門的操作桿前推，地面減速一般是靠主輪剎車、打開減速板和降低發動機推力來共同完成。通過這個回答可知，被測試人沒有進入過駕駛艙進行飛機的啟動駕駛。此時，被測試人知道自己無法繼續編造細節，也體會到細節逼問的細緻程度所帶來的威脅——戳破自我標榜。

問：殲6上有油門和剎車嗎？

答：沒有油門，就是按按鈕。其實我只是控制操縱桿，所有程序都是另外一個飛行員設置好的。（回答完畢後，面部呈現出緊閉雙唇的擔憂表情，眼睛不敢正視提問者，視線完全轉向下方。）

分析：鑒於無法捏造合理答案，開始轉移捏造方向。此時被測試人已經開始慌不擇路，因為新捏造的這個信息更加不合理。

問：當時那個飛行員允許你自己操縱飛機？

答：沒有，我坐前面，他坐後面，我在前面操縱操縱桿。

問：殲6有幾個座位？

答：……（無言以對，出現愧疚表情。）

分析：殲 6 的駕駛艙只有一個駕駛座位。被測試人不知道這個客觀信息，所以知道無法繼續偽裝，放棄抵抗，出現愧疚表情。愧疚是自責的悲傷衍生，等同於承認。第八章會詳細解釋。

至此，細節逼問成功將一個對他來説無關緊要的謊言拆穿，在整個過程中，被測試人的情緒從驚訝變成輕微憤怒，繼而轉為輕微擔憂，在意識到無法繼續捏造細節並出現自我矛盾之後，表情呈現出經典的緊閉嘴部的擔憂。這個經典的微表情，透露了被測試人內心的恐懼，説明問題已經將他逼到了臨界點，心理防線很快就會被擊潰。

類似的幾個問題過後，被測試人的防禦和抵抗心理消失殆盡，知道説謊不易。因此，在後面針對其開創的民間科學進行質疑的過程中，對於偽造支撐數據的提問並沒有消耗太大的力氣。

第八章

悲傷的微表情

最擔心的事情還是發生了（惡果），這會讓當事人心中原有的擔心徹底消失，取而代之的是無奈的放棄，恐懼也就轉變成了悲傷。

上一章講解的恐懼微表情，其實融合了兩種微表情的形態特徵——吃驚和悲傷。突然出現的刺激源會讓人吃驚，經過評估之後，發現對方的威脅超過了自己的應對能力，無法通過憤怒的戰鬥來消除威脅，恐懼產生。恐懼和悲傷之間，僅僅隔了一層窗戶紙——那就是當事人所擔心的結果是否發生。惡性結果沒有發生之前，是恐懼；發生之後，便是悲傷。

悲傷情緒的產生

擔心了許久的事情，還是發生了自己不願意看到的結果。按照趨利避害的本能意願，沒能獲利或者受到損失，都會引發悲傷。實際上，沒能獲利相對於自己的主觀預期而言，也是一種損失。

悲傷源自損失。比如身體受到不可逆的傷害，失去至親，結束一段用心的感情，乃至於重要的經濟利益受損等等，都是當事人無法挽回的損失。面對惡果無力挽回，會導致悲傷情緒的產生。悲傷的情緒是所有情緒中，唯一一個放任能量流失的情緒，而其他情緒，都會調動能量用於肢體消耗。

悲傷的表情直接和哭泣相關聯，而人呱呱墜地後的第一個表情（叫動作更合適），就是哇哇大哭。當然，嬰兒的哭喊不單用來表達悲傷，還可以表達憤怒、厭惡和恐懼等所有負面情緒，在沒有負面情緒的時候，嬰兒的表現就是安靜或者愉悅。

最飽滿的悲傷反應——痛哭

哭是悲傷情緒的最典型動作反應。人在甚麼心理狀態下才會哭呢？我專門觀察過三歲以下的小朋友，他們在懂了一些事情之後，有一段時間特別愛哭。根據記錄結果，我發現所有引起哭泣的原因，都是因為小朋友們認為沒辦法了。

舉個具體例子，小朋友已經吃過一些零食，而且和父母商量好了不再多吃，但他的實際心理是還想再吃一些。小孩子明白，父母是肯定不會允許他繼續吃更多零食了，發現此事無望，就會開始哭。除了吃零食，看動畫片、買玩具等相似事情，都會引發相同的結果。

深入探討小孩子的心理可以發現，樸素的需求不能得到滿足是壞結果，與父母達成的一致和他們的監管則超出了小朋友改變事情的能力。簡單地說，就是壞的結果發生，但又沒有辦法改變，結果就是心生悲傷，用哭來表達。

能讓成人心生悲傷並哭出來的事情，也是一樣的。

1、嬰兒的痛哭表情

很小的孩子在遇到負面刺激的時候，如飢餓、疼痛、恐懼等，本能反應就是大聲哭喊，因為這樣可以引起大人的關注，從而保護自己。在嬰兒的哭喊中，聲音大非常重要，因為如果聲音不大，很有可能會被父母忽視。

嬰兒痛哭的表情很難抓拍到，我們用一張素描畫作來進行表情形態特徵的說明。如圖 8-1 所示。

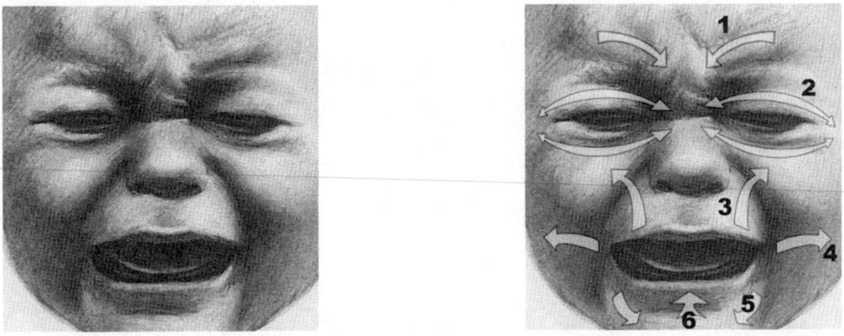

圖 8-1　嬰兒痛哭的表情形態

（摘自 ***"The Artist's Complete Guide to Facial Expression"*** **by Gary Faigin**）

嬰兒痛哭的表情形態特徵如下：

(1) 皺眉肌收縮，雙眉強烈皺起。

(2) 眼輪匝肌強烈收縮，上下眼瞼緊閉；上下眼瞼相互擠壓，雙眼中間出現皺紋。

(3) 提上唇肌收縮，上唇緊繃，同時造成臉頰隆起，在鼻翼至嘴角間形成鼻唇溝。

(4) 頸闊肌收縮，使嘴角向兩側咧開，嘴唇被拉長、變薄。

(5) 降口角肌和降下唇肌同時收縮，將下唇向下拉低，在下唇兩側接近嘴角處形成接近垂直的下落唇形，近似方形，露出部分下齒。這個口型可以幫助發聲。

(6) 頦肌收縮，將下唇中部向上推起，擋住中間部分的牙齒。

圖中這個純粹的哭喊表情，以發聲為核心需求，每一個器官形態都有其生理意義。

(1) 緊閉的雙眼

痛哭的時候，眼睛一定會緊緊閉起。眼輪匝肌和皺眉肌共同收縮，造成雙眼緊閉、雙眉下壓。這種天然的聯動有着生理結構方面的原因，因為痛哭過程中的劇烈呼氣和血液循環改變，會增加眼眶內的毛細血管壓力和眼球內壓，客觀上要求眼輪匝肌收縮，以使眼周圍皮膚縮緊，這樣可以緩解部分壓力，保護眼球。哭的程度越大，肌肉的收縮力度越大。這樣的肌肉運動是哭喊過程中的自然反應，而出於同樣的原因，在大笑、噴嚏、咳嗽的表情中，也都會出現雙眼閉緊的動作。

(2) 咧開的嘴

哭喊時，提上唇肌收縮，向上提升上唇，同時造成臉頰隆起，在鼻翼兩側到嘴角之間形成鼻唇溝。頸闊肌收縮，向兩側拉伸嘴角，使嘴變寬。降口角肌和降下唇肌收縮，向下拉低下唇。頦肌收縮，使下巴肌肉拱起，將下唇中部向上頂起。這幾組肌肉共同作用，使嘴唇咧開，形成近似方形的輪廓線。同時，眼輪匝肌的收縮也會一定程度上提升臉頰，與提上唇肌共同造成臉頰隆起，並在一定程度上輔助把上嘴唇向上提升。

這種口型比其他口型更適合發出具有穿透力的聲音，傳播得最遠，音量最大。

另外，還有一個有意思的現象，哭泣的過程中，呼吸並不是均勻平緩的，而是呈痙攣狀。配合着這個呼吸特徵，頦肌和頸闊肌共同負責嘴部形態的頻繁改變，形成下顎和下唇的痙攣式運動。二者共同收縮，下唇中部撅起，嘴角向兩側拉直；兩者共同鬆弛，下唇和嘴角就都放鬆。要注意，這是我們第一次強調頦肌的作用，因為頦肌只有在悲傷的表情中才具有重要的作用。

2、成人的痛哭表情

成人因悲傷情緒引發痛哭時，臉上的表情形態和嬰兒時沒有任何差別。悲傷的情緒能夠調動能量，自發地觸動眼部和嘴部肌肉做出劇烈運動，完成痛哭的表情。如圖 8-2 所示。

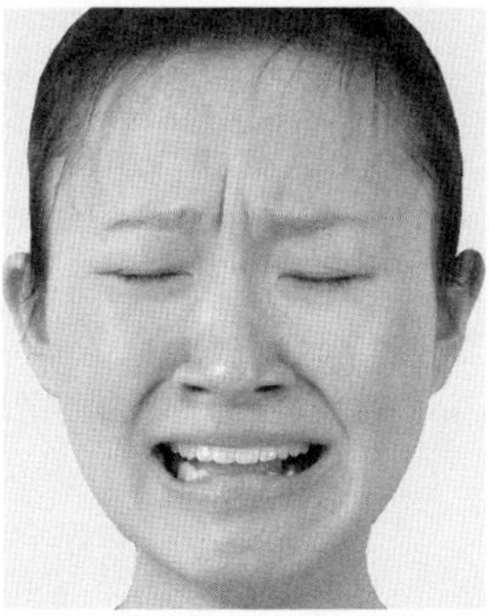

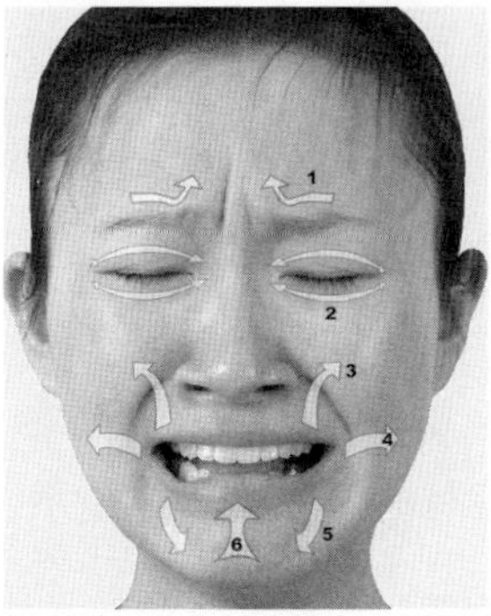

圖 8-2　成人痛哭的表情形態

我們拆分一下成人痛哭表情的形態特徵：

(1) 眼輪匝肌和皺眉肌共同收縮，造成雙眉下壓，眉頭間出現縱向皺紋。但是，額肌中部收縮，輕微向上提升眉頭，整個眉形趨平，在內側 1/3 處呈現扭曲向上眉形。特別需要注意，這種扭曲的眉形也會出現在恐懼類表情中，但因為悲傷時眼輪匝肌收縮，眉毛扭曲的程度要比恐懼表情中更嚴重。

(2) 眼輪匝肌收縮，造成眼瞼的有力閉合，在眼角內側擠壓形成皺紋，在眼角外側相互擠壓形成魚尾紋（圖中可以看到單條深紋）。

眼輪匝肌收縮和部分皺眉肌收縮，共同形成緊閉的眼睛。這個變化的生理意義已經在講解嬰兒的哭喊時介紹過。哭得越劇烈，眼球周圍的收縮就越緊。

(3) 提上唇肌收縮，在提升上唇的同時，與眼輪匝肌共同使臉頰位置提高，隆起的臉頰與下眼瞼相互擠壓，形成下眼瞼下方的凹陷區域，並在鼻翼兩側形成鼻唇溝。

(4) 頸闊肌收縮，將嘴角向兩側拉伸，使嘴的水平寬度比平常增加；拉伸的嘴角與臉頰之間擠壓形成法令紋。

(5) 降口角肌收縮，向下拉低嘴角；降下唇肌同時收縮，將下唇整體下拉，試圖露出下齒。

(6) 頦肌收縮，將下嘴唇中部向上推起，並在下巴上形成表面凹凸不平的肌肉隆起。下嘴唇中部的推起將原本可以露出的部分下齒遮住，兩側嘴角處還保留向下，因此能夠露出嘴角位置的下齒。下嘴唇曲線呈“W”形。這樣的口型，是痛哭表情所特有的。如圖 8-3 所示。

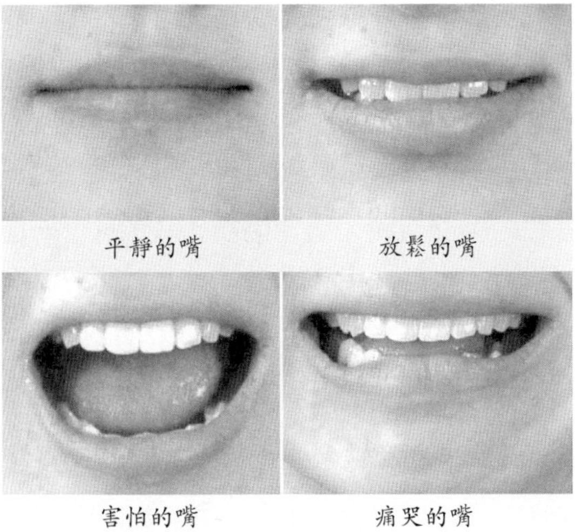

圖 8-3　不同表情的嘴部對比

可以注意到，在痛哭表情的下唇靠近兩側嘴角 1/4 處，會因為這幾組肌肉的協同作用，形成一個比較陡的轉折角度，使口型大體上近似梯形。這個口型最有利於發出尖利且氣息充沛的聲音。不信，你可以在沒有悲傷情緒的時候，大聲喊“哇”，體會一下“哇”的口型是否與哭喊的口型非常相似。

哭喊的嘴比放鬆的嘴水平方向更寬，這是頸闊肌拉伸引發的。梯形的唇形來自上唇的提升和下唇的側拉，嘴唇的邊界拉緊、變薄。上唇的提升會造成臉頰同時提升，除了鼻唇溝外，結合降口角肌在嘴角下方形成的皺紋，還會產生一道從鼻子到下巴的貫穿的縱向紋路。如圖 8-4 所示。

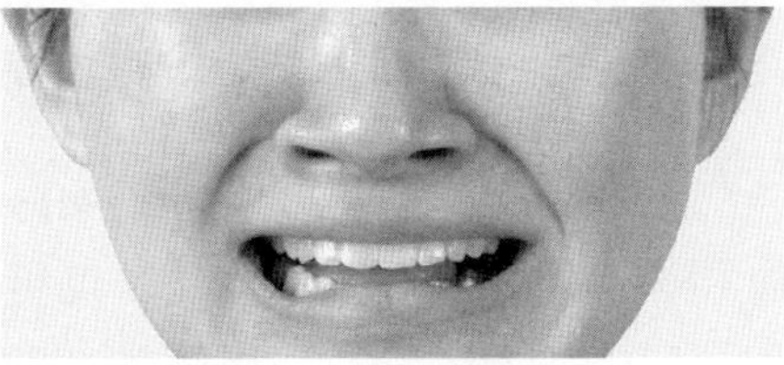

圖 8-4　痛哭表情的下半臉

鑒於哭的動作的複雜程度，偽裝起來難度很大，刻意所做的咧嘴動作，肯定沒有哭的時候咧得大，眼睛的緊閉程度也無法準確模仿，除非能夠調動起悲傷的情緒。實際上，情緒會調動很大的能量值來做出正常的哭的動作，不但讓五官的動作幅度和力度到位，還會自然形成其間的相互匹配，這種協調一致的匹配，更是偽裝難以做到的。

悲傷的微表情形態特徵

痛哭裏面包括兩個因素：一是肌肉的收縮和痙攣，形成痛哭的表情；二是聲音很大，發出很大的聲音可以加速消耗能量，增強當事人的悲傷體驗，如果有別人在場的話，還能提升表達的有效性。

但是在成年人的社會中，交流的內容大多與這麼強烈的情感無關，交流的形式也多是理智主導的語言，所以不太有機會允許成人像嬰兒那樣痛哭。對於大多數人來講，這種最飽滿的痛哭只會出現在所愛之人逝去的那一刻。因此，現實生活中的悲傷，具有很多其他的表現形式。

在所有比較明顯的哭的表情中，雙眼出於生理結構的要求，一定是呈緊閉趨勢的，而且眼睛閉合的動作力度越大，哭泣的強烈程度越高。嘴可能是張開的，也可能是閉着的，但嘴角肯定是向兩側咧開的。張嘴和閉嘴主要取決於難過的程度以及自我抑制的程度。刻意所做的閉眼動作和咧嘴動作，肯定沒有哭的時候程度大且自然。這是因為，情緒會調動很大的能量來作出自然的生理反應，憑經驗偽裝出的動作不可能完全複製，只有身體疼痛才能有類似的反應程度。

刺激源的力度和行為人的抑制程度，使悲傷可以分成很多不同的等級：號啕大哭、正常的哭、抽泣、閉着嘴默默流淚、委屈、憂傷等等。在最飽滿的痛哭狀態下，表情形態特徵很清晰，容易辨認；在其他減弱的各個等級中，眉毛、眼睛和嘴巴可能會出現不易察覺的形態特徵。

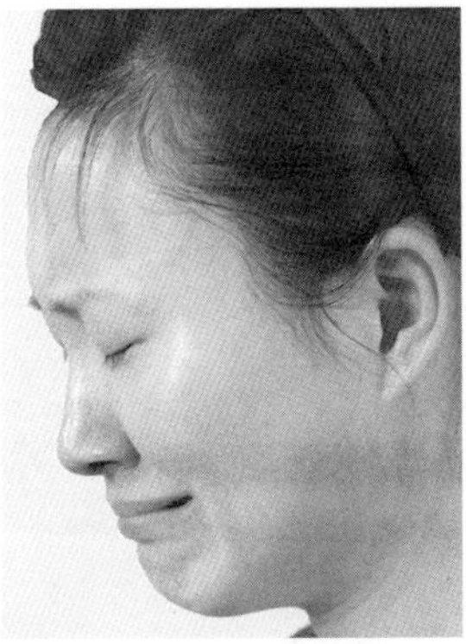
圖 8-5　閉嘴痛哭的表情

1、閉着嘴抑制痛哭

與標準的痛哭相比，閉着嘴痛哭表現了自我的抑制。如圖 8-5 所示。除了嘴部變化明顯外，額肌進一步加強收縮，將眉頭向上提拉；皺眉肌收縮導致眉毛向中間聚攏；眼輪匝肌收縮造成雙眉下壓、眼睛閉緊。

沒有人可以在痛哭的時候睜大眼睛，即使是很優秀的演員，也只能做到睜着眼睛默默流淚，一旦氣息加劇，勢必配合以緊閉雙眼的動作。

圖 8-5 所示的哭與充分的痛哭之間的主要區別，是嘴部的抑制。閉着嘴哭時，抑制嘴部動作的初衷是為了抑制發聲，大大降低哭的音量。客觀的結果，還會抑制能量的消耗，使悲傷變得漫長。

如圖 8-6 所示，閉嘴痛哭時，嘴部會產生微妙的變化，拉升嘴唇的力量不再來自提上唇肌，而是交由顴小肌掌管（1），力度溫和很多，因此上唇的提升力度銳減；頸闊肌明顯作用於嘴角，將嘴唇向兩側拉伸（2）；嘴角外側的溝形紋路是降口角肌形成的紋路（3），但向下的拉力沒有頸闊肌向外側的拉力大；頦肌使下巴隆起呈球狀，表面凹凸不平，同時將下嘴唇向上推至閉合位置(4)。由於遇到上唇的阻力，下唇基本保持平直，不會向上拱起(張嘴痛哭的飽滿悲傷表情可以)，因此下唇有部分向外凸出。

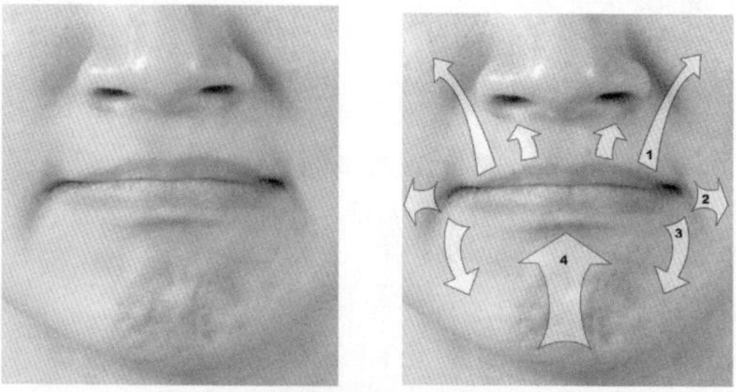

圖 8-6　閉嘴痛哭表情的下半臉形態

在抑制的悲傷情緒中，情緒需要張開嘴發生哭泣，但主觀意識又要求緊閉雙唇噤聲，結果會使嘴唇非常緊張，有一種向內的壓力來對抗向上和向外的力量。嘴部的這種制衡狀態不斷切換，會有輕微的抖動。

2、閉着嘴的哭泣

閉着嘴的哭泣與閉着嘴的痛哭幾乎相同，明顯的差別僅僅在於眼睛的閉合程度和呼吸的劇烈程度。如圖 8-7 所示。

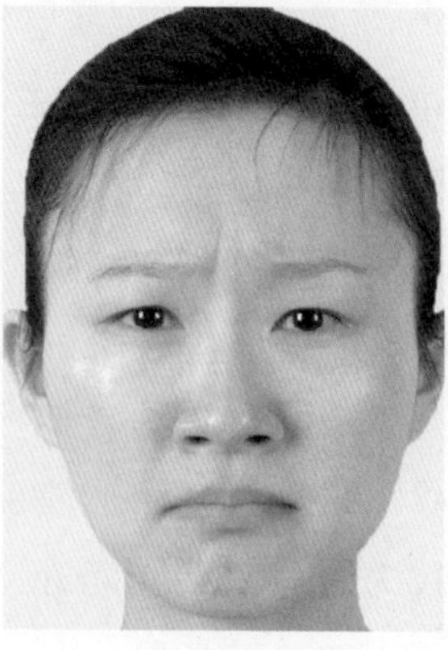

圖 8-7　閉嘴哭泣的表情

(1) 眉毛

由於眼睛要睜開，所以增加了眉毛形態的複雜程度。眉毛在相反作用的肌肉拉扯下，先向下壓，然後以眉頭為主向上提升，提升的幅度比閉着眼睛痛哭時明顯增大。這是哭泣與痛哭的最重要區別。即使在哭泣減弱之後，悲傷的情緒還會使這種複雜的眉毛保持原來的樣子。如圖 8-8 所示。

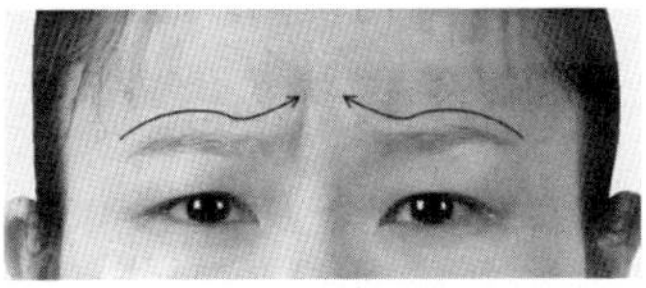
圖 8-8　哭泣時的眉毛形態

當悲傷的力度減弱後，額肌試圖與皺眉肌進行反向拉扯，額肌上拉，皺眉肌下拉，額肌只有在眼輪匝肌的作用減弱時才能顯示出它的作用。眉毛的下壓被額肌中束的收縮部分中和，向上提升眉頭。放鬆的眉毛永遠不會呈現這樣的狀態。垂直方向的皺紋可以顯示出皺眉肌還在收縮的狀態。

有些人的臉上，皺眉肌強勢，眉毛水平；有些人的臉上則額肌強勢，眉毛呈鐘錶指針的“8：20”狀。但相同的是，每張悲傷的臉的眉毛都會有點糾結，在眉頭側 1/3 處形成的扭曲的程度，暗示了內心的糾結程度。

這種眉形是悲傷的典型形態特徵之一。也許是因為來自痛哭和抑制的糾結，它的扭曲形態具有強烈的表達感染力。

悲傷的眉毛基本形態不僅僅出現在痛哭的表情中，還會出現在任何一張悲傷的面孔中，偶爾還會出現在不悲傷的面孔上。在陰霾的冬日，惡劣的天氣也會讓人們臉上出現這樣的眉毛形態。在那樣的情境下，這種形態彷彿更多代表了苦難，而不是悲傷。這是因為，惡劣的天氣和悲傷的刺激源都讓當事人面對着無力改變的負面情境，所以表情相同。

(2) 眼睛

悲傷時的眼睛，在睜開的時候會有變化。上眼瞼的提升由於被下壓的雙眉所抑制，皮膚上會形成一層褶皺，但沒有恐懼的時候那麼明顯。這個細微的差別是睜着眼睛的悲傷和恐懼的關鍵區別。如圖 8-9 所示。

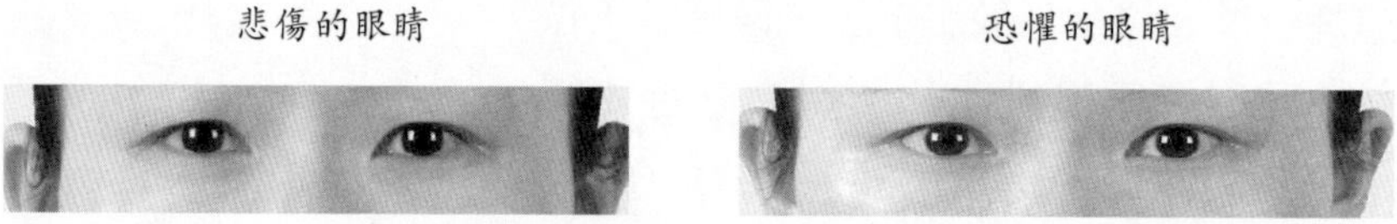

圖 8-9　不同表情的眼部對比

下眼瞼比平時遮住更多的眼球。眼輪匝肌部分收縮，主要是下部分收縮，造成下眼瞼提升變直。這個微妙的變化，會起到很重大的作用——虹膜被遮蓋的區域增加，上下緣都被遮住更多的部分。這樣一來，眼睛的警覺狀態瞬間消失，眼神也失去了光彩，顯得暗淡無力。這是由於黑白對比的減弱，以及眼球反光面減少而造成的感覺。

(3) 嘴

緊閉嘴唇的形態在很多悲傷的臉上都會出現，不管是失聲痛哭還是略帶克制的默默悲傷。在這些表情中，上唇在顴小肌或者提上唇肌的作用下發生改變。多有頦肌和降口角肌的動作。嘴角還是會保持向兩側拉扯咧開的趨向，但幾乎沒有明顯的變化幅度。在哭或者要哭的臉上會有頸闊肌的收縮。頸闊肌在特別悲傷的時候參與動作，而當悲傷程度減輕時，動作變弱甚至消失。如圖 8-10 所示。

這樣的嘴部形態，是悲傷表情的典型形態特徵，在很多不同程度的悲傷表情中都會出現。而且，如果你仔細觀察的話，會發現這樣的嘴部形態還會出現在吞嚥非常苦的藥水時，因此也可以將這樣的嘴部形態簡稱為"苦澀的癟嘴"。

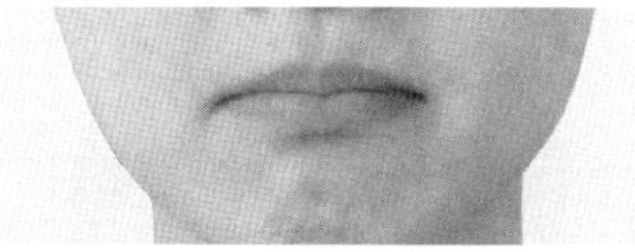

圖 8-10　悲傷時緊閉的嘴

苦澀的癟嘴如果單獨出現在臉上，沒有其他形態特徵配合的話，可以映射出行為人心中流露出慚愧、勉強、不容易、辛苦等屬於悲傷類別的輕微情緒。

我們經常在各種比較正式的表彰大會上看到這個典型的嘴部形態。冗長的上司發言後，要對優秀員工進行逐一表彰和獎勵，每念到一個人的名字，敍述他的艱苦卓絕的光輝事跡和優秀成績時，當事人的臉上就經常會出現這個頦肌收縮形成的苦澀的癟嘴。當然，此時這一形態通常配合着笑容出現，能夠表明當事人內心對笑容的克制，提醒自己不要太得意忘形，不要太高調。但對於那些真正付出過努力和代價的人而言，這個苦澀的癟嘴也是對自己過往的一種自我評價——不容易啊！如圖 8-11 所示。

3、平靜的悲傷

不同於痛哭，平靜的悲傷可以持續很長時間。這是因為痛哭會消耗很大的能量，而平靜的悲傷，僅僅是任由身體的能量慢慢流

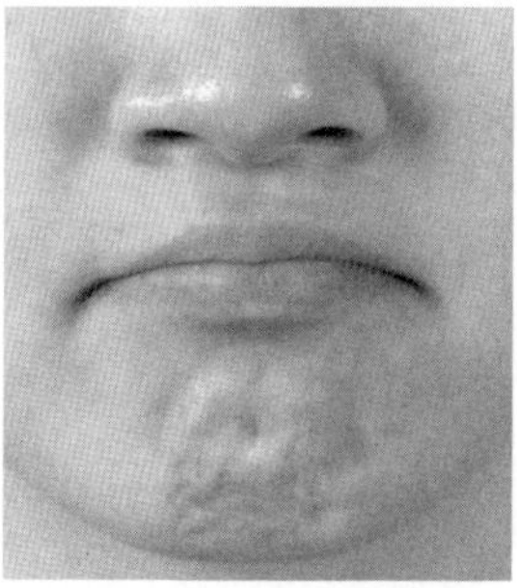

圖 8-11　苦澀的癟嘴

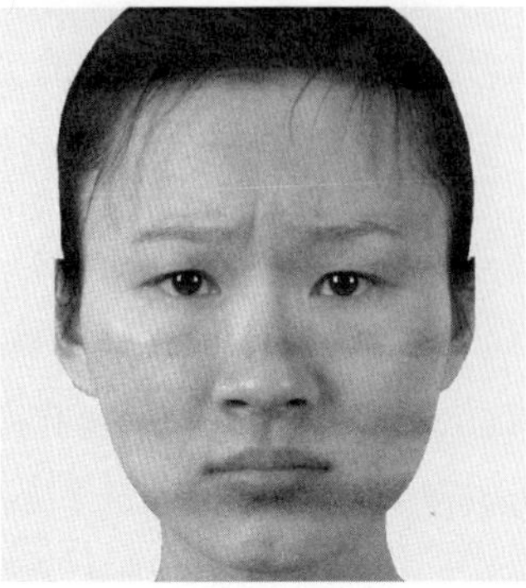

圖 8-12　平靜的悲傷表情

失。令人悲傷的結果已經發生，無力挽回，其他的甚麼都不重要，身體裏就只剩下了無奈。如圖 8-12 所示。

當哭泣隱去，悲傷的面孔上肌肉逐漸放鬆，最早退場的是眼輪匝肌，然後是頸闊肌。最後的是臉頰不再那麼鼓起，下眼瞼鬆弛。仍然能留在臉上的，是悲傷的眉和輕微的撅嘴。就算撅嘴也退去了，糾結的眉還會提示最後的悲傷信息。

(1) 嘴和臉頰

在平靜的悲傷中，嘴部沒有明顯的形態變化。只有頦肌和降口角肌會有輕微的收縮，形成不悅的嘴唇形態。在平靜的悲傷中，因為沒有痙攣式的呼吸需求，所以不會出現張開的嘴部形態，更多的情況下需要通過口輪匝肌的收縮來保持嘴唇緊閉。這是無意識的克制動作。在壓抑的悲傷表情中，口輪匝肌的動作幅度很小，並不會影響悲傷表情的其他形態。如圖 8-13 所示。

(2) 眉毛和眼睛

眼睛呈正常狀態，可能略微睜大，也可能略微閉合，這一點不是平靜悲傷的重點特徵。

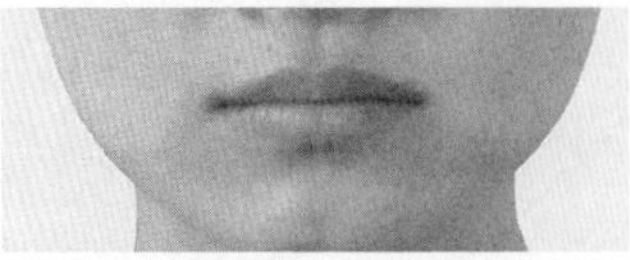

圖 8-13
平靜悲傷表情的嘴

眉毛則會呈現出比較獨特的形態特徵——沒有眼輪匝肌的作用，眉毛不會有明顯下壓；眉頭在額肌的作用下輕微上揚，但眉間又因為皺眉肌的作用有皺緊的趨勢，整體出現輕微扭曲的不自然形態。如圖 8-14 所示。

圖 8-14　平靜悲傷表情的眉毛

4、悲傷的微表情形態特徵

從飽滿的痛哭開始，到平靜的憂傷，經過逐步衰減，我們注意到了一個微表情特徵始終出現在不同程度的悲傷表情中。在平靜的面孔中，只要添加必要的眉毛形態，就可以有效地表達悲傷，即使沒有眼睛及嘴部的變化也可以。因此，雙眉皺起、下壓，但眉頭上揚，眉形在內側 1/3 處出現扭曲，是悲傷的微表情形態特徵。

同樣的眉毛形態還可能出現在恐懼表情中，但恐懼表情一定要配合眼瞼的睜大，而悲傷的眼睛，則因為眼輪匝肌的收縮，有閉合動作。這是二者的最大區別。如圖 8-15 所示。

悲傷的眉眼　　恐懼的眉眼

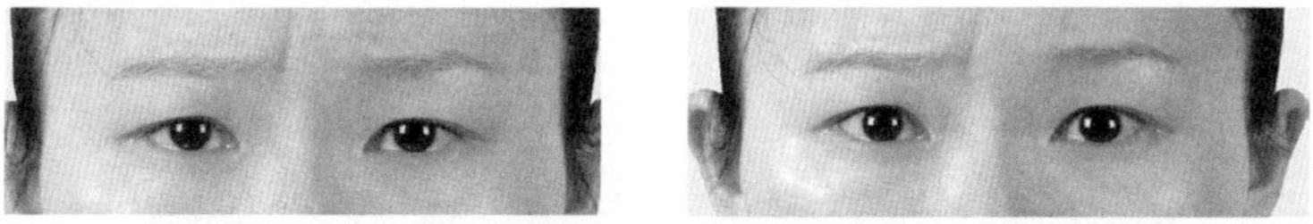

圖 8-15　不同表情的眉眼對比

5、悲傷的衍生微表情

悲傷的本質，是對不希望發生的結果的無奈。符合這種心態的情緒衍生有很多。愧疚是對自己所造成的負面結果感到自責或後悔，但結果已經發生；不悅是對刺激源的不接受、不認可、不喜歡，但沒有排斥感和遠離感，所以不同於厭惡；苦澀是對某些過往事實的主觀評價，事情已經結束，心中泛起無奈的悲情；勉強的決定，是在進行了艱難取捨（取捨的過程中會出現為難的恐懼類情緒和表情，詳見第七章）後所下的決定，而選擇了這個決策，就意味着失去了其他方面的利益，因此也會出現悲傷類的情緒反應。如圖 8-16 所示。

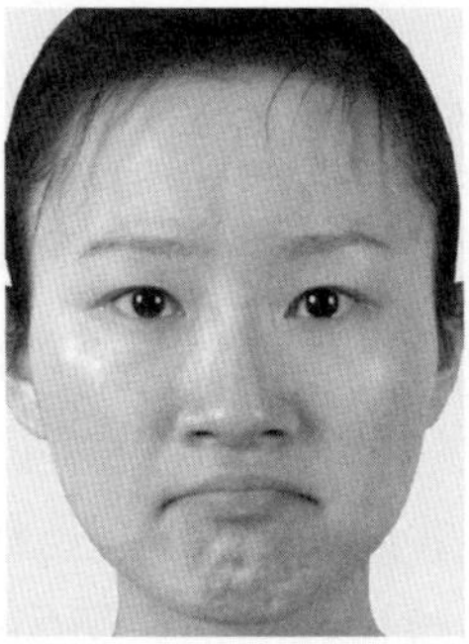

圖 8-16　悲傷的衍生表情

經典的嘴部形態可以表達上述悲傷類情緒的衍生。如果將眉眼區域獨立出來，根本看不出悲傷的痕跡。然而，遮住上半臉，僅僅通過苦澀的癟嘴這一明顯形態就可以輕易判斷出內心的情緒。當然，究竟是愧疚、不悅，還是苦澀、勉強，需要根據具體的情境來判斷。如圖 8-17 所示。

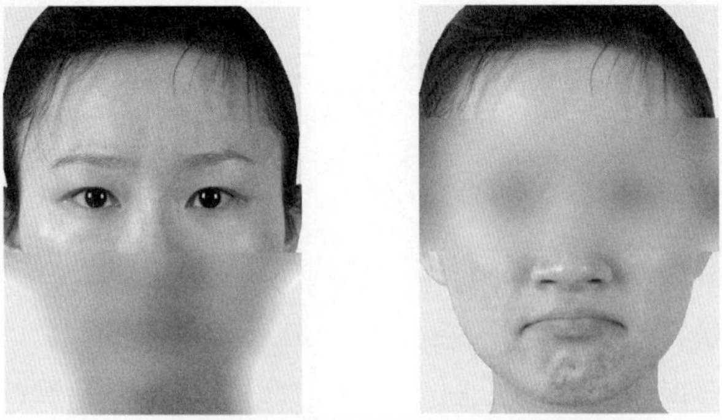

圖 8-17　悲傷的衍生表情分解圖

撅嘴時，頦肌為核心動力，通過收縮上推下唇，致使上唇中部拉直，唇間線不自然地變長，並且在下唇下方形成表面凹凸不平的隆起。同時，降口角肌收縮，使嘴角下垂；口輪匝肌收縮，使上下唇抿在一起。

小測試

經過了這一部分的學習，我們再來做個小測試，做完後可與第六章的小測試對照一下，看看兩個表情有甚麼不同。

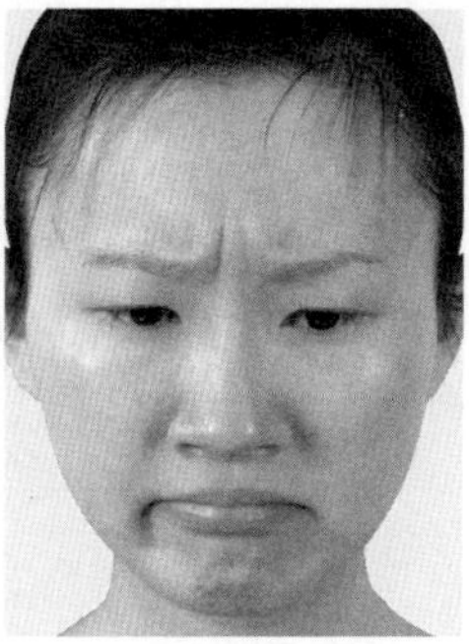

圖 8-18　微表情測試圖

分析：

(1) 緊皺的雙眉和縱向皺眉紋，表示應對壓力的關注。

(2) 眼瞼沒有明顯上提，上眼瞼形態完全受到下壓雙眉的影響，不是驚訝、不是憤怒、不是恐懼。

(3) 視線向下，表示處於壓力之下，沒有能量的眼神趨向於悲傷（無奈）。

(4) 提上唇肌沒有明顯提升動作，上唇的上移是由下唇推擠而成，因此推斷不是厭惡。

(5) 苦澀的癟嘴形態非常典型，表示不認可但無可奈何。

結論：這種承受壓力的無奈表情，和純粹的悲傷相比，多了一份抗爭和堅持，視線的向下避讓區別於純粹的悲傷。這個表情表示了對負面結果的不服氣和無奈。委屈就是對批評不服氣但無可奈何的悲傷衍生。

總結

1. 悲傷的微表情形態特徵

眉頭上揚，但整體眉毛保持下壓為悲傷表情的必要形態特徵。

2. 悲傷類表情的典型形態特徵

哭泣時，眉毛整體下壓（眼輪匝肌收縮的緣故），雖然眼睛通常是緊閉的，但限於社會環境，張開嘴大哭的反應非常少見。哭泣的典型動作是嘴部的閉合，緊繃的嘴唇有來自下方的擠壓力（頦肌），以及兩側的拉伸力（頸闊肌）。哭實際上是痙攣動作。

哭的力度減弱時，臉上首先鬆弛的是眼周圍的肌肉——眼輪匝肌。眼輪匝肌鬆弛後，額肌的中束收縮，上提眉頭，使前額出現皺紋，與皺眉肌合作的結果是使眉形看起來有些扭曲。

隨後退出的是頸闊肌。頸闊肌收縮可以使口型看起來像是馬上要哭出來。當我們足夠平靜的時候，頸闊肌就鬆弛，嘴部恢復常態。

3. 悲傷的衍生微表情

如果應激產生的情緒是悲傷類的其他衍生，比如愧疚、不悅、苦澀和勉強等，其微表情則可能以苦澀的癟嘴為典型形態。苦澀的癟嘴形態是在頸闊肌、頦肌和降口角肌等的協同作用下，悲傷衍生表情的一個明顯特徵。

實踐應用

損失是導致悲傷的刺激源，如所愛之人死亡。幾乎所有的情緒都需要消耗能量，只有悲傷是流失能量的情緒，除了痛哭之外，幾乎不需要調集能量來做出相應的動作。因此，悲傷可以持續很長的時間，其他情緒不會在我們身上持續如此長的時間。

在心理測試的過程中，一旦被測試人最擔心的結果發生了，悲傷情緒就會流露出來。當然，心理測試中，被測試人會有很多試圖隱瞞的情況，一個負面結果的發生，並不能讓其徹底放棄心理防禦，但隨着被揭破的事實越來越多，悲傷的表情特徵就會逐漸出現在被測試人的臉上。

案例分析

我們測試過一例商業培訓學校的負責人。此人在一些互聯網論壇上宣傳自己的培訓內容最專業、最正宗，因為他曾經專程出國向管理學大師 ××× 教授求學過一年，因此對於這套培訓體系最有發言權。憑藉這樣的宣傳，他的培訓學校確實在當地獲得了很好的商業利益和口碑。

其實，他是一個很努力的人，也很聰明，為了拓展自己的業務，進行了這樣的公開宣傳，以獲得比較高的起點。可惜，他的宣傳疑點重重，在我們的兩個關鍵問題後，他知道維護無望，呆住片刻，面呈悲傷。

問：你的宣傳文案中說，你曾經出國向 ××× 教授專程學習過一年的時間，這是哪一年的事情？

答：2005—2006 年。

問：是連續地學習一年嗎？

答：是，中間只回國了一趟，度假。

問：請問你知不知道，申請 × 國的簽證，如果是希望能夠停留一年，應該申請哪種類型簽證嗎？

答：……這個……（表情：雙眉下壓，眉頭上揚，眼瞼睜大，眼神閃爍，呈現警覺狀態，是典型的恐懼表情。）

問：你真的專門申請過簽證，在 × 國居住了一年的時間跟 ××× 教授學習嗎？

答：沒有，我只是去 × 國旅遊的時候，去他所在的大學拜訪過他，有過一面之緣。（表情：眉毛鬆弛，但保持眉頭的皺起和上揚，眼瞼恢復常態，撇嘴，是輕微悲傷表情。）

問：你的宣傳文案裏還提到過，會從 ××× 教授所組織的俱樂部中，邀請 A 和 B 兩位著名的大師來你的學校裏講課。你了解他們的出場身價嗎？

答：……

最終，當他知道無法在這些細節上捏造出可信的信息後，對這個虛假的宣傳低頭默認，流露出了輕微的悲傷表情：眉頭輕微揚起，眼神黯淡，嘴部呈現苦澀的癟嘴形態。

第九章

笑容裏的微表情

唯一的積極情緒……

從驚訝開始，一路厭惡、憤怒、恐懼、悲傷下來，終於可以鬆一口氣，研究一下讓人高興的事情。不過，各位得作好心理準備。雖然笑是高興的事情，但是要想把笑研究透了，可能要花費自讀本書以來最大的精力。因為，笑是最複雜的表情。

人為甚麼會笑

人類的第二個表情就是微笑。雖然嬰兒在落地的一剎那會先尖聲哭鬧，但在以後，當他們能夠掌握難度更大的呼吸動作時，就會對他們感到有趣的事情發出咯咯的笑聲，那是世界上最美好的聲音。

人為甚麼會笑呢？從情緒的起源角度講，愉快的心情，源自自我滿足或者超越滿足，用專業點的話説，是源自當事人接收到的信息高於主觀預期。

1、人生四大喜事

我們拿人人熟知的“四大喜事”來拆解拆解，分析一下愉悦情緒的產生機制。

(1) 久旱逢甘霖

農耕社會中，久旱會造就一種渴望，那就是下雨。那個“久”字，實際上已經透露了人們一直渴望下雨，但一直沒下的情境。因為之前的每一天都接受這樣的煎熬和無奈，這種長久積累下來的無奈已經成為潛意識中的預期。值得注意的是，這種主觀預期和盼望着下雨的邏輯思維是不一樣的。然而，在久旱積累的強大心理壓力下（顆粒無收），突然逢了甘霖！一個“逢”字，把其中的僥倖心理描述得淋漓盡致。這種遠遠高於無奈預期的好事情，會讓人開心地笑。

其實，下不下雨都很正常，只是自然界天氣變化而已，沒有甚麼值得喜悅的地方。但是，因為前面的預期太低了(長時間不下雨，莊稼會顆粒無收)，所以突然一下雨，就會讓人感到非常高興。這種超低的預期，會讓一件本來很普通的事變得很讓人開心。

如果，從播種的第一天起，莊稼就能像計算機運行加法程序那樣毫無風險、茁壯成長，那這種只費力不操心的結果，就會和在碼頭扛麻袋包沒甚麼區別，最終的豐收景象，也只是會讓農民感到辛苦一年有收穫，是該歇歇的時候了。沒有捱餓的痛苦，就不會有豐收的喜悅，如果一切都很平淡，按部就班，那就談不上笑，更不要提開心的笑了。

現實生活中的豐收喜悅，正是來自對風險的擔憂一一解除，通過自己的努力和好運氣，讓莊稼的整個生長季沒有發生旱、澇、病、蟲和其他天災人禍，最終獲得了豐收，這種不斷解除風險的最終成果，才會讓人真正地喜悅。

當然，久旱逢甘霖在後來，還衍生出了除農業領域以外的用途，凡是迫切需要甚麼而不能得，突然有一天得到了，就會產生同樣的愉悅情緒。這樣的衍生情境，其心理歷程與原始的農業情境完全相同。

(2) 他鄉遇故知

他鄉遇故知的高興可能有很多原因。不論是因為好朋友的重逢，還是因為遇到熟人可以改善生活條件，亦或僅僅是對故鄉的思念得到緩解和重溫，都並不是我們所要重點討論的內容。

一個“他”字和一個“故”字的對比，表現了當事人主觀預期與現實狀況之間的不符，是現實狀況高於預期的一種情況。在他鄉，疏離或無助是普遍預期，“故知”對於獨自在他鄉闖蕩的人來講則是溫暖、安全、美好回憶和思念的緩解，也許還有幾頓酒肉，當然會開心啦。

當然，隨着社會的發展，人們已經不再自我禁錮在家鄉，而是更多地走出去，尋找更加適合自己生存和繁衍的環境。他鄉的概念逐漸淡化，故知的相遇也越來越容易，這樣的驚喜也就不再適合目前的社會結構了。況且，目前的現狀還頻頻出現“老鄉見老鄉，兩兜掏光光”的情況，並不值得完全樂觀地期待。

(3) 洞房花燭夜

考慮到洞房花燭夜的感受與社會道德狀況緊密相關，也許這一條在當前的社會環境中不再那麼讓人欣喜了。但我們可以談一談異性之間的相互喜歡。

人在尋求伴侶的時候，出於優質繁衍的本能需求，總是希望找條件好的。對於異性身材的喜愛，源自對優質繁衍能力的期待；對於異性面貌的喜愛，源自對健康體質的期待（骨骼、肌肉、皮膚的良好發育和分佈，以及五官的均勻對稱）。雖然群體性心理影響可能會形成不同的社會審美標準，但這一基礎原則傾向趨同。對男性社會戰鬥力的喜愛（目前多為經濟能力和社會地位）與動物世界中對雄性的搏鬥力量需求趨同。

但這裏有一個令所有人都會憂慮，至少是曾經憂慮過的問題：優秀的異性會喜歡我嗎？

答案是不一定。優秀的異性，也會被很多競爭對手看好。對方的選擇，往往是自上而下的賞識。這種是否能被賞識的不確定性，就是羞澀的來源。

澀是因為羞而造成的反應遲滯，羞是一種複雜的擔憂情緒。羞的實質，是擔心對方會不喜歡自己、不接受自己，屬於比較低的主觀預期。情感經歷少的少女容易害羞（少男也會，但晚一些，少一些），是因為掌握的判斷、衡量標準不夠多，不知道自己被心儀的對方接受的概率有多大。隨着閱歷的增加和情感經驗的積累，對自己的認知會不斷完善（知道別人會怎麼評價自己），羞澀也就逐漸退去，但在遇到真正心儀的人時，還是會有被拒絕的擔憂。

面對自己心儀的人，被否定和被拒絕是正常的預期，被認可和被接受則是一種莫大的驚喜。因此，兩情相悦時的心理快感會變成巨大的快樂，甚至不需要通過笑的複雜動作就會引發生理的快感。一切快樂的來源，皆因對方的賞識（彼此都覺得對方在賞識）。而感到被賞識，則是超越了原有預期的積極信息。

（4）金榜題名時

學生怕考試，無論古今，都是因為考試是採用減分評審制的檢驗體系。某些教務部門甚至要求教師在出題的時候，要保證成績能呈"萬惡的"正態分佈曲線（中間高兩邊低）。所以，學生們一貫擔心的是哪裏沒學會（會被扣分），而不是強化自己哪裏學會了。因此，學生會認為每次考試有不會的題是正常的，每次考試都考到自己會的（滿分），從總體概率上講，是不正常的。

另一方面，自己偶爾考得不如實力相當的同學，都屬於正常情況。考完試後得知分數沒有別人高，也不會有甚麼沮喪或意外的反應，因為這是常規預期。如果突然有一天，自己考得比同水平的所有人都好，倒是會讓人驚喜！

綜合上面兩個因素，在重大考試後，極少有人敢於保證自己能成功（所謂金榜題名）。這也是在考試結束後到分數出來之前的時間段中，不太有人高調談論自己的考試情況和未來規劃的原因。

其實，在金榜上出現了自己的名字是比較籠統的一種喜悦，畢竟多年辛苦和擔憂有了一個肯定性結果，而且這個結果的出現往往預示着未來生活的改善。因此，心理預期較低（不一定考得上）和不錯的結局之間的正向差距，會讓人感到解脱、輕鬆，充滿希望的喜悦。

生活裏的例子，比古語中的四大喜事更豐富。諸如辛苦工作了一年，年底的紅包數量比自己預期的多；與考試相類似的其他成功；深處險地，輾轉周折終於柳暗花明；與勢均力敵的對手拚殺最終獲勝，或者與實力明顯高於自己的對手拚殺，歷盡驚險最終將對手擊敗等等都是如此。所有的開心，其心理成因與傳統四大喜事的快樂來源相同——接收到了高於自己預期的積極信息。

總之，愉悅情緒主要由積極刺激產生，心裏本來沒覺得能有這麼好的事情發生，結果發生了，愉悅情緒也就隨即產生了。

2、收到禮物的喜悅

收到禮物是否開心，取決於兩個因素：禮物和送禮物的人。

第一大類情況，如果送禮物的人還可以，那麼喜悅程度與禮物的預期不符程度成正比，越是超越了預期的禮物（但還要受人的限制，比如鑽戒就不是甚麼人送都可以接受），引發的心理快感越大。反過來，同樣是收禮物，如果你認可的準男友在情人節的時候，只送了一張不用心的卡片，則可能會引發失望。

第二大類情況，如果送禮物的人是你所渴望的，那麼這份驚喜已經足夠打敗任何因素，質和量兩方面全面超越自己的預期。哪怕是寫個小紙條給你，都會讓你高興很久。原因是在你不確定對方是否喜歡你的前提下，對方送禮物這件事就已經遠遠超越原有的預期。

第三大類情況，如果送禮物的人不對路，那麼無論禮物是甚麼，都不在考量的範圍之內，往往禮物越重，所造成的逃離感越強。如果一個你厭惡的人百折不撓地要送你貴重禮品，你敢要嗎？這種不開心，源於你心裏對人的排斥，也就是希望不要和他沾惹上任何關係的心理預期遭到打擊的事實。

3、令人發笑的表演

在所有引發快樂的刺激源中，令人發笑的表演是一類特殊的形式，比如喜劇、相聲、小品等等。這類刺激源之所以能夠讓人發笑，也是因為它們的內容可以使觀眾產生較強的滿足感。從創作手法來講，會比較明顯地分為兩種類型：

(1) 比下有餘型（蠢）

很多讓人發笑的作品中，都會塑造一個比較“蠢”的形象，或者與此類似的比較“衰”的形象。這個形象不懂很多東西，做錯很多事情，或被戲耍很多次，是一個滑稽的角色。這一類的作品，往往是通過突顯他人的低，使觀眾感受到自己的高，從而達到滿意甚至超過滿意的自我認知。

列舉這種創作風格的一個小段子如下：

甲：人家的生活非常有品質，很多細節都特別講究。先說早晨起來。早晨一起來，先刷牙、洗臉、洗腳……

乙：您先等會兒。洗腳？有早晨起來洗腳的嗎？

甲：昨天晚上忘了洗了，今天早晨起來補上。講究嘛！

在視頻中，觀眾笑得最厲害的地方就發生在洗腳出現在洗臉後面的時候。如果把意識深處的幽默共振點挖掘出來，大概可以翻譯成：“哪有早晨洗腳的啊？這還說自己是特別講究的人？”明明做了違背常識的愚蠢行為，還要拚命標榜自己的高雅和品位，這就是我覺得可笑的原因。

但是，恰好我三歲的兒子也能聽懂這一段所說的內容，他隨即問我：“他怎麼說早晨洗腳呢？”顯然，孩子並沒有覺得好笑，只是覺得這和他自己的生活習慣不同，感到不理解而已。

我仔細思考了一下孩子覺得不好笑的原因，覺得大概有兩點：

（1）一個三歲的孩子，還處在學習和接受的過程中，沒有形成自己的主見，也就是不能分辨甚麼叫正常，甚麼叫不正常。他並不認為早晨洗腳是很奇怪（有違常規）的事情，只是覺得和自己的行為習慣不一樣。所以他不會覺得這件事情“蠢”（比較低級的與眾不同）。

（2）此外，前面的鋪墊是生活很有品位，是引導着觀眾往高品位的方向想，然後弄個早晨洗腳的“低級”行為造成落差比較。“有品質”的引導，對於小孩子來講，還不能起作用，孩子聽完整段信息之後，並不會感到落差比較，只能單點注意到早晨洗腳這個異常信息。沒有比對也就不會產生應有的愉悅感。如果去掉前面的鋪墊“有品質”，直接敘述“他早晨起來刷牙、洗臉、洗腳……”，觀眾也會覺得奇怪，但並不確定這是在揶揄和諷刺。

因此，這種幽默的創作手法首先向相反的方向引導觀眾思維，一般是抬高；接下來通過設立比較低的參照對象來讓觀眾得到自我滿足。這種意外而巨大的滿足感，可以使觀眾自然地開懷大笑。

（2）心領神會型（妙）

另外一種能讓人產生正向預期不符的刺激源，是獲取收益。從最簡單的獲取禮物，到意識上的獲取新知，都屬於這一類型。所以，第二種讓人發笑的藝術作品創作方式，則是使用與贈送禮物相同的方式給予正向的預期不符，不過給出的不是物質禮物，而是觀眾可能想不到的“妙”的想法，或者具有“技術含量”的知識、邏輯等。

趙本山的小品《賣拐》，就具備大量觀眾意想不到的“忽悠”手法，而這些“忽悠”手法又具備絕對的技術含量，再加上范偉和高秀敏所扮演的角色進行“扮蠢”，所以具有很高的幽默效果。

大忽悠使用心理暗示的手法，讓被騙的胖廚師“沒事走兩步”的經典忽悠，即使在看過幾遍之後，不再有意外的情況下，仍然能夠讓人發笑，除了胖廚師的“蠢”外，更重要的是愚弄的手法非常高明。即使不是一個“蠢”的角色置身在這個情境中進行配合，使用心理暗示的騙術進行欺騙也會引發笑聲，只不過不會是那種看到有人被愚弄的開心大笑，而是會心的微笑。事實上，真實的生活中也經常發生一些所謂的“大師”使用這種心理暗示技術欺騙成功的案例。

我們可以假設一下，如果不是著名喜劇演員，而是很普通的三個人直接開始表演這段情節，其效果也會讓明眼人拍案叫絕，心中直呼“厲害”！這就是技術含量引發的愉悅。把現實生活中某些裝神弄鬼的“大師”高超的心理暗示技術搬過來，放在幽默作品中，既能起到諷刺現實的作用，又能讓觀眾相信這樣確實會忽悠到人，再加上對被愚弄者的比下有餘心理，成就了一段經典的幽默作品。

通過對能夠引發人們開心的案例進行分析和比對，我們可以總結出愉悅情緒的產生機制。能夠正向超越當事人主觀預期的，無論是通過給予來增加（絕對增加），還是通過設定較低的參照物來比對（相對增加），都會引發自我滿足感甚至優越感，從而產生愉悅情緒。這個結論，在心理測試的過程中非常有用，因為它直接決定了是否能夠設計出讓人愉悅的刺激源。

最飽滿的笑容——大笑

開心的笑，是一種很複雜的生理運動。在沒有刺激源（高興的事或幽默的笑話）的情況下，大家可以試着開心地笑一下，就知道需要調動多少肌肉運動來完成表情和呼吸了。笑，可以理解為將心理快感轉化為生理快感（叫舒暢更合適）的一種運動。

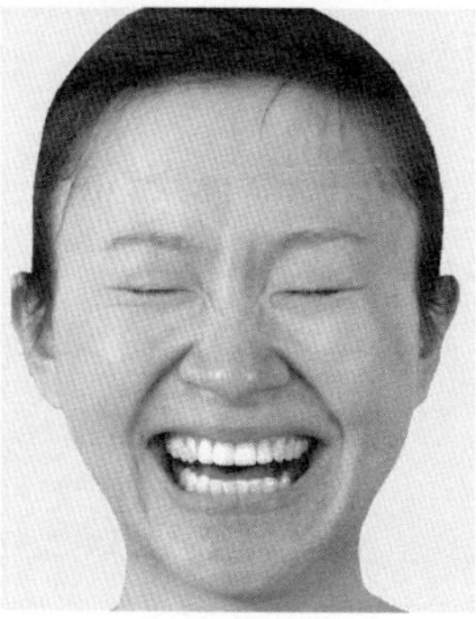

圖 9-1　大笑的臉

笑容和痛哭的表情一樣，不論是耄耋老翁還是懵懂嬰兒，其肌肉運動和呼吸方式完全相同。笑在所有 6 種基本表情中，是不同文明以及種族之間最有效的溝通方式。一個會心的微笑，可以迅速表達自己的善意，被識別度非常高，而且完全不需要學習。

如圖 9-1 所示，開懷大笑的形態特徵如下：

(1) 眉毛保持鬆弛時的自然拱形，前額平滑。

(2) 眼輪匝肌收縮，雙眼緊閉，下眼瞼凸起、提升，下方會出現笑容專有的溝紋；眼角內側形成皺紋，眼角外側產生魚尾紋，漸隱。

(3) 顴大肌收縮，提口角肌協同收縮，嘴角向上、向兩側提升；同時造成臉頰隆起，提升到最高位置，呈最圓狀態。

(4) 上唇提升後，露出大部分上齒；下顎打開，下唇在顴大肌和降下唇肌共同收縮的作用下拉長，表面變平滑，露出少量下齒(相對於上唇而言)。

(5) 下巴展開，皮膚平滑，自嘴角到下巴頦，形成笑容特有的溝紋，與鼻唇溝一氣貫通。

1、笑容的主導肌肉

笑容看起來是整個臉部都發生了明顯的變化，變化程度之大超過了其他表情，和痛哭處於同一複雜程度。其實，笑容的肌肉動作的“核心成本”很小，無論是普通的微笑還是開懷大笑，都只由兩組肌肉主導而成。

第一組是笑容專用肌肉——顴大肌。顴大肌非常“專業”，它唯一的作用就是將嘴角向兩側拉伸、向上提起，主導促成了整個下半臉的全部笑容形態，其他肌肉的運動都屬於參與演出的配角。

第二組是眼輪匝肌。眼輪匝肌在很多表情中都會動用，比如強烈厭惡（上下眼瞼同時擠壓繃緊）、憤怒（繃緊、變直的下眼瞼）、痛哭（眼瞼的閉合）。在笑容中，眼輪匝肌必不可少，如果笑容中僅有嘴部的動作，而沒有眼部的動作參與其中，會使整個笑容看起來“皮笑肉不笑”。如圖 9-2 所示。

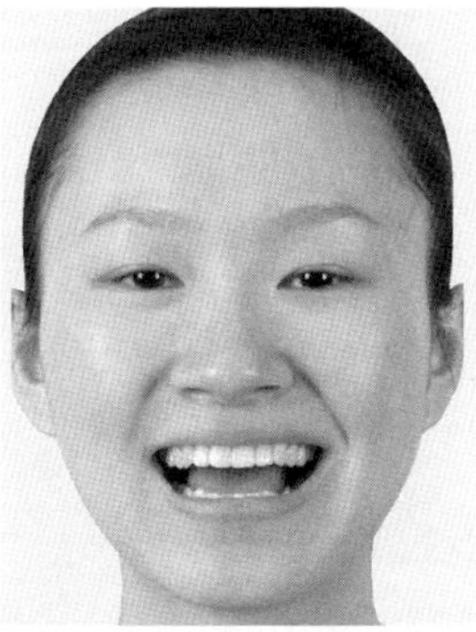
圖 9-2　皮笑肉不笑的表情

2、大笑的眼睛

強烈的愉悅情緒一經產生，就會觸發眼輪匝肌的劇烈收縮。在眼輪匝肌的強烈收縮作用下，笑容中眼瞼最明顯的變化是下眼瞼會凸出、變短，向上提升並遮蓋部分虹膜下緣。同時，由於上下眼瞼的相互擠壓，在眼角外側出現魚尾紋。由於臉頰的隆起和提升（顴大肌主導，眼輪匝肌也有參與），臉頰和下眼瞼之間形成笑容特有的紋路。如圖 9-3 所示。

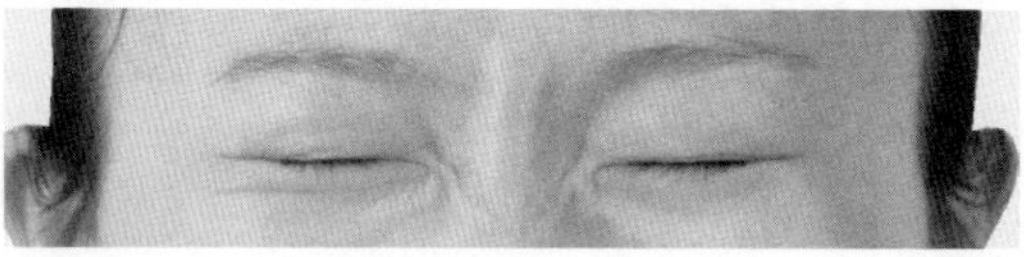

圖 9-3 大笑的眼睛

特別細微的一個獨特之處在於，大笑時眼睛的閉合更多是從下往上的，下眼瞼繃緊並向上閉合為主導，上眼瞼的下壓動作非常小。這樣的眼瞼閉合形態特徵只會出現在笑容中，在其他表情的眼瞼閉合動作中，都是以上眼瞼的動作為主導。正常的閉眼，上眼瞼會垂下來，使眼瞼線呈向下彎曲的弧線，而笑容中的眼瞼線在眼球的正中間位置。如圖 9-4 所示。

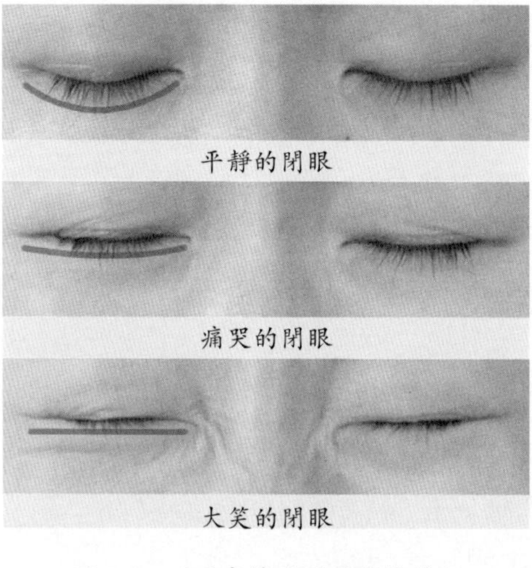

圖 9-4 不同表情的閉眼動作對比

我們經常說，有些人生得一副笑眼，這就是因為這種特別的眼瞼閉合形態，在某些面孔上會使眼瞼的曲線翻轉過來，呈輕微弧頂向上的曲線，因此只需要簡單的兩道向上拱起的弧線，就可以描繪出一雙生動的笑眼。如圖 9-5 所示。

圖 9-5　生動的笑眼

如果你還記得我們在第八章中解釋痛哭的眼睛形態成因，就能理解為甚麼眼瞼的擠壓對於大笑來講那麼重要。大笑也會配合劇烈的痙攣式呼吸，因此眼輪匝肌會自動收縮，以保護眼睛不受內壓升高的傷害。這是一種反射動作，和咳嗽、打噴嚏、痛哭的生理機制相同。

因此，笑的時候如果眼睛沒有動作，就可以判定不是情緒引發的笑。僅僅將嘴角翹起，雖然能表達笑意，但那只是禮節上的需要。只要願意，人可以在任何情緒狀態下擠出微笑，但心情不好的時候，瞇起眼睛笑的難度，比刻意哭的難度還要大。

笑的動作一開始，眼睛就開始閉合，而且眼睛閉合的程度，與笑容的開心程度成正比。如果眼睛的閉合程度與笑的程度不匹配，我們通常也判定為假笑。

3、大笑的嘴和臉頰

大笑的下半臉主導肌肉是顴大肌，強有力的收縮會將嘴角向兩側耳朵的方向拉伸，使上唇提升並拉長。可以肯定的是，提口角肌、提上唇肌等其他與上唇相連的肌肉也會收縮，但這些動作並不能起到主導作用，而是在顴大肌的動作下引起的間接參與式動作。

上嘴唇在這些肌肉的影響下，幾乎提升到最高位置，將上齒全部露出，甚至還會露出部分上齒牙齦。如圖 9-6 所示。牙齒的露出會增加笑容的感染力。當然，如果沒有眼睛的形態，則會顯得很假、很傻。

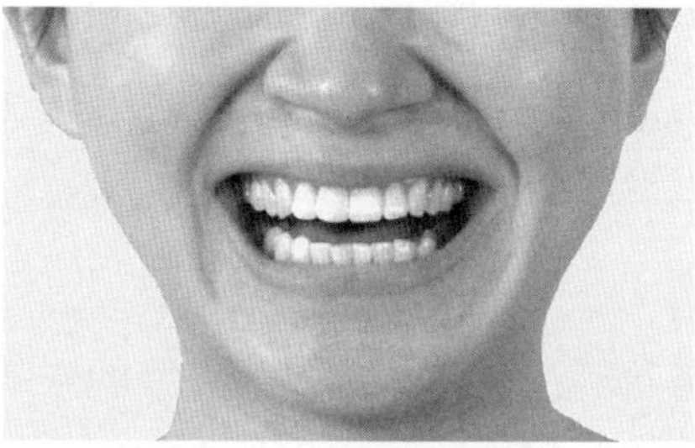

圖 9-6　大笑的下半臉

在圖 9-7 中，右側的笑容就是沒有眼睛同等程度參與的假笑。其中，上眼瞼形態正常，下眼瞼在臉頰提升的影響下，輕微向上推起，並在眼瞼下方形成很淺的笑容溝紋。但是，即使這樣，在比較過嘴的咧開程度之後可知，下眼瞼的被動形態改變，並不能使眼睛整體的變化與下半臉的變化匹配，可以鑒定為假笑。

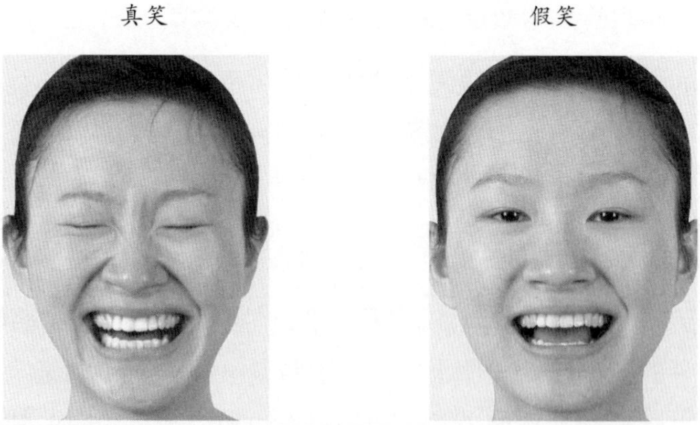

圖 9-7　真假笑容對比

眼輪匝肌和顴大肌的單獨收縮，都會向上提升臉頰。因此大笑時二者的共同收縮，會讓臉頰在雙倍力量的提拉下隆起並向上提升，皮膚變得光滑緊繃。笑容一旦開始，臉頰的隆起和變圓就會隨之出現，等到笑容飽滿之後，臉頰的提升和隆起是整張臉上最明顯、變化最大的形態，呈蘋果形，因此被整容手術的從業人員稱為蘋果肌。

大笑的時候，下顎下垂，使嘴巴張開。與驚訝和恐懼不同的是，大笑時的下巴不但下拉，還會向頸部移動後貼。下嘴唇也會被大幅拉伸，表面變平滑。上唇在顴大肌、提口角肌、提上唇肌和上唇鼻翼提肌的共同作用下，提升程度充分，鼻翼兩側擠壓出來的鼻唇溝也格外深長。而偽裝的大笑通常不會讓嘴部的形態改變到這種程度。如圖 9-7 所示。

4、大笑和痛哭的對比

大笑和痛哭的表情很像，呼吸都是痙攣式的，伴有發聲，下頜（下顎）垂落，嘴部拉伸，眼睛緊緊閉合，臉頰上提、繃緊。二者之間存在的差別，貌似非常明顯，但其實是由每個細微而精緻的差別共同構成的。如圖 9-8 所示。

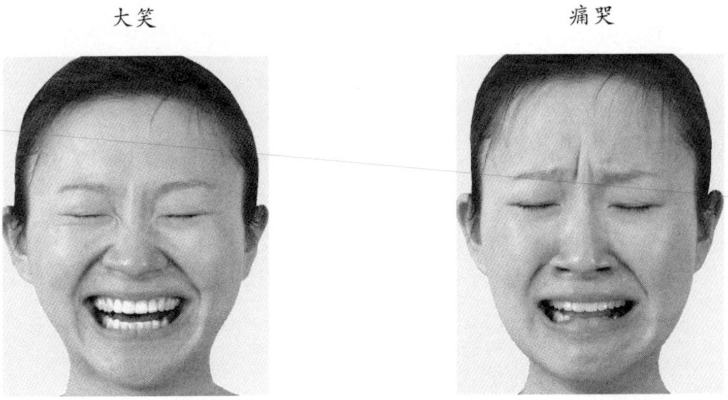

圖 9-8　大笑和痛哭的對比

總體來講，眼睛周圍的閉合形態不同，嘴部形狀不同，只這兩點已經足夠作出明顯的區別和判斷。具體比較見表 9-1。

表 9-1　大笑與痛哭的形態特徵對比

位置	大笑的形態特徵	痛哭的形態特徵
前額	前額平滑	前額有縱向皺眉紋和倒“U”型皺紋
眉毛	僅有眼輪匝肌影響，雙眉降低	雙眉下壓，眉形趨平，眉頭扭曲向上提升
眼瞼	上眼瞼運動不明顯，下眼瞼向上閉合，下眼瞼下方形成笑容溝紋；眼瞼閉合造成雙眼內側間、鼻根上水準皺紋	上眼瞼向下緊密閉合，上眼瞼皮膚在眉毛形態的影響下形成斜線褶皺
臉頰	臉頰隆起至最高，皮膚光滑而有光澤	臉頰隆起
上唇	劇烈提升，露出大部分上齒，鼻唇溝深而長；嘴角向耳朵方向咧開	提升，在鼻翼兩側形成鼻唇溝；嘴角沿水準方向向兩側咧開
下唇	完全下展，拉長，表面光滑，露出部分下齒	中部向上推起，使下唇呈“W”形，只露出嘴角處的牙齒
下巴	光滑展開，在嘴角下有溝紋	頦肌隆起，表面凹凸不平

笑容的微表情形態特徵

從開懷大笑到最淺的笑容，我們逐漸降低肌肉運動的力度和幅度，通過對所有笑容的表情形態特徵進行總結，最終得到笑容的微表情形態特徵。

1、飽滿的笑

圖 9-9　飽滿的笑

從放聲大笑的豪爽開始，略微降低一下表達的熱情和能量(比如不能肆意大笑的場合)，圖 9-9 中是飽滿的笑。這種興高采烈的露齒微笑在眼部的形態和嘴部的形態上都有所減弱。

可以看到，眼部不再緊緊閉起，眼瞼部分睜開，只露出瞳孔附近的虹膜。下眼瞼仍然呈現出緊繃、變直、凸起的狀態，在下眼瞼下方還有笑容溝紋，但變淺一些。上下眼瞼的擠壓程度減輕，因此內側眼角的皺紋和外側眼角的魚尾紋都相應減弱或者消失(年輕人的會消失)。

嘴張開的程度也相應減弱，主要是下顎呈合併趨勢，上下齒之間的距離縮短，但顴大肌還是將嘴角向最遠的方向拉。上唇幾乎不變，下唇上升，露出的下齒部分減少或者完全隱藏。由於拉扯的力度較大，可能使嘴角與頰肌表面的皮膚之間相互擠壓，形成酒窩。從這張側面圖中，我們可以比較清楚地看到酒窩的存在。

臉頰隆起的程度減弱，同時也是下眼瞼下方笑容溝紋減弱的原因。但是，臉頰整體還是保持飽滿的隆起，皮膚光滑而有光澤。

飽滿的笑不太容易偽裝。你對着鏡子做個實驗就可以發現，第一個難點在於眼睛的偽裝，想刻意把眼部的肌肉收縮成圖中自然的笑容姿態，是不太容易的；第二個難點在於嘴部形態的改變程度與眼部瞇起的程度相匹配。整張面孔中，只有眼輪匝肌和顴大肌這兩塊肌肉被真正的愉悅情緒充分激活，才可能構成自然而有力的提升臉頰、閉合雙眼以及嘴部聯動的笑容模式，也只有這樣的笑容才是真誠地源自愉悅情緒。

2、飽滿的微笑

日常生活中，如果遇到讓自己高興的人或者事，飽滿的微笑就會躍然臉上。雖然忘情的開心時笑容會更飽滿，但畢竟能帶給人那麼強烈的積極刺激的人和事並不多，飽滿的微笑則更常見一些。如圖 9-10 所示。

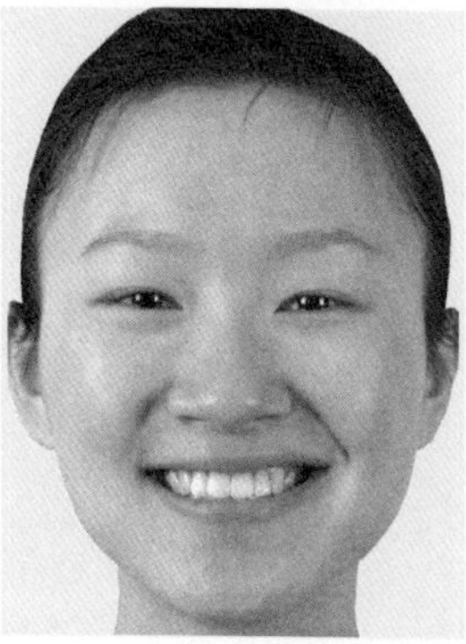

圖 9-10　飽滿的微笑

飽滿的微笑，仍然遵循着飽滿笑容的共同形態特徵，只是所有的肌肉動作都再次減輕。眼睛仍然是瞇着的，上眼瞼基本不動，下眼瞼輕微提升、凸起，在眼睛下方形成笑容溝紋；臉頰提升、飽滿，表面皮膚光滑；嘴角仍然因向耳朵方向的大幅拉扯而咧開，上唇提升，上齒露出，下唇展開程度減弱，看不到下齒；上下齒基本處於咬合狀態；下巴光滑、展開。

眼部的形態在飽滿的微笑中仍然很重要。下眼瞼接近水平，試圖從下方將眼睛閉合。下眼瞼的緊繃是表達愉悦的重要形態。鬆弛時，下眼瞼在眼球下方；笑容一發生，在眼輪匝肌的作用下，下眼瞼就會變緊，提升至眼球中部。

3、隱隱的微笑

隱隱的微笑可能是最複雜的簡單表情。這是因為，驚訝、厭惡、憤怒、恐懼、悲傷的表情，都有相對簡單的微表情形態特徵，而且都只需要一個器官或面部形態即可確定，如驚訝的上眼瞼、厭惡的上唇、憤怒的上下眼瞼、恐懼的眉眼組合以及悲傷的眉毛。但是，即使是最簡單的微笑，也需要整張面孔的整體配合，如果眼睛、臉頰和嘴角三者中缺乏任何一個，都會讓微笑的真誠大打折扣。而事實上，只要不是刻意偽裝，三者在真誠的微笑時，是天然聯動的，不需要專門下達三道命令。如圖 9-11 所示。

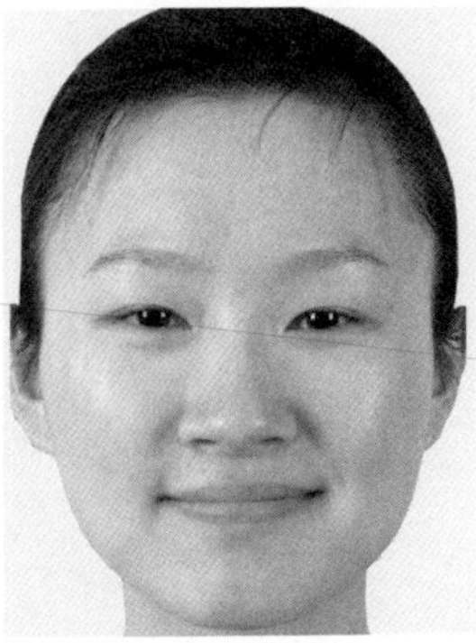

圖 9-11　隱隱的微笑

在這張微笑的面孔中，眼輪匝肌只有輕微的收縮，導致眼瞼的閉合程度非常輕微，但是仔細觀察下眼瞼的形態（凸起、變直、輕微提升），以及眼睛外側角處上下眼瞼擠壓形成的紋路，還是能夠清晰地看到笑意。

圖 9-12
《蒙娜麗莎的微笑》

嘴已經閉合，唇間線呈兩側向上翹起的形態，與平靜的狀態相比，可以通過嘴唇輕微拉伸並變薄來確定顴大肌的拉伸動作。比嘴部形態更明顯的是臉頰。即使在如此輕微的笑容中，臉頰仍然隆起而飽滿，特徵明顯。

4、蒙娜麗莎的微笑

蒙娜麗莎的微笑是全球最著名的微笑（圖 9-12），比起畫中人的身份之謎而言，更耐人尋味的是她的表情。這個似笑非笑的不完整表情會給我們帶來無盡的想像空間。

畫中人整張面孔肌肉的收縮程度和表情形態特徵都非常小，分析如下：

（1）下眼瞼凸起並輕微提升，下眼瞼下方形成笑容溝紋。

（2）儘管沒有魚尾紋，但通過上下眼瞼的形態以及眼外側角處的陰影，可以判斷出眼輪匝肌處於收縮狀態。眼輪匝肌收縮會降低眉毛，在眼睛上方形成屋簷效應。

（3）眼睛下方的臉頰確有隆起，儘管還沒有形成蘋果狀。

（4）畫中人的右側臉中，可觀察到淺淺的鼻唇溝，證明右側臉的顴大肌收縮力度更大，笑容更強一些。溫和的或輕微的笑會呈現出不對稱形態，在收縮不充分的時候，一側的顴大肌會收縮得相對緊一些。

(5) 嘴角的輕微上揚，是顴大肌收縮的最明顯證據，提示着笑意確實存在。

"蒙娜麗莎的微笑"真是絕好的微表情模板。綜合來看，這幅以微笑命名的畫像，確實畫出了一個真誠的微笑，因為畫中人的顴大肌收縮程度與眼輪匝肌收縮程度完美匹配——二者都很輕微。從微表情的角度分析，畫作之所以神秘而富有吸引力，是因為這個笑意實在太淺，同時側向凝視增加了表情的活躍感和神秘感，不知是甚麼刺激源能夠引發這種淺嘗輒止的精緻表情。

在微表情心理測試過程中，應當可以將面孔中的任何一個形態拆解出來，對每個形態進行分析，確認它們是否屬於某一種情緒的必要條件。如果能像分析這幅畫作一樣進行細緻的形態拆解，那麼分析的準確程度就會大大提高。

5、證件照的笑容

在日常生活中，更多的微笑並不是由於愉悅的情緒所激發的，而是為了表達出彼此友好的意願。這種微笑在拍攝證件照時最為常用。鮮有證件照上的笑容非常飽滿，因為飽滿的微笑看起來會顯得太過劇烈，讓人感覺能量消耗過快而不太可能持久。再者，飽滿的笑容會造成面部比較大的變化，而輕微的微笑則不會造成那麼劇烈的變化，可以保持照片與本人的較高相似度。如圖 9-13 所示。

圖 9-13　證件照

微笑時露齒的程度，人和人的情況會有很大差別，有向上弧形嘴唇的人通常會在微笑的時候露齒，但也有些人會笑不露齒。中國傳統社會講求笑不露齒，因此很多國人的證件照是抿着嘴唇的微笑。

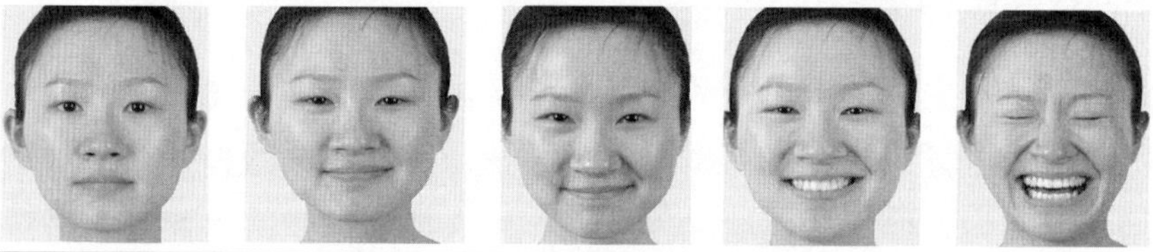

圖 9-14　不同程度的笑容對比

圖 9-14 中展現了不同程度的笑容對比。通過觀察，可以看到眼睛的瞇緊程度，臉頰的隆起程度，嘴角的拉扯、張開程度以及牙齒的露出程度，都和笑容的飽滿程度成正比。大笑時眼睛瞇得最緊，臉頰隆起最高，嘴張得最大，牙齒也露出得最多；而微笑時，所有變化的程度都減輕；面無表情時，則沒有明顯的變化。

要特別注意笑容中的下眼瞼形態。每次真笑的時候，下眼瞼都會不同程度地縮短，變得緊繃，並呈向上閉合的趨勢。下眼瞼之所以向上運動的生理原因，和笑的時候上嘴唇向上運動的原理一樣：眼瞼兩端的張力增加，把曲線變成緊繃的上翹形，下眼瞼會剛好上提到瞳孔的下邊界。

除了眼睛本身的變化之外，還有兩個伴生的現象：外側眼角會產生魚尾紋，眼睛下方會產生笑容褶皺陰影。在微笑和大笑的時候，兩者都會出現。

6、笑容的微表情形態特徵

笑容都是由兩組肌肉運動形成的，顴大肌負責拉開嘴，眼輪匝肌負責閉合眼睛。這樣的協同工作是笑容中的必要系統，即使是最輕微的羞澀笑容，也存在兩組肌肉的共同運動。因此，笑容的微表情形態特徵也就是其全部形態特徵，只是肌肉收縮程度不同而已。

真笑的時候，眼睛有瞇起的動作，下眼瞼變緊、提升、凸出，眼睛下面出現笑容溝紋，眼角外側常有上下眼瞼互相擠壓形成的皮膚褶皺（魚尾紋）；嘴角向耳側拉伸、翹起；臉頰隆起、提升。

抑制笑容的微表情

真正的笑容源自愉悦的情緒，而愉悦的情緒源於高於自我滿足的預期不符。所以，真正開心的笑是得意的、毫無顧忌的。但如果你在公眾場合受到讚揚，就不會把高興表現得那麼明顯。雖然很開心，但還是有些矜持，只能夠在笑的同時表現得有所節制，自我開心宣洩的同時，通過抑制部分肌肉運動來表達出自己的矜持、修養或者身份。

每個表情都有因控制或情緒程度減弱而產生的衍生形態。在節制的笑容中，為了抑制笑容這個主表情，通常通過控制嘴唇周圍的肌肉來抑制表情的表現。口輪匝肌、降口角肌、頦肌的聯合動作能夠抵消掉顴大肌的強力拉伸，影響嘴部形態，將原本飽滿的笑容“拉下來”，但它們不會影響笑容的其他形態特徵，上半臉會保持自然的飽滿笑容。這就使笑容變得複雜而富有深意。

1、欲笑不能

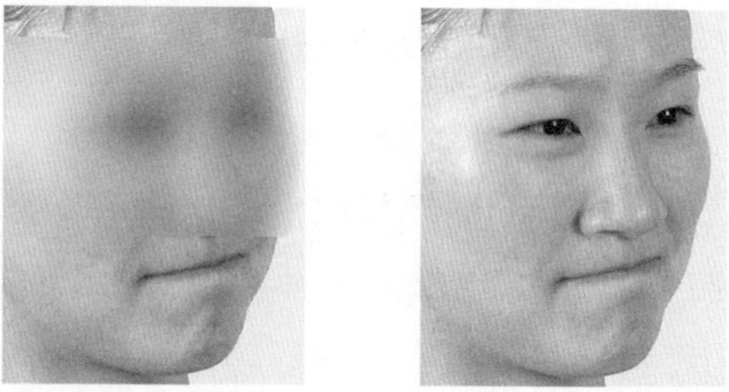

圖 9-15　欲笑不能

如圖 9-15 所示，如果遮住臉的上半部，她的嘴部形態如此壓抑，根本看不出來一點笑意，嘴部由於口輪匝肌的收縮為主導，看起來很像抑制的生氣或哭泣。但是，將上半臉中的眉毛、眼睛和臉頰露出，即可以判斷出清晰的笑意，整體判斷為抑制的笑容。

2、偷笑

這是一種兩難的心態，時常出現在接受表揚的時候。按照中國禮儀的倡導模式，被表揚的時候不能表現出欣然接受，甚至得意洋洋，而要表示出謙虛的否認和拒絕狀。因此，內心的喜悅和外在的約束，就造成了這個奇怪的表情。如圖 9-16 所示。

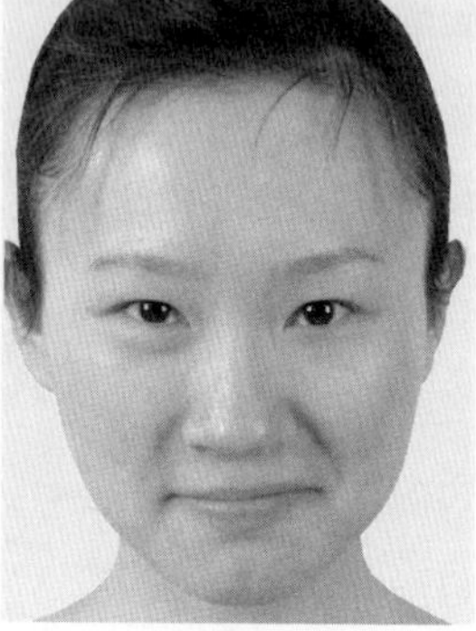

圖 9-16　偷笑

低下頭，眼含笑意（下眼瞼形態決定），用力抿住雙唇，但卻抑制不住嘴角的上翹和臉頰的隆起。有了這三個特徵，儘管嘴唇的形態是壓抑的和緊張的，但仍然能看出愉悅情緒的流露。

3、認真的笑

由於年齡或者地位的原因，年長者或身處高位者笑的時候，會使自己看起來莊重一些、和藹一些，上半臉的笑容特徵非常明顯，下半臉的特徵看起來會有明顯的抑制痕跡，尤其是嘴部。同樣的笑容還會出現在表示嚴肅、認真的產品推介廣告中，比如帶有醫用效果的日用品。那些穿着白大褂的貌似醫生的人推薦牙膏時，或者某明星推薦隱形眼鏡時，就會出現這種負責任的滿意笑容。如圖 9-17 所示。

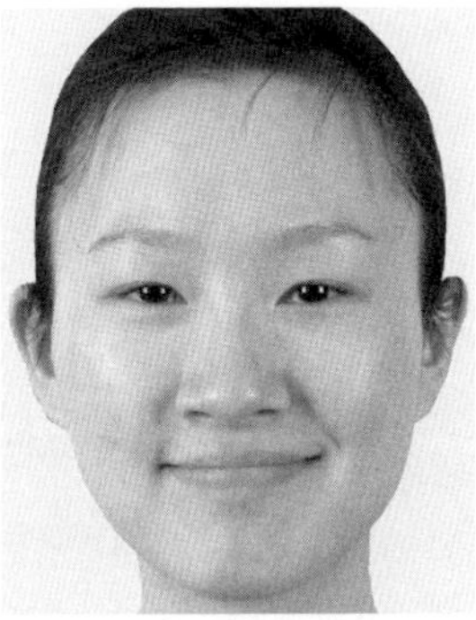

圖 9-17　認真的笑

在這樣的笑容中，標準的笑容形態特徵依舊存在：下眼瞼提升、繃緊、凸出，比平時遮住更多虹膜，上下眼瞼呈現閉合趨勢，證明了眼輪匝肌的收縮狀態；臉頰隆起，造成下眼瞼下方的笑容溝紋；嘴角向上微微翹起，和臉頰形態共同證明了顴大肌的收縮動作。

與標準笑容形態特徵不同的是，頦肌的收縮動作參與到了笑容之中，將下唇向上推起，加上口輪匝肌的收縮，使得雙唇抿緊，

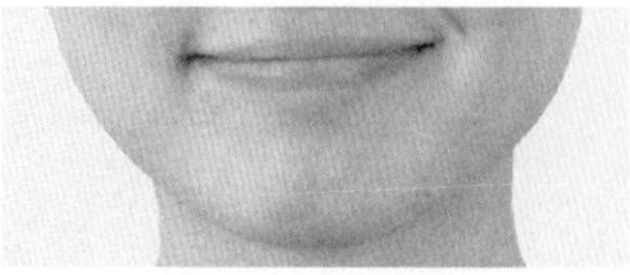
圖 9-18
認真的笑的嘴與下巴

唇間線呈水平直線狀，同時下巴上有隆起的鼓包，表面凹凸不平。這個典型特徵，會出現在悲傷類的表情中，很明顯是為了抑制笑容和內心的喜悅情緒而摻雜進來的。如圖 9-18 所示。這樣的笑容，看起來比沒心沒肺的大笑更可靠一些。

總結

笑是人類最為複雜的一種表情，因為它適用於各種社會交往情境，人們可以在沒有相應情緒的情況下，輕鬆做出禮節性的含笑表情。所以，捕捉、過濾和分析笑容，也是難度最大的。

雖然笑容複雜多變，但純粹的笑只由兩塊肌肉起主導作用：顴大肌和眼輪匝肌。當真正的愉悅情緒產生後，會命令這兩組肌肉協同工作，強大的情緒爆發會造成肌肉強烈收縮，構成飽滿的笑容形態。

從眼睛到臉頰，再到嘴巴，形成標準笑容形態特徵：前額和眉部鬆弛而自然；眼輪匝肌收縮，造成下眼瞼提升、繃緊、凸出，比平時遮住更多虹膜，上下眼瞼呈現出擠壓式閉合趨勢，會在眼角處形成褶皺；顴大肌收縮，將嘴角向兩側、向上拉扯，配合痙攣式呼吸的強度做出張嘴或閉嘴的形態；自然狀態下，上唇會提升，露出上齒，下唇則形態各異，下齒較少露出，即使露出，面積也少於上齒；兩組主導肌肉的運動，共同造成臉頰隆起，飽滿且圓潤，並造成下眼瞼下方的笑容溝紋。

最特殊的是，所有的大笑形態特徵，都會出現在輕微的笑容中。因此，這是唯一一個必要形態特徵等於典型形態特徵的表情，而其他情緒的最小特徵與典型特徵則不會完全一樣。

實踐應用

人只有在接受了高於自己主觀預期的積極刺激後，才會產生愉悦情緒。通過給予積極評價，或者樹立相對較低的參照性比對，可以讓被測試者產生真實的愉悦情緒。真實的愉悦情緒會引發真誠的笑容。了解這一點，可以在兩個方面應用於心理測試的過程。

第一個作用，是通過給予被測試人高於主觀預期的刺激信息，引發其愉悦情緒，拉近心理距離，消除抵禦心態。人在沒有防備和抵禦心態的時候，不會努力作出表演和掩飾，更容易流露出內心的真實想法。從這個角度講，可以提高測試的效率和準確性。

微反應心理測試體系與傳統的測謊儀測試體系之間，有一條重要的區別，就是對測試環境的設定原則。傳統的測謊儀要求測試環境盡可能簡潔，減少不必要的刺激，以免干擾被測試人的反應。甚至為了測試結果絕對準確，被測試人眼前都不能出現活動的物體，測試人員一般坐在側面提問，雙方之間沒有交流，把所有的反應都交給儀器去捕捉和分析。這樣的測試有明顯的缺陷，就是太容易被干擾，不管是被測試人的主觀情緒，還是測試環境中的其他因素（光線、噪音、天氣等），都有可能影響最終數據的準確性。

而基於微反應的測試體系，強調真情流露，強調被測試人的自然狀態，強調雙方之間的交流。被測試人被環境中的其他因素干擾而產生的所有反應，都是寶貴的基線數據，用於進行異動比對。例如，由於測試環境陰暗、壓抑，且有機器噪音，被測試人可能在回答沒有壓力的問題時，也會產生煩躁情緒以及相關反應，這種反應就可以作為基線；當問到高壓問題時，被測試人因為恐懼而產生凍結反應，強力控制住臉上的表情，終結了基線反應，就可以分析為“矯枉過正”的異動，從而捕捉到對方心理的微妙變化。

所以，通過給予對方有效的肯定和讚揚，捕捉到真誠的笑容，可以拉近雙方之間的心理距離，提高測試效率。

第二個作用，是根據標準笑容形態特徵，捕捉假笑並分析原因。在掌握了真誠笑容的特徵之後，我們可以細心觀察生活中的每一張笑臉，會發現存在大量的假笑。在厭惡、憤怒、尷尬（恐懼類）、不悅（悲傷類）等常見的情境中，都會存在不夠真誠的笑容，這些笑容可以稱做“社交笑容”，是維持或緩和對話氛圍的有效手段。

當我們掌握了判斷真假的標準後，就可以結合具體情境，捕捉到假笑的痕跡，分析笑容背後的真實心理狀態。

案例分析

據某電視台報道，2011 年，為了搗毀某市假軍裝的製售集散市場，國家組織地方軍區裝備部、工商、税務、公安等 8 家單位進行聯合清理整頓。有記者在整頓之前進行暗訪，發現消息被基層工商人員和商會人員洩露，他們到處警告商家第二天會有突擊行動，要求關門停業。記者對上述人員進行了暗拍，記錄下了影音素材。

第二天，聯合清理整頓果然無功而返。了解到之前存在情報洩露的情況，於是找到了當事人問責。在當事人本能的否認之後，記者播放了之前暗訪的內容。幾個當事人都大驚失色，沉默不語，只有一個人例外。

此人是當地商會會長，在被戳穿之後，他愣了一下，隨即瞇起眼睛笑了。眼睛瞇得到位，嘴角咧得夠寬，臉頰也相應隆起，但不夠飽滿，下眼瞼存在輕微笑容形態。乍一看屬於自然笑容，但仔細觀察的話，會發現兩個破綻：一是下眼瞼形態過於輕微，與眼睛瞇起和嘴角咧開的程度不匹配，説明眼輪匝肌和顴大肌的動作是有意識生硬地擠出來的，而不是情緒調動的結果；二是上唇提升並不充分（沒有瞇眼的程度飽滿），下嘴唇向上與露出的上齒相接，這個嘴型同樣是勉力為之的結果。

經過這些特徵的判斷，結合閃爍的眼神（虹膜的快速輕微移動，表示恐懼，詳見第十章），可以判斷出對方強顏歡笑以遮掩內心恐懼的心理狀態。

第十章

眉毛和眼睛的微表情

除了以情緒為線索之外，僅僅透過對眉毛和眼睛一舉一動的觀察，就可以察覺到當事人內心隱藏的大量信息。

“眼睛是心靈的窗戶”，這句古老名言揭示了眼睛對人的重要意義，而從微表情研究的專業角度講，這句名言也堪稱頗具詩意的真理。眼睛及與其密切相關的眉毛，在微表情分析過程中起着舉足輕重的作用。真正的微表情分析高手，僅僅通過觀察眉毛和眼睛的細微變化，就可以判斷出被測試人的心理狀態和變化，至少可以判斷出其大致的心態性質和變化趨向。在平常看來沒有意義的眉毛異動以及視線方向變化中，隱藏着重要的意義，因為當一個人的神經系統突然命令雙眉提升，或者命令眼球移動，將視線帶離原來的注視位置而轉移至新的方向時，實際上是接收到了某種特別的值得關注的信息。

我們發現，在所有 6 種基本情緒的表情中，都會有眉毛和眼睛的參與，而且眉眼形態特徵還是判斷多種微表情非常重要的依據，因此我們將眉毛和眼睛用單獨的一章來分析。

眉毛的微表情

眉毛分為眉頭（靠近面孔中線的一端）、眉體和眉梢（靠近同側耳朵的一端），眉毛最高的點稱為眉峰。如圖 10-1 所示。其中，眉頭是判斷眉毛運動及形態的重要指徵。

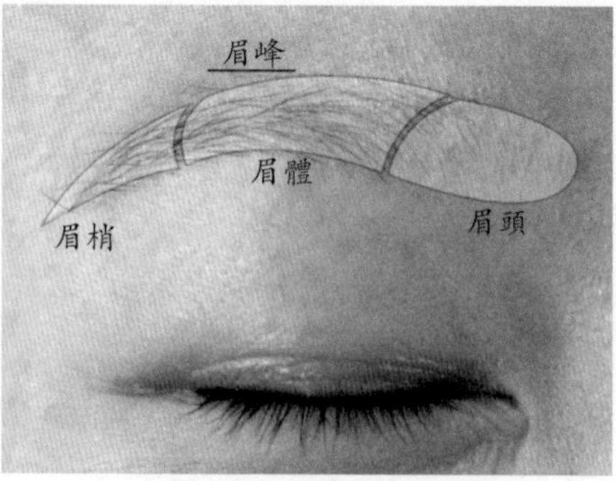

圖 10-1　眉毛的構成

1、眉毛的作用

人體所有的器官，都有存在的意義，沒作用的器官早已在長期的進化中逐漸淘汰。眉毛的存在，也是有作用的。眉毛被流傳得最廣的作用，是配合人類的直立行走姿態，防止汗液、雨水等刺激源在重力的作用下直接侵害眼睛。仔細觀察一下眉毛，可以發現每根毛髮的走向，都是向上或者呈水平方向向兩側生長的。這樣的走向可以有效地引導小滴液體避開眉毛下方的眼睛，從兩側流下。

請你努力地皺一下眉，然後往上看看，是不是可以看到眼前的眉毛？儘管平常的狀態下，眉毛位於眼睛上方，不能被看到，但經過肌肉的運動，眉毛可以在眼睛的上方凸起，形成類似屋簷一樣的結構，盡力保證眼睛的安全。而保證安全的動作，是通過眼輪匝肌和皺眉肌共同配合完成的，在進行物理防護的同時，也會將雙眼對刺激源的關注程度提到最高，從而提高精神戒備的等級。

除了進化出的原始功能外，眉毛對於人類而言，還有另外一種重要的作用，就是表達“心意”。總體來講，眉毛的運動和形態，可以分為 5 種。

2、眉毛的 5 種微表情

眉毛的運動，主要有額肌收縮造成的上揚，皺眉肌主導收縮造成的皺眉，由眼輪匝肌和降眉間肌共同收縮造成的下壓。不同的組合，可以形成 5 種主要形態。

(1) 正常形態

所謂正常形態，就是人神智清醒，沒有受到負面刺激，也沒有需要關注的事物，眼瞼正常睜開時的眉毛形態。就大多數人而言，眉毛的正常形態是兩道弧心向下的弧。但是，鑒於人的個體樣本差異十分巨大，考慮到年齡、種族、性別、是否修飾過以及個人習慣和肌肉常態等因素，需要對被測試人進行基線測試，才能確定眉毛的正常形態。

比如，很多年齡很大的老人家，在清醒的時候，即使是正常交流，也會盡力使眉毛提升到最高的位置，而這個屬於基線狀態的眉毛形態，一般不具有特殊的意義。

(2) 下壓狀態

下壓狀態是指眉頭、眉體和眉梢整體向下移動，眉毛整體與上眼瞼緣之間的距離縮小。由於眉毛的下壓除了有降眉間肌對眉頭的作用外，還有眼輪匝肌的收縮動作參與，所以眉毛整體下壓時，上眼瞼也因為受到眉毛下降的壓迫而向下閉合，遮住部分眼球，下眼瞼也呈繃緊狀態，眼瞼整體呈半閉合狀態。如圖 10-2 所示。

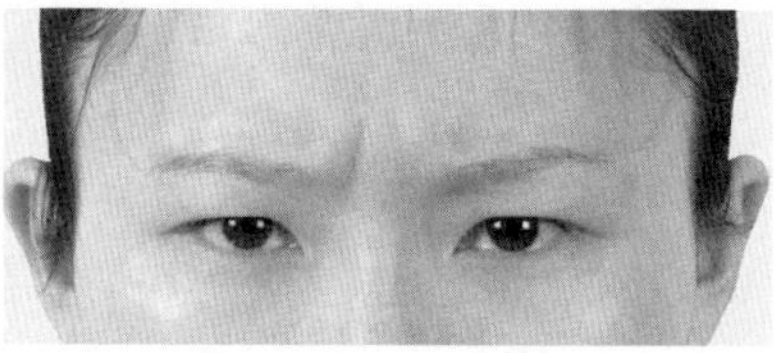

圖 10-2　眉毛下壓

眉毛的下壓形態，配合眼瞼的半閉合，如果整體呈現緊繃狀態，則表示對負面視覺刺激源的嚴重關注。

這種關注源於希望獲取更多信息的本能，比如對預期不符的不解，內心的潛台詞一般是“怎麼會這樣？！”此外，還可能是不滿或者厭惡等等。可以歸納出的共同點是，眉毛整體下壓，意味着被測試人感受到了壓力，下壓和眼瞼緊繃的程度越大，意味着壓力也越大，關注程度也越高。

這與眉毛的原生態作用有關。眉毛這個器官存在的意義，早先就是為了遮擋陽光對眼睛的直射，保護眼睛裏面的視覺神經細胞，同時便於調整光線射入的角度和量，將對象看得更清楚。上下眼瞼的閉合動作，也可以在一定程度上減少視覺範圍內的干擾，從而幫助人將注意力集中在有限的對象上。人如果遇到威脅生存的對象，就會立即將其評估為強大的負面刺激源，集中精神進行關注。因此，眉毛下壓、眼瞼半閉合，也是進化所得的應對負面刺激源的本能反應。

隨着人類社會文明的發展，真正能威脅生存的負面刺激源已經很少了，但人們在遇到與自己預期不符的意外、不解、困惑、煩躁、厭惡等需要關注的情況時，還是會本能地做出眉毛下壓和眼瞼半閉合的動作。

很多情緒的表情反應，都包括了這一眉眼動作組合，比如不高興、威脅、憂慮等等。你會發現，這些情緒都是"費勁"的情緒，都需要消耗能量來支持情緒本身及其外在反應，正如眉毛的下壓狀態和持續需要能量來支持一樣。這也正是前面所講的，眉毛的下壓形態力度，可以推導出關注力度，也就是被測試人內心中對刺激源的重視程度。

另一方面，關注還是引起注意並思考對策的過程，一般的刺激源所引起的關注階段不應太長。因為在遠古時代的自然界中，如果思考對策時間過長，結果往往走向死亡。所以，正常的關注，不會持續很久（目前還沒有完善的實驗數據進行驗證，僅僅是根據能量理論提出猜想），除非是人類複雜思維的題目，如計算或者邏輯推理等。過長時間的關注，在非複雜理性刺激源的時候出現，是一種作假痕跡。

(3) 憤怒狀態

憤怒的眉毛，呈現明顯的"10：10"狀（因近似於鐘錶指針位於10點10分的位置而得名），也就是眉頭向面孔中線皺起、下壓，眉

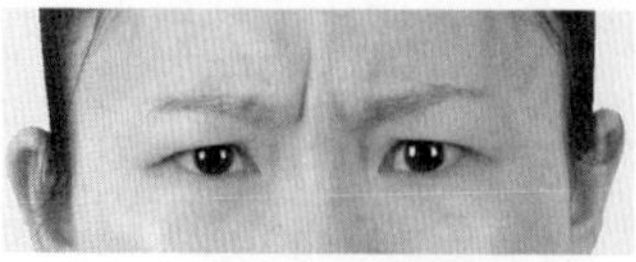
圖 10-3 憤怒的眉毛

梢向面孔兩側的斜上方挑起。常言道，“劍眉倒豎、虎目圓睜”，描繪的就是這個樣子。如圖 10-3 所示。

憤怒的眉毛狀態，是由兩種神經系統狀態複合而成：一是關注，二是準備進攻。

關注是非常嚴重的關注，因為事關成敗生死。眉頭緊緊皺在一起，符合前面解釋的嚴重關注形態，這樣可以為了後面進行搏鬥而做好信息獲取工作。由於關注程度的強烈，憤怒的眉頭一定會皺在一起，產生皺眉紋。

而進攻的時候，身體全部的能量向外擴散，肢體的動作幅度和力度都非常大，就連面孔上的器官，也在充沛能量的支撐下做出擴張動作，高挑雙眉，睜大雙眼（有個成語叫做“目眥盡裂”），張開嘴大聲吼叫（或者呼吸配合發力），甚至鼻孔也會張大，配合劇烈的呼吸。真正的憤怒，是攻擊的衝動，是直接衝上去把敵人打倒在地，這種衝動無法抑制，即使對方已經失去抵抗能力也要繼續瘋狂進攻。此時，身體裏的能量會有抑制不住的爆發衝動。

因此，強烈關注和強烈的進攻組合在一起，就形成了憤怒的經典眉形——眉頭皺起，眉梢高挑。這兩種互逆的形態組合在一起，是皺眉肌和額肌相互較力的結果，普通人想要刻意做到這樣也會比較吃力。而這種眉毛形態的出現，表明了被測試者的憤怒已經比較強烈，可能接下來會引發進攻行為。如果眉梢的上揚逐漸平和，説明內心的憤怒也在減弱，進攻的慾望降低；如果眉頭的皺紋瞬間消失，身體的衝鋒、肢體的戰鬥和憤怒的叫罵也會同步消失。

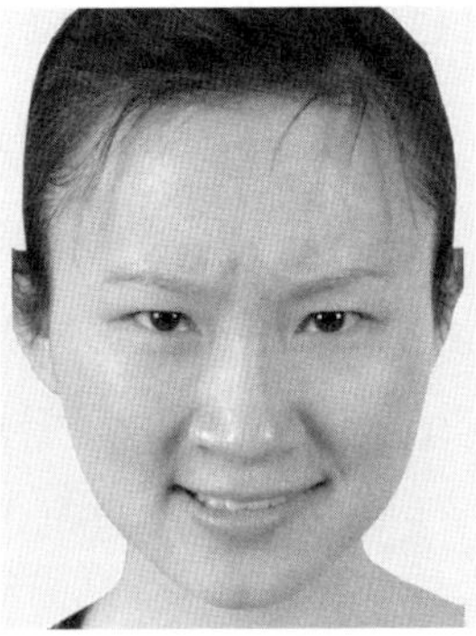

圖 10-4　準備攻擊的表情

另外需要注意一種姿態，如圖 10-4 所示。

攻擊的時候，會低頭，眼球向上略翻，下巴回縮。這個形態是搏擊的標準準備姿態的一部分，通常會出現在訓練有素的搏擊運動員臉上，尤其是比賽的時候。這樣的動作形態來自保護咽喉、腹部的進化本能。因此，如果不是習慣，當一個人做出這樣的姿態改變時，也可以推斷出其內心的敵意漸生，具有攻擊傾向。

(4) 悲傷狀態

極致悲傷狀態的眉毛形態為“8：20”狀（因近似於鐘錶指針位於 8 點 20 分的位置而得名），即眉頭抬高，眉梢降低。要把這個動作做到非常明顯，在沒有充分的悲傷情緒時，是很有難度的。通常，無論是眉頭的抬高還是眉梢的降低，都不會很明顯，更多的時候，是一種相對的位置改變。而這種相對的改變，是要根據被測試人在平靜表情時確立的基線狀態來判斷的。

判斷的方法比較簡單，就是在沒有刺激信息的情況下，觀察被測試人眉頭與眉梢間的兩點連線。我們將這條連線定義為眉角基線。然後，在有效刺激之後，根據眉毛形態的不同變化，重新連接兩點，作為眉角線，與眉角基線比對角度和高度的差別，以推測情緒的變化。如圖 10-5 所示。

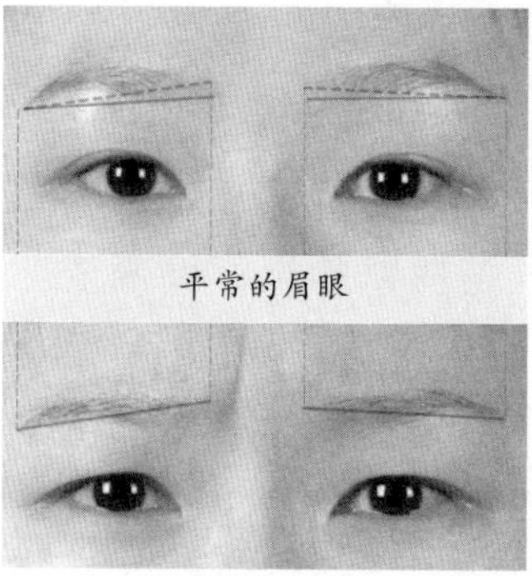

悲傷的眉眼

圖 10-5　不同表情的眉眼對比

（虛線是將下圖中的眉角線平行上移後的替身線，用於比對）

因此，真實的悲傷情緒，也許最終並不一定能夠呈現為眉頭高於眉梢的明顯形態，但如果出現了眉角線與水平線夾角的增大，大於眉角基線與水平線的夾角，就可以推導出悲傷情緒的產生。

悲傷時，眉頭可能皺在一起，也可能分開。皺在一起屬於還在集中精神悲傷，還在想着這份失去，還有理智存在；而眉頭分開，則是完全失神的悲傷特徵。悲傷造成了精神力量和肌肉力量的能量流失，無望的預期也不會再次調動情緒來鼓動能量，因此肌肉失去了對眉毛的控制，也沒有思考的存在了。

根據我們的實驗數據，在正常測試中產生的悲傷情緒，很少能看到誇張的"8：20"狀眉毛形態，但眉角線都有輕微的變化。同時，我們還會觀察到另外一個細微的變化——眼瞼的變化，而眼瞼的變化程度，要比眉毛形態的變化更容易識別。

眉頭挑起，眉梢下壓，是額肌中束、皺眉肌和眼輪匝肌共同收縮的結果。眼輪匝肌的收縮，會擠壓眼瞼，使上眼瞼的內側（靠近鼻子的一側）向面孔中線靠攏並揚起，這個變化比眉頭的上揚更容易被識別。而且，如果眼瞼呈現為這樣的形態，我們還可以把它和眼瞼上方的淚腺以及淚管位置聯想到一起——這種形態更方便眼淚流出。

當然，根據第七章中對恐懼微表情的分析，我們知道這樣的眉形也會出現在恐懼類表情中。總之，這種眉形的出現，意味着當事人心中已經為令人悲傷的結果作好了準備，要麼就是擔心惡果發生（恐懼），要麼就是接受惡果發生（悲傷）。

（5）眉毛高抬

在第四章中，我們專門探討過驚訝的表情特徵。在沒有防備、沒有控制的驚訝表情中，雙眉往往和上眼瞼一同上提，高於常態，眉毛抬得越高，表示驚訝程度越大。

在日常生活中，還有另外一種情況也會提升眉毛，那就是對自己所說的內容比較自信，甚至認為聽者也應當認可，這些內容應當是彼此心裏的默契。所以，在明知故問的時候，經常會出現這種快速的雙眉高挑。即使在不說話的時候，一個快速的挑眉，也能夠讓信息接收方了解到這種默契，可以翻譯成"你懂的"。如圖 10-6 所示。

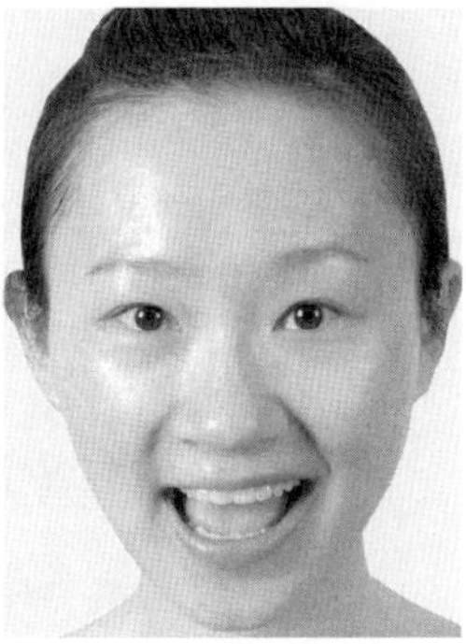

圖 10-6　眉毛高抬的表情

但是，這種雙眉提升，與驚訝的雙眉提升具有不同的特徵，關鍵的區別是上眼瞼的配合程度。在驚訝中，雙眉和雙眼的上眼瞼提升程度匹配，等幅提升；而在這種表示自信的雙眉提升中，則是眉毛提升得很高，但眼瞼僅僅有被動的輕微提升。

眼睛的微表情

1、眼睛的結構

由於眼睛及其附屬器的構成相當複雜，在這一部分，我們只簡要介紹與微表情分析相關的眼部組織與結構。

(1) 眼瞼

不講究的話，可以把眼瞼理解為俗稱的眼皮，但它並不像俗名看起來那樣，僅僅是一層皮膚。眼瞼的裏面，還有腺體和肌肉。腺體分泌的液體可以潤滑眼球，而眼瞼的閉合，則由眼輪匝肌控制。眼輪匝肌收縮，上下眼瞼閉合，能起到保護眼球的作用。另外，上眼瞼內部還有一種上瞼提肌，專門負責向上提拉上眼瞼，也就是俗稱的睜開眼睛。這兩種肌肉大部分都受運動神經系統支配，是可以通過"想"來控制的，學術上叫做"隨意運動"。

此外，在上眼瞼內部，還有一部分肌肉叫做米勒氏肌（***Müller***肌），它們屬於平滑肌，只歸自主神經系統管理，不能用"想"來加以控制。這些肌肉的運動是神經系統的自覺行為，學術上叫做"非隨意運動"。當交感神經接受到如驚恐、憤怒或疼痛等負面刺激而興奮時，這些肌肉收縮，可以加大眼睛睜開的程度。因此，人如果受到了有效刺激，會有不能自主的反應出現，而這些非隨意運動對於分析人的真實心理狀態來說，非常寶貴。

於是，我們可以推導出一個重要的結論：所有眼瞼的閉合動作，都是在神經系統的指揮之下完成的。有的時候是“想”要閉眼，正常人隨時都可以隨意做出閉眼動作；有的時候，閉眼的動作則不受“想”的指揮，而是由情緒、本能或者習慣所控制，不用經過大腦的思考。最簡單的兩個例子是：

辦法一，找一個好朋友，面對面站好，跟他説好“不要害怕”，但不要囑咐他“別眨眼睛”，然後突然向對方眼睛的方向做出襲擊動作，當然別真的傷到人。看看對方的反應如何。他知道你是好朋友，不會傷害他，但是，眼瞼還是會不由自主地閉合試圖保護眼睛，這就是進化積累下的本能反應。當然，如果之前你特別囑咐對方不要眨眼，也許，他是可以控制住的。

辦法二，找一個杯子，裝一些很臭或者看起來很噁心的東西，然後囑咐最好的朋友，這裏面的東西很臭（噁心），但一定要堅持住，聞一下（看一下）。儘管有可信任的囑託，有思想準備，但他還是會不由自主地皺起眉毛，瞇起眼睛（眼瞼閉合）。

因此，在看到不喜歡的、為難的、悽慘的負面刺激源時，眼瞼會不由自主地做出閉合動作，試圖減少負面刺激的影響。儘管是不由自主，但僅僅是“不由思維做主”，眼瞼閉合的動作，還是在神經系統的指揮下完成的。

上眼瞼的解剖形態如圖 10-7 所示。

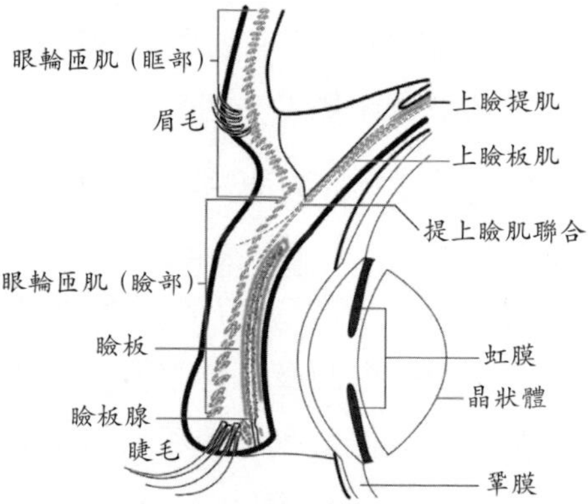

圖 10-7　上眼瞼解剖圖

(2) 眼球

眼球是人類獲取視覺信息的器官。

電視機、計算機屏幕這樣的發光光源體可以利用自身的能源將光線射入眼球，而生活中更多的物體本身不能發光，是將其他光線反射進入眼球，這也是我們最多的視覺信息來源。但無論哪種光源，眼球都是光線的接收器官，需要光線射入，才能看到東西。作為擁有這種器官的人類，我們要做的，是選擇我們所要關注的方向，找到光線的射入來源。

所以，“視線”這個我們很熟悉的詞，並不是指我們眼睛發射出來的一條線，而是指我們選擇的方向，讓外界光線能夠準確地射入眼球。我們是主動去“看”，但“看到”則是被動的光線射入的結果；如果我們不希望看到，既可以選擇改變方向，也可以切斷眼球的光線射入。

眼球的解剖結構比眼瞼複雜很多，分解出來的各種零部件數量更多，如圖 10-8 所示。其中，大部分是與光學有關的器官。

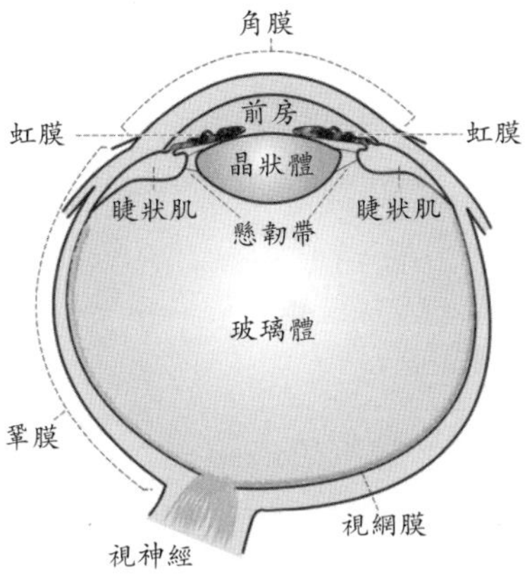

圖 10-8 眼球的構成

A.“黑眼球”

“黑眼球”並不是一個獨立的黑色球體。如圖中所示，看起來界限分明的“黑眼球”，最外面是角膜，約佔眼球面積的 1/6，呈完全透明狀，是光線射入的入口。角膜之下的有色部分，也就是中國人常說的“黑眼球”，解剖學上叫做虹膜。虹膜根據內含色素的不同，呈現出不同的顏色。白種人虹膜色素較少，呈灰藍色；黃種人色素較多，呈棕黃色；黑人色素最多，呈黑色。

眼球的其他部分外殼，都稱為鞏膜。鞏膜很堅硬，白色不透光（能看到的眼白就是鞏膜的一部分），和角膜一同包裹着整個眼球，保護內部結構。

在眼球為數眾多的零部件中，直接與微表情研究相關的是虹膜和瞳孔。如圖 10-9。

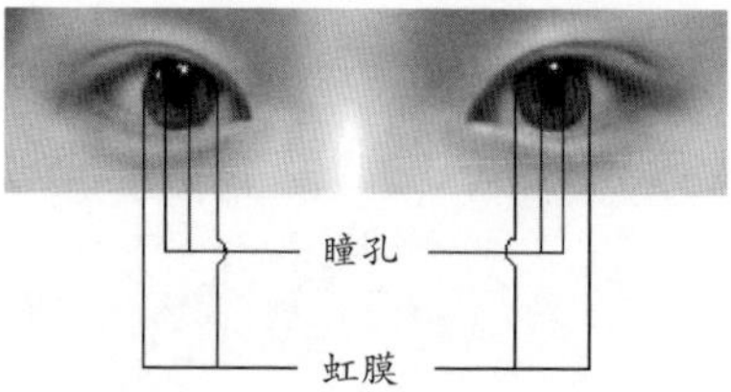

圖 10-9　虹膜與瞳孔

B. 虹膜

虹膜的作用是控制光線的透入量。人們普遍認為，控制光線透入量的是瞳孔，其實，這兩個説法都對，因為虹膜和瞳孔本就是一個東西。虹膜是圓環狀的，圓心部分就是瞳孔。

虹膜由多單位平滑肌構成，靠近圓心部分的（也就是瞳孔的邊緣部分）是環形肌層，受動眼神經中的副交感神經纖維支配，收縮時使瞳孔縮小，故又稱瞳孔括約肌；虹膜的外周部分是輻散狀肌纖維，受由頸部上行的交感神經纖維支配，收縮時使瞳孔散大，故又稱瞳孔散大肌。

要特別注意，交感神經和副交感神經加在一起，統稱為自主神經系統，不能通過“想”的方法來控制它們的運動。平滑肌還存在於胃、腸、膀胱等內臟，同樣不受思維控制。這些就是非隨意運動。所以，虹膜的運動，是不能靠“想”來下命令的，能真實反映當事人的心理狀態。

C. 瞳孔

瞳孔並不是一個獨立的眼部器官，它只是虹膜中間的洞，所有視覺光線都是從中透入的。所以，無論甚麼人種，瞳孔看起來都是黑色的，那不是色素的作用，而是源自人體內的黑暗。

所以，如果光線過強，虹膜內瞳孔括約肌自動收縮，則瞳孔縮小；光線變弱，瞳孔散大肌自動收縮，瞳孔變大。這些調節，都是平滑肌在自主神經系統的控制下自主完成的，不需要經過負責思維的大腦皮層下達指令。

(3) 眼球的轉動

眼球的轉動，可以最大限度地擴大視覺範圍，同時也控制着視線的方向。與瞳孔縮放的控制不同，眼球的運動是靠 6 條肌肉來控制的，稱為眼外肌。眼外肌是附着於眼球外部的肌肉，每隻眼睛各有 6 條，分別為內直肌、外直肌、上直肌、下直肌、上斜肌和下斜肌。6 條眼外肌都是骨骼肌，可以靠主觀意識來控制運動。因此，眼睛轉動的方向，在神智清醒的狀態下，都是有意為之。這一點很重要！

眼球的每一運動，都是各肌肉協作共同完成的，兩眼的運動在正常情況下也協調一致。當眼外肌的肌止點位置異常，某條肌肉發育不良或支配肌肉的神經發生麻痹時，則導致斜視等病變。

這樣一來，我們明確了一個非常重要的事實。這個事實對於微表情研究而言，意義非常重要：眼睛為甚麼要直直地看着對方，為甚麼要轉移開來，都可以確認為有意識——但不僅僅是思維性意識控制的結果。於是，我們就可以深入探求對方在對話時轉移視線方向的原因。

2、瞳孔對視

瞳孔對視就是兩個人互相看着對方的眼睛，而且不僅僅是方向的大致對視，還要嚴格到彼此注視對方的瞳孔。正常人生活中很少這樣做，此處我們是為了進行微表情研究而加以精確化。

眼睛的注視方向，非常精準；人對於視線信息的捕獲，也會非常精準。實驗證明，如果你的視線從對方瞳孔上移開少許，對方就會感知到你已經移開了視線。有的時候，甚至在你體前 180 度的範圍內，都可以感覺到有人在看你，或者有人已將視線移開。如圖 10-10 所示。

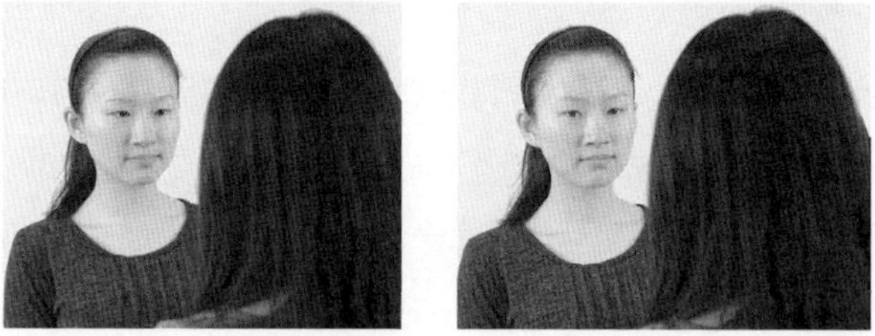

圖 10-10　瞳孔對視實驗

當然，有的藝術作品裏描述，有人還可以感受到來自身後的視線，其實那更多是基於多種輔助信息的判斷結果，不是真的從生理上能接收到被關注的信息。

測試實驗

為了搞清楚瞳孔對視的心理奧秘，我們設計了一個小實驗，召集了 50 位在校大學生，進行隨機配對，兩兩一組。實驗內容很簡單，就是要求彼此互相直視對方的眼睛，堅持 20 秒，期間不要說話。通過實驗觀察兩個人的反應，並在實驗結束後，訪問並記錄參加實驗者的感受。

實驗結果顯示：

眼神接觸的那一剎那，雙方就同時感覺到，對方可能有話要說，或者自己應該說點甚麼。

超過 2 秒鐘，大家因為限於實驗要求不能說話，都會覺得有些尷尬（大部分想笑）；同時會因為要堅持完 20 秒，開始通過眼睛探求彼此進一步的信息。

5 秒鐘之後，兩個人不約而同地希望能夠轉移視線；當然也有幾組在互相用眼神表達和接收着彼此的信息；期間出現各類笑場。

20秒的實驗結束後，所有人無一例外地感覺鬆了一口氣，並反饋特別想説話，特別想移開視線，兩個都不讓，實在很難受。

經過上述實驗，我們總結出瞳孔對視有兩個作用：一是希望有效表達，也就是“我有話要説＋你説吧，我聽着呢”；二是在不能使用語言的交流過程中，挖掘對方的非語言信息。

需要注意的是，此處討論的情況，不是兩個人在不能説話的情況下擠眉弄眼，藉助眼球移動來暗指方向的那種表情暗號，而是純粹的對視，中間沒有視線中斷或轉移。

(1) 非語言交流中的瞳孔對視

通過總結實驗的後半段主觀感受，我們認為，對視過程中如果時間夠長又不能説話，那麼交流雙方會試圖通過眼睛的對視來挖掘對方內心的表意。時間再長一些的話，因為無法挖掘到更多的有效信息，儘管眼睛還會按照要求看着對方的瞳孔，但心思已經走神了。

在街頭遇到完全不認識的陌生人，發現他正看着你的眼睛（發現這個現象的同時，你其實也在看着他的眼睛，這就是瞳孔對視了）。多數情況下，為了避免引起進一步的交流，雙方中總會有一方作出視線轉移。如果不需要搭訕或問路，那麼繼續保持瞳孔對視，就會讓雙方都覺得很奇怪。如果遇到脾氣暴躁、心情不好或者混跡於街頭的小混混，則可能會相互探究對方是不是在找茬和挑釁，進而引發不必要的肢體衝突。這種情境下，最常見的台詞是：“看甚麼看？！”

如果沒有要表達的內容，瞳孔對視過幾秒鐘後，就會失去思考能力，進入強迫性思維麻木狀態。只看一個東西，又接收不到信息，這和看某一個東西久了會發呆是一樣的，心思早就跑到別的地方去了。

這是因為，長期的進化使人類的視覺器官和大腦更偏向於關注動態信息，因為所處環境中物體的運動，會影響生存（天敵來襲）和繁衍（愛人在哪裏）。大腦會在一段時間之後，忽略靜態而沒有變化的信息源。

(2) 語言交流中的視線接觸

如果可以說話，瞳孔的對視則成為有效交流的開始，這是雙方的共識。之所以說是一種共識，是因為對視的雙方都能感受到對視的意義和將要引發的事情；而之所以說是一種開始，則是因為對視是雙方要進行“全雙工交流”的啟動過程。

甚麼叫全雙工交流？這裏借用了一個通訊專業裏的技術術語，也就是在同一時間內，交流的雙方都可以發送信息和接收信息。如圖 10-11。

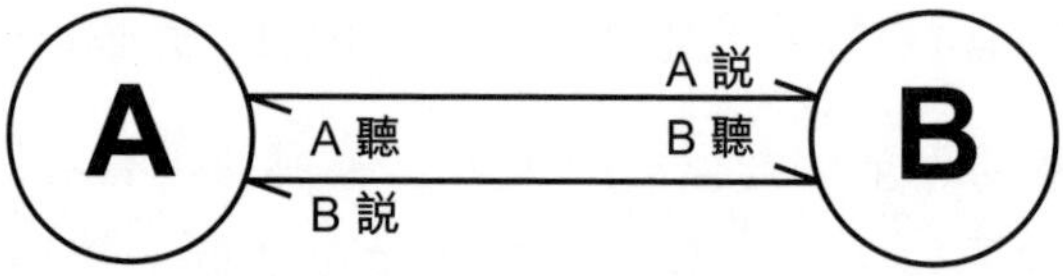

圖 10-11　全雙工交流

在對話雙方談論彼此都很關心的重要信息時，至少在一開始，一定是四目相對的。在正常的語言交流過程中，對視，表達了這三個意思：

說的人：我想對你說；

說的人：請你好好聽；

聽的人：我正在好好聽。

由於交流是雙向的，所以雙方既是說話的人，同時也是聽的人，會同時具備這三個期望。對話的過程中無論缺失了哪一個期望，都會引發瞳孔對視的中斷。

A. 缺失“我想對你説”

心理真實狀態是“我不想對你説”。雖然不想説了，但因為迫於具體情境，一定要對對方説些甚麼，就會出現視覺阻擋或視線轉移，取消和對方的對視。在這種情境下，可能會出現幾種情況：

- 説實話，把説完當成一項任務。至於對方聽沒聽到，不關心。
- 潛在的心理是不想把這件事説出來，所以語言可能出現滯澀（停頓、結巴、重複等），同時音量和語氣發生衰減。
- 直接隱瞞一些信息不表達。
- 捏造一些信息應付當前的交流情境。

例一：作為一名醫生，患者重病時，你不忍心把負面消息告訴家屬，怕對方傷心，但又必須告訴對方。這時候，你就會主動取消視線接觸，不忍心看對方聽到之後的反應。內心中在那一刻的實際期望是：“你最好沒聽到，別知道。”這種主觀期望，有很大的情緒因素，從感情上不希望對方受到負面刺激。當然，理智思考的結果，還是要把事情説出來。

試想，如果是經過檢查，確認患者的身體康復了，你向家屬報喜的時候，一定是眼睛注視着對方，把好消息告訴他，希望看到對方如釋重負的積極反應。

例二：作為一名下屬，你辦事不力，不敢把項目的失敗結果告訴老闆，怕對方發飆給你帶來各種傷害，但又確實不能隱瞞和迴避。這時候，你就會主動取消視線接觸，不敢看老闆聽到情況之後的反饋。內心中在那一刻的實際期望是：“我不想説，你最好聽不到，別知道。”

反之，如果是經過艱苦卓絕的努力，項目成功了，你向老闆匯報的時候，一定是滿懷熱情地看着老闆的眼睛，同時預期老闆的眼神中給予肯定和鼓勵。

例三：女孩害羞的時候，往往不敢直視對方，說話時聲音也會小小的，細若蚊鳴。雖然，理智上希望對方能聽到她的真情表白，但害羞的情緒以及社會禮儀教導她的卻是：不要直接大膽說出來。

但是，如果女孩真的很在意對方，在面對可能造成情感危機的第三者威脅時，必然會真誠地（憤怒也是真誠）看着男生的眼睛，表達自己的愛慕之情。

B. 缺失“請你好好聽”

內心的真實想法是“你不必好好聽”。覺得對方是否好好聽自己說話並不重要，不在乎對方聽沒聽到，也不在乎對方的反饋，只負責說完。這時候說話一方也會出現視覺阻擋或視線轉移的反應。通常此時的語言特徵是，沒有強調的音量和語氣，可能保持正常水平，也可能降低表述過程中的能量值；語速平滑連貫，可能很快。總而言之一句話，我說的這件事，跟你沒關係。

這種情況在開會商討問題時比較常見。民主決策的過程，各抒己見。對同一個問題，不同人有不同看法很正常，大家都努力做到求同存異。在明知道對方不會贊成自己的想法時，還是要堅持自己的觀點。這時，就會經常出現視線的轉移，在不正視對方的情況下，把自己的觀點說完。內心的實際狀態是：“我說我的，你不同意也沒用，我不在乎你的觀點。”

但是，同樣是開會，如果是自認強勢的一方進行示威，或者需要逼迫心懷不同意見的另一方，要求對方聽明白自己的意見並必須表態的時候，就會緊盯着對方的眼睛來進行表述，告訴對方：“你給我聽清楚，這是我的意思，你的意見呢？”潛台詞是：“不要有意見，有意見也沒用，趕緊表示同意。”

C. 缺失“我正在好好聽”

內心真實的狀態是“不想好好聽”，或者因為窘迫、尷尬等其他原因而“不能好好聽”。這時，聽的一方也會出現視覺阻擋或視線轉移。

試想一下：如果對方説的事情，是你希望聽到的內容，例如事關你個人利害得失的信息，如關於你的處罰結果或職務任命，或者是能夠引發你神經興奮的娛樂八卦新聞等等，你一定會看着對方的眼睛，認真地聽清楚每一個字。但是，對於不感興趣的內容，或者不願意面對的內容，都會在聽的時候選擇視覺阻擋或視線轉移。

我們在工作的過程中，經常會與一些大企業討論合作事宜。一家國內獨一無二的酒業集團每年都會花費上億的資金進行打假，我們研究小組某位成員所在單位應邀設計了一套“防偽 + 取證 + 輔助訴訟”的在線打假平台。藉着企業老總來京舉辦年度論壇的時候，我們拿着方案拜訪，試圖藉此機會進行商談。我們這邊的領導級別比較高，兩人之前的私交很好，我們計劃促成此事。

但是，在整個對話的過程中，除了起初禮貌問候的時候外，只要一談及方案，對方的老總就會將視線輕微轉移，只是一邊點頭一邊説：“好，好。”這種視覺逃離，不是源自輕蔑（不尊重），只是缺失了“我想好好聽”這個因素。因此我判斷，當時老總在緊張地籌備活動和接待參加論壇的客人，不會認真聽我們敍述方案細節，這次會面不會取得我們想要的效果，遂決定結束面談，留資料給對方負責的員工。

同時我們注意到，他的坐姿保持了軀幹前傾的緊張狀態，雙手撐住膝蓋，這是隨時準備起身離開的逃離反應（詳見《小動作的背後》一書）。果然，在我們結束關於項目的闡述之後，老總恢復了視線的正視（瞳孔對視），認真地表示抱歉，充分表達了應有的禮儀之後，匆匆離開座位，四處招呼客人。

上面的種種案例，證實了兩個方面的內容：

第一是，如果雙方都需要進行有效交流，就會不約而同地進行瞳孔對視。我們認為，瞳孔對視是有效交流的必要構成條件和啟動程序，也就是雙方都準備好"我想對你説"、"請你好好聽"以及"我正在好好聽"的充分表現。

第二是，對話的過程中，雙方主觀上會因為摻雜了更複雜的心理狀態（如恐懼、愧疚、害羞、不悦、輕蔑、厭惡、尷尬等負面情緒），交流時主動取消對視，把視線從對方瞳孔上轉移開。雖然交流的內容可能還是認真的，雙方的理智層面還是希望對方能有效表達和接收信息，但情緒可能會取代理智進行決策，預設、默認甚至希望那一瞬間雙方的交流不要那麼有效，停止瞳孔對視。

所以，按照這個邏輯關係反推，我們就發現了一個有些聳人的猜想結論：停止瞳孔對視（包括視覺阻擋反應和視線轉移），一定對應了三要素中的某些要素缺失。

需要特別指出的是，這一結論，只適合在嚴謹的心理測試過程中，用於輔助判斷被測試人説話時的心理狀態，而且一定要結合其他因素進行綜合分析，才能推導出結論。所有的分析過程，最關鍵的是要分析出原因，也就是甚麼刺激導致了眼球轉動、改變視線方向的行為？

如果，你讀到此處大受啟發，進而遵照着這種邏輯推導來單獨套用：一旦觀察到瞳孔對視的停止，就即刻認定對方沒有交流的誠意，這是過於苛刻的，可能會引發錯誤的結論和不必要的麻煩。

3、視覺阻擋

受到負面刺激時，神經系統調動身體一切可以調用的力量，阻止負面刺激的增加。後退控制距離、肢體收縮、手或者腳建立屏障都是可能發生的反應。視覺阻擋是其中的一種。

視覺阻擋，是指使用障礙物來阻擋自己的視線。用比較學術化的語言來表達，就是使用障礙物，意圖阻止或者部分阻止光線進入眼睛，從而拒絕或減少接收視覺信息。這裏所説的障礙物，一般都是自己身體上的其他器官，最常見的是眼瞼，其次是手臂，或者手裏拿的東西。

常見的閉眼和眨眼（眨眼是高頻閉眼動作），就是通過眼瞼閉合來完成視覺阻擋。除了閉眼外，視覺阻擋還包括瞳孔的縮小。鑒於微表情致力於探討面部表情，所以像使用手或其他東西進行視覺阻擋的動作，不在本書探討範圍之內，可詳見《小動作的背後》一書。

（1）閉眼和眨眼

眼瞼的充分閉合，可以完全阻止有成像意義的光線進入眼睛（但還能感光），也就是説，看不到東西了。即使是眨眼這樣的高頻眼瞼閉合動作，也會對視覺成像造成嚴重影響。你可以自己試試看，盯住一個東西，故意快速眨眼 3～4 次，會是甚麼感覺？

A. 完全閉合

眼瞼閉合完全是可以隨意控制的運動，正常人隨時都可以做這個動作。我們要探討的內容，只集中在受到刺激之後所作出的本能反應，而不包括習慣性閉眼（常見於老年人）和習慣性眨眼，因為這兩種情況沒有必要的刺激源，不具備分析心理狀態的價值。但是，這些習慣性動作可以作為被測試人的基線反應，用於比對參考。當然，研究內容更不會包括故意做出的閉眼或眨眼動作。

能夠引起視覺阻擋的刺激源，大體分成兩類：一類是積極的，比如值得用心享受的音樂、美味，或者需要專心思考的問題；一類是消極的，比如恐怖的畫面、具有威脅性的問題等。這兩類刺激都會引起大腦的相同反應——我不要看了。

a) 積極刺激源

積極性刺激源使得大腦命令眼睛閉起來，是因為要集中精力，避免因處理視覺信息而分散有限的神經系統功能。閉上眼睛聆聽音樂，可以強化聽覺感官；閉上眼睛品嚐美食，可以強化味覺感官；閉上眼睛仔細地用鼻子聞，貌似可以聞到更細微的氣味，強化嗅覺感官；而閉上眼睛思考問題，則可以把思維的能量更加集中，便於想出答案。不過請注意，人們更多的時候，不是為了甚麼而閉上眼睛，而是在有刺激源的時候的本能反應，因為視覺信息的處理會佔用過多的神經系統機能，閉上眼睛就省了很多心。如圖 10-12 所示。

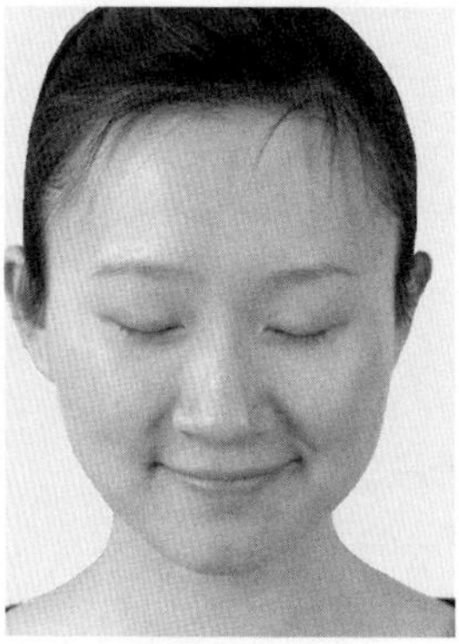

圖 10-12
積極刺激源的閉眼

雖然，我們沒有準確的數據來說明在人類獲取外界信息的各種渠道中，視覺佔比例有多少，但根據詢問以及自己的感官經驗，可以“不科學”地總結為：這個比例很大。通過節省處理視覺信息的神經資源，來增強其他神經活動的效益，邏輯上是通順的。

b）負面刺激源

負面刺激源會讓神經系統感受到可能存在的傷害，從而產生各種消極情緒或感覺，常見的有悲傷、憂慮、厭惡、恐懼等。為了減少或者避免負面刺激，神經系統命令眼瞼閉合，切斷視覺信息，減少傷害。

大家可以做一個小實驗，就是隨意拿起一樣小東西，朝着身邊關係不錯的人做出快速投擲的樣子（別真的扔出去）。只要沒有事先特意囑咐讓對方不要閉眼，即使對方再信任你，還是會不由自主地把眼睛閉上。長期進化使得神經系統積累出了趨利避害的本能，在感受到傷害存在的時候，就會自動啟動自救機制。雖然對方知道你很可靠，但這種小玩笑還是會引起自然反應。

閉眼還是不閉眼，完全可以有意識地進行控制。但在這樣的突然刺激面前，思維性意識完全沒有控制力，進化積累的本能掌控了瞬間反應。

還有更多例子可以證明，負面刺激源會導致眼瞼閉合。看到恐怖的畫面之後（注意是之後，不是那一瞬間）；感到厭惡而無奈的時候；悲傷而不願面對的時候，都會出現較大的反應——眼瞼完全閉合。如圖 10-13 所示。

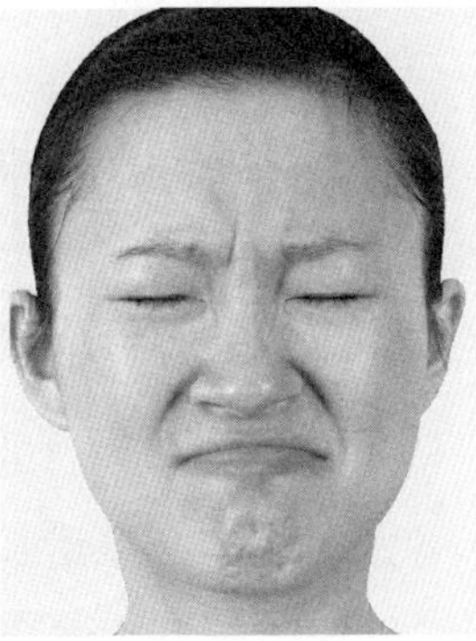

圖 10-13
負面刺激源的閉眼

如果沒有物理性的刺激，比如風吹或者細小雜物侵害，高頻眨眼的本質也是視覺阻擋。所不同之處，高頻眨眼的發生，多數是在本能的閉眼意願中，摻雜了大量理性決策。所以造成了既要本能地阻攔視線，又要頑強地睜開眼睛，繼續保持對情境的理性關注。

對此最好的證明是，在遇到為難的問題時，很多人的眨眼頻率會增加。

為難的問題不是指像計算題那樣的邏輯推導或計算困難，這種沒有壓力的困難反應通常是皺眉和視線凝固，也就是發呆，實際上沒看甚麼，射入眼睛的光線也完全被忽略。會讓眨眼頻率增加的為難，是關於決定的為難，比如決定説甚麼、怎麼説，如何根據趨利避害的原則進行取捨。所以，在我們進行過的實際測試中，很多有效刺激引發的反應，都是被測試人不想吐露實情而拚命眨眼。

我們測試過一個計算機程序員，他提供的履歷裏，介紹自己有着多年經驗，具備多種計算機語言的程序開發能力。但當我們問道簡歷裏提及的某一種計算機語言的算法表達細節時，他的眼睛眨動的頻率瞬間增加，持續 3 、4 秒鐘後，承認自己對這種語言並不熟悉。

在需要隱瞞事實或捏造細節信息的時候，需要竭盡全力思考。這時又不能出現長時間閉眼或盯住某處發呆這麼明顯的反應。此時，因為問題帶來的負面刺激很大，即使提問題的人長相俊秀，也會變成不願見到的負面刺激源，再加上大腦需要費力地掩蓋和捏造，就會導致眨眼頻率的增加。

需要注意的是，這一部分只單獨針對高頻眨眼進行研究，實際上的眨眼頻率增加，多數都會伴隨着視線轉移同時發生。視線轉移的相關問題，後面有專題討論。

B. 不完全的閉合

眼輪匝肌收縮，上下眼瞼做出閉合動作，但沒有完全閉合，眼睛睜開的程度只是比正常狀態更小一些。不完全的眼瞼閉合所代表的內心狀態，要稍微複雜一些。

一種是被動的半閉合動作，是因為其他表情的需要，造成了眼瞼的閉合。比如開心的笑、傷心的哭，這兩種表情的重點，都不在於視覺信息的傳達或接收。真正在開心笑的那段時間內，令人愉悅的信息已經接收完了，此時不需要看甚麼，也不需要告訴對方我正在看；同樣，真正在傷心哭的那段時間內，令人悲傷、委屈、壓抑的信息已經起到了刺激作用，此時不需要也無法看甚麼或者用眼神表達甚麼，因為要緊的是將情緒宣洩出來，否則會有"內傷"。這類表情中，眼睛更多是由於生理方面的需求而引起的閉合動作。

在開心笑的過程中（笑和打噴嚏的原理差不多），氣息被大量、快速地呼出，這樣的呼吸模式，會造成眼球的毛細血管內壓增大，以及眼眶中的內壓升高，眼瞼閉合就如同製造了一個圍欄，保證眼球不會被瞬間強大的內壓衝擊弄傷。

而在傷心的大哭中，除了與笑類似的呼氣痙攣作用外，還多了眼淚的影響。淚腺分泌了大量的淚水從眼瞼結構中湧出，為了引導淚水的方向以及完成本職使命（眼瞼的職能之一，就是瞬目的時候濕潤角膜），眼瞼會自動做閉合動作。

除了被動半閉合的情況外，眼輪匝肌的收縮還可以出於主動半閉合。主動半閉合與前面講過的最大區別在於，眼睛是表達情緒和思維的主要發起者和實施者。主動的半閉合，像完全閉合一樣，也具有不同性質的表意。

a）積極表意的半閉合——媚眼如絲

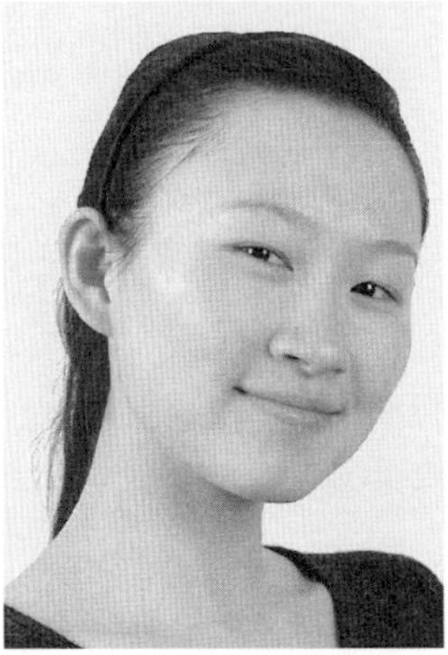

圖 10-14　媚眼如絲

媚眼如絲，是女人的一種風情表達。從這個“絲”字，就能判斷出眼瞼的閉合狀態已經接近完成。如圖 10-14。

媚眼如絲的來源，其實是前面探討過的“專心享受”的變形。這種眼睛形態的演化過程，大抵如此：專心享受需要閉眼；這種自然的生理現象經過時間的積累逐漸成為一種共識，人們認為閉着眼睛的美好表情是在享受；所以人會有意識地半閉着眼睛，表現出美好的表情，向對方傳達“我現在很享受（和你在一起的感覺）”。

所以，化妝的時候，如果想表現嫵媚，眼線要畫得細長些。如果想表現英氣，就萬萬不能畫成這樣，而是要讓眉毛眼睛之間的距離增加，讓眼瞼的睜開程度看起來大一些。

b）消極表意的半閉合

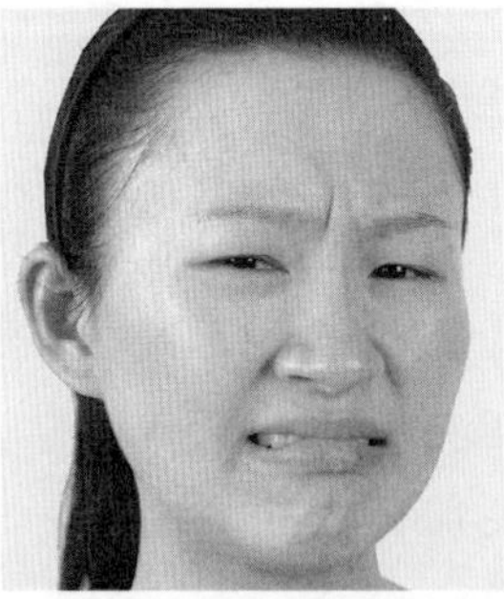

圖 10-15
負面情緒的半閉眼

眼瞼半閉合經常出現在諸如厭惡類（輕蔑、不屑）和悲傷類（不悅、哭泣）等情緒的表達中。如圖 10-15 所示。但是要注意，真正的憤怒以及和憤怒相關的威脅，眼瞼是不會呈半閉合狀態的，而是睜大！詳細的區別，請見第六章。

c）近視的瞇瞇眼

當然，還有一種更特殊的情況——近視。

近視眼的成因，是因為長時間看近處

物體，晶狀體在睫狀肌的作用下一直處於緊張的變形狀態，難以復原，這樣一來，遠處物體的像不能成在視網膜上，就形成了近視眼。

用力瞇起眼睛，可以使用眼輪匝肌的擠壓輕微改變整個眼球的前後周長，從而輕微改善成像質量。所以，近視而不戴眼鏡的人，在需要看清楚東西的時候，會瞇起眼睛用力看，多少能好點。但是，了解了眼球結構和成像原理後就能知道，要動用睫狀肌來把晶狀體拉扁平，才可能真正改變成像質量。而睫狀肌是靠自主神經系統指揮的，不是想動就能動，所以，瞇着眼睛彌補近視的不足只是杯水車薪。

(2) 瞳孔的變化

前面已經介紹過，瞳孔是虹膜中間的一個孔，而不是獨立的器官。瞳孔負責允許光線透入到眼球裏，然後在視網膜上成像。光線變強的時候，瞳孔就會縮小，以防過強的光線刺激視神經；光線變弱的時候，瞳孔會放大，儘量讓更多的光線射入，以盡可能獲得清晰成像。這一切動作都是由控制虹膜的平滑肌來完成的。平滑肌只受自主神經系統支配，無論你怎麼努力，也不能通過思維性命令進行直接控制。

有意思的是，隨着進化，人的瞳孔反應也變得更加複雜和高級。實驗證明，人在看到喜歡的東西時，瞳孔會放大（比如色男看到性感美女，或者賭徒看到一手好牌），以保證多看一些美好的景象；而看到不喜歡的東西時，瞳孔則會縮小（比如觀看血淋淋的外科手術），以儘量避免受到負面刺激。這是瞳孔應激反應的規律。

(3) 眼睛都發光了

通常，人在高興的時候，尤其是驚喜的時候，會出現眼睛都亮起來了的現象。這種現象的原因不是錯覺，而是眼睛真的變“亮”了。

驚喜的時候，眼睛會睜大，無論是眼球的虹膜部分還是鞏膜（眼白）部分，都會暴露出更大的面積。一方面，反光的面積整體增大；另一方面，積極刺激導致的瞳孔增大，再加上帶有色素的虹膜，這個深色區域和鞏膜的淺色區域對比效果更明顯，看起來就會讓人覺得眼睛都亮起來了。此外，興奮導致的血液循環也在一定程度上增加了眼睛的能量，這也對眼睛亮起來有積極意義。

反之，大多數悲傷的眼睛（沒有悲痛或悲憤），都會讓人感覺目光黯淡，其實不過是把上面的情況反轉一下，眼球暴露面積因眼瞼閉合動作而減少，深淺色區域對比減弱，再加上沒有興奮帶來的微循環改變，自然就會讓人感覺失神了。

4、視線轉移

在對視之後，視線出現轉移，可能代表着微妙的心理變化，具體的原因前面已經分析過。現在我們來逐一分析一下，不同方向的視線轉移可能代表的不同意義。但是，需要牢記的是，視線轉移具有很強的個性化特徵，不同的人，經過長期的環境適應和學習，可能養成不同的視線轉移習慣。因此，確立被測試人的視線轉移基線，才是正確分析的第一步。千萬不要生搬硬套地按照下面的觀點進行猜測分析。

從瞳孔對視開始，視線轉移有 4 個基本方向：上、下、左、右，以及衍生出的組合變化：左上、左下、右上、右下。這裏的左右和上下，都以被測試人的方向為準。

(1) 視線向上轉移

基於我們所做的實際測試，我們認為視線上移可以映射三種心理特徵：一種是將自身設置在較高地位，常用於表示不屑，經常配合一個“喊”字構成輕蔑表情；另一種是“此事與我無關”、“我置身事外”的表意，經常出現在假裝無辜的過程中；第三種是被測試人最常出現的一種狀況 —— 頭腦中沒有預想到會被問及這個問題，開始現想，就會不由自主地眼睛上翻。回憶和捏造的情況在不同的被測試人身上都出現過，連基線測試題中的中等難度計算題，也有被測試人會伴隨着視線上移的反應進行心算。

(2) 視線向下轉移

與視線上移恰恰相反，視線的下移一般映射為當事人在頭腦中本就預想到了幾種可能，其中一種真的出現在了問題當中。我們認為視線的向下轉移，可以大體總結為一個心態——承受。這種視線變化通常映射出比較負面的心態，比如愧疚（認為自己不夠好，或者犯了錯誤，或者自己有責任等等）、不同意（但對局面表示無奈，沒有改變的能力）、生氣（但是隱忍着暫不發作）、心虛的思考（設法應對質疑）等。與視線上移所映射的逃離意願不同，視線下移通常表明被測試人知道自己不能逃開，只能硬着頭皮頂住，直到混過去或者被擊敗為止。

即使是羞澀的表現中出現的視線下移，也具有相同的心理映射。害羞實際上是害怕看到對方的反饋，害怕得知對方對自己的否定（不喜歡），但又強烈希望能有個積極的結果，所以忍着壓力堅持。

(3) 視線左右轉移

視線向左或者向右轉移，都破壞了最誠懇的瞳孔對視，但不能分別確定向左轉移和向右轉移各自具有的映射規律，因為每個人的習慣不同。

有個所謂的心理學傳言說："如果是回憶事情，大部分人的視線是往右的；如果是編造，視線是往左的。"流傳這一準則的人還煞有介事地使用一種解釋，認為這與大腦左右半球的交叉控制規則，以及左右腦的主管分工功能不同有關：左半球負責記憶，右半球負責創造。很多人將這一條奉為測謊的寶貴依據，下面我們就來拆穿這個謠言。

A. 關於左右腦分工不同的錯誤總結

神經心理學的研究結論指出，左腦主要負責言語、閱讀、書寫、數學計算、背誦式的記憶、邏輯推理和符號性思維等功能；右腦主要負責物體大小形狀的識別、空間認知、看地圖、辨識人臉、繪畫構圖、音樂、結構組裝、對他人情緒的感知等形象思維功能。

由此，為謠言尋找理論依據的人就不求甚解地總結為“左腦負責記憶，右腦負責編造”。且不說創造、構造和編造的含義是否相同，單就這個推導過程來看，也是很荒謬的。

首先，左右腦的分工，並不能簡單地歸納為“左回憶、右編造”模式，而只能以信息的時間屬性來進行區分。像語言、文字、計算、邏輯推導和判斷、背誦式的內容等信息，都內含了一種“從頭到尾”的時間屬性，這種信息學術上稱為“繼時性信息”，主要由左腦負責處理；而像圖像、音符、空間、形象思維等信息，本身並不具有“從頭到尾”這樣的時間屬性（至於從上到下看一幅圖所花的時間，那屬於個人認知，不是圖像本身具備時間先後），這樣的信息主要由右腦負責，稱為“非繼時性信息”。

而且，絕大多數工作，都是左右腦協同完成的。如果說記憶歸左腦，那麼對圖像的記憶應該歸誰？如果說圖像信息歸右腦處理，那麼把腦海中的圖畫出來，就一定要有邏輯順序和時間順序的加入，這可是左腦要負責的啊！同樣，音符主要歸右腦處理，但寫歌和唱歌就必須由左右腦同時來完成。

因此，“左回憶、右編造”是對科學結論很無知的總結。

B. 關於左右腦交叉控制運動的錯誤應用

如果說，對腦功能的左右分區進行不當總結還情有可原的話，那麼根據這個錯誤的總結，進而將眼睛的移動方向與左右腦分工不同聯繫起來，則是更加無知的表現。

這種推導的依據，可能是左右腦的交叉控制原理。交叉控制原理是指左腦控制右側肢體的運動，右腦控制左側肢體的運動。這是一個科學的結論。然而讓人不能理解的是，如果遵循交叉控制規則，應該是左腦控制右眼，右腦控制左眼。如果“回憶”或者“編造”只根據不同分工動用單側腦半球的話，應該表現為某一隻眼睛動，而不是兩隻眼睛一起動。更何況，根據交叉控制原則，右腦控制左手運動，難道左手只能往左邊動嗎？如果往左運動歸右腦管理，那麼兩隻手一起往左動，到底應該歸哪個腦半球控制呢？

所以，眼睛的運動方向和左右腦的功能不同，沒有絲毫關係。

這個謠言的原始出處不得而知，最好的情況，也許僅僅是某科研機構發佈的統計數據。但可以肯定的是，這種判斷“準則”，會引發錯誤的判斷而冤枉別人。我們的實驗數據和實際測試數據中，都有否定這條所謂“準則”的案例。

至此，我們可以放心地丟棄掉這種“偽科學”。事實上這種混亂邏輯導致的錯誤結論還有諸多變形，如“善用右手的人比較理智（嚴謹、保守等等），善用左手的人比較藝術（創新、感性等等）”。

C. 視線左右轉移的正確分析思路

只能肯定的一點是，視線向兩側轉移意味着出現了神經系統的指令，可能是有意為之，也可能是本能或習慣的無意識命令，但一定是打斷了當前正在進行的交流，可以根據每個被測試人的基線比對來進行分析。

視線轉移與是否説謊沒有必然的聯繫。雖然是打斷了當前正在進行的交流，但原因可能是為了更好的交流作準備，比如回憶事實、邏輯推理、數字計算，當然，也有可能是捏造假的信息或者隱藏真的信息。除此之外，視線的兩側轉移，也有可能就是由情緒引起的，比如不悅或者厭惡等，沒有複雜思考，僅僅是不願意繼續交流罷了。

案例分析

我們測試過很多視線左右轉移基線不同的人，目前比較多見的謊言指徵，是違背個人基線的異動。

其中一個被測試人是一位非常優雅的女性，整個測試過程中都很從容地回答問題，之後的分析也確認絕大多數內容都在敍述實情。遇到有壓力的問題時，視線轉移的習慣基線是轉向右側。無論是複雜計算題（左腦），還是形象思維拼圖（右腦），亦或是她在講述自己通過精明的投資而積累財富的過程中，遇到需要思考適當表述方式的時候，都是視線右移。

但是，唯獨有一個問題，她說謊了。

當我們問她，是否非常厭惡身邊的某位女性朋友時，她的眼睛快速向左側轉動了約 3/4 虹膜直徑的長度，然後淡然否認，沒有其他明顯指徵。

鑒於這個視線轉移的異動，我們臨時增加了兩道測試題。

一是圖片測試：我們製作了 10 張圖像組合，包括中性風景圖（移動通信的基站、車況正常的交通俯拍圖、區域地圖），積極刺激圖（她喜歡的某位男歌手）和真實屍體局部解剖圖，還有就是那個女性朋友的照片。當她看到男歌手的照片時，瞳孔放大。經過中性圖過渡後，突然出現的女性朋友照片，引起了她的瞳孔縮小。

二是要求她對該女性友人的某件事情進行細節描述和評價。在描述和評價的過程中，她的臉上出現了輕蔑的微表情。

由這兩個結果推論，她的內心對那個人持厭惡情緒。因此，在她矢口否認自己的厭惡時，思考的壓力造成了視線轉移的異動。可以確定她在這個問題上說了謊。

(4) 恐懼的眼神

人在面對恐懼刺激源的時候，通常還會出現一種特別的視線轉移——眼球多方向快速轉動。這個動作很難偽裝，不是做不到，但很難。只有恐懼時的警覺，才會使人通過眼球的高頻轉動，快速注意身邊的每個異動，這是進化出來的本能。

這一應激微表情的價值是：視線轉動方向變化的頻率與內心的恐懼程度成正比。

(5) 不用正眼看人

不用正眼看人，也就是斜着眼睛看人，只不過面孔不隨眼球轉向一側，沒有正面朝向被看的人。我們把這種變形的注視放在這裏討論，有兩個原因：一是因為這種視線狀態，瞳孔在一側而不在中間，和視線的左右轉移外觀相似；二是因為這種視線狀態，映射了不願意看的心態，和視線轉移一樣不夠"誠懇"。

不論是希望真誠的交流，還是受到意外刺激而舉目尋找（比如別人從側面叫了你一聲），都會出現頭部的轉動動作，讓自己的面孔盡可能正面朝向被視對象。只轉動眼睛而不轉動頭，直接映射了相對負面的心態。需要特別說明的是，這裏說的"不願意"，不光包括不願意常規代表的厭惡和否定，還包括不敢（偷眼看，怕對方發現）、不屑等其他負面意願。

可能造成側目相視的情緒和心態，主要包括：得意、輕蔑、憂慮（不能把對對方的關心和擔憂明確表達出來）、厭惡。

（6）翻白眼

翻白眼是比較常見的眼部表情，它既是複雜眼球運動，實際上也是一個複雜的視線轉移過程。

經典的翻白眼常用於表示輕蔑。如果我們對這個動作進行慢速回放的話，就可以看到有幾種情況：

第一類，如果翻白眼的動作從正視對方開始，那麼接下來的動作就是閉合眼瞼；然後睜開眼瞼，將視線轉向上方（此時可以看到部分眼白）；隨後將視線從上方轉向遠離刺激源的一側，同時轉頭；隨後將視線轉移至遠離一側的下方，閉合眼瞼；最後將視線停留在側面，視線水平或向下，也有可能將頭轉回來重新看向刺激源。如組圖 10-16 所示。

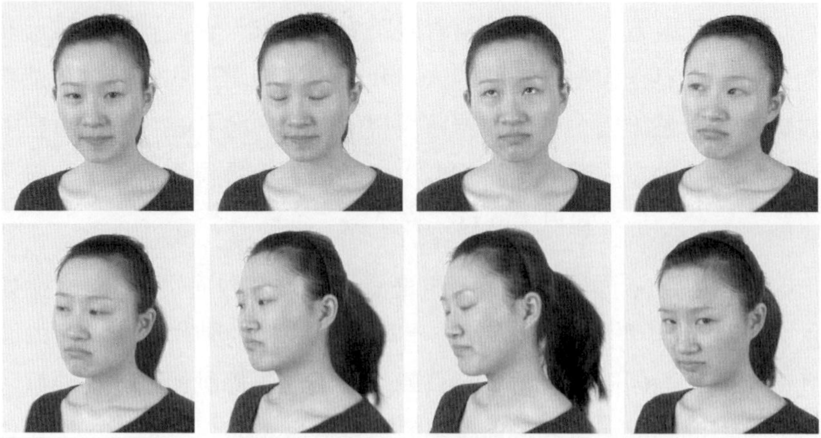

圖 10-16　正面翻白眼

第二類，如果翻白眼的動作從臉側面朝向對方開始，那麼接下來的動作就是：先將視線轉向對方的一側，看對方一眼（不用正眼看人）；然後將視線向上轉移，同時閉合眼瞼；然後在睜開眼瞼的同時，再次將視線轉移至自己面孔正對的方向，甚至反方向一側。

第三類，如果是女孩子向自己的男朋友撒嬌類的翻白眼，同時配合着"討厭"之類的台詞，還會比前兩個翻白眼的動作多一個環節，那就是在最後，視線還會轉回到對方瞳孔上，一方面表達誠意（有時會報以一個或嬌羞或蠻霸的微笑），一方面觀察一下對方是否接收到了自己這個撒嬌的信息。

總結

眉毛的不同形態，可以表現不同的精神狀態。眼球的輕微動作，帶來視線的細微變化。這些變化都是在神經系統的明確指令下進行的，不論是你刻意地"想"這樣做，還是不由自主地沒"想"就做出了這種動作，都可以映射出一定的心理狀態。

本章試圖總結眉毛和眼睛細微變化背後的深意，但不希望大家生搬硬套，而僅僅是作為一種分析方向來參考。

主要的結論如下：

眉毛的 5 種微表情形態及其表意：常態；下壓表示關注；上揚表示驚訝、自信或默契；"8：20"狀表示悲傷或恐懼；"10：10"狀表示憤怒。

瞳孔對視，表達了三個要素：我想對你説，請你好好聽，我正在好好聽。所以，對視的中斷就意味着某個因素的缺失。

瞳孔的變化不能進行主觀控制，可以直接映射主觀喜惡。積極情緒下，瞳孔會放大；負面情緒時，瞳孔會縮小。

眼瞼的閉合和睜大，可以自由控制。但在刺激有效的前提下，很多閉合和睜大的動作都是本能的反應，不受思維控制，可以映射內心變化。總體而言，睜大意味着希望接收更多信息，常見於驚訝、憤怒、恐懼等情緒；閉合意味着拒絕接收更多信息，常見於悲傷、厭惡。

但要注意這其中的兩個例外情況：一是，有些時候，出於生理需求，眼睛會閉合；二是需要集中精力的時候（包括應對負面刺激和享受積極刺激），為了節省神經系統的能量消耗，也會閉合眼睛來提高信息處理效率。

眼球的轉動可以控制，轉動方向不同，內心狀態不同。向上多為自滿、逃避和無辜；向下意味着承受壓力；向左和向右的潛在意義，需要根據個人的習慣基線來進行比對分析，不能一概而論。

第十一章

真假表情檢索

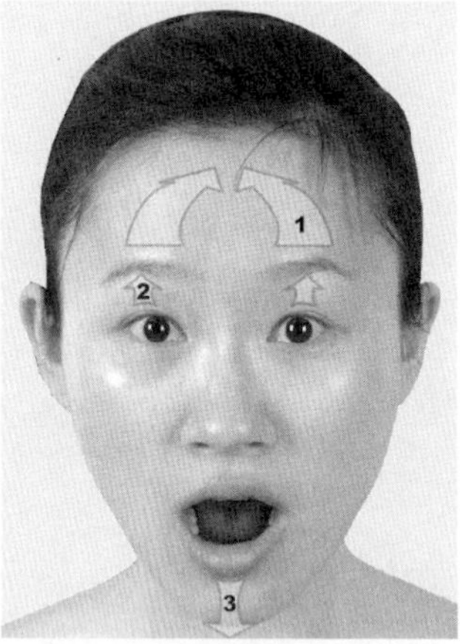

圖 11-1
飽滿的驚訝表情形態

經過了前面的艱苦閱讀，我們結束了全部微表情的探討，這一章我們一起來做兩件事：總結微表情形態特徵，識別複雜表情。

微表情形態特徵總結

1、驚訝

當事人意料之外的刺激源出現，會引發驚訝的表情。這樣的刺激源通常是有效刺激源，具有重要的分析價值。

(1) 飽滿的驚訝表情形態

如圖 11-1 所示，飽滿的驚訝表情形態特徵如下：

① 額肌充分收縮，雙眉大幅提升。

② 上瞼提肌收縮，在額肌收縮的共同作用下，使上眼瞼大幅提升，眼睛睜大，露出虹膜上緣的眼白部分。

③ 嘴巴不自覺地張開，配合一次快速吸氣；只有下唇在下巴（下顎）的帶動下自然向下輕微張開，嘴唇表面皮膚不會變緊，不向兩側拉伸。

(2) 常見的驚訝表情形態

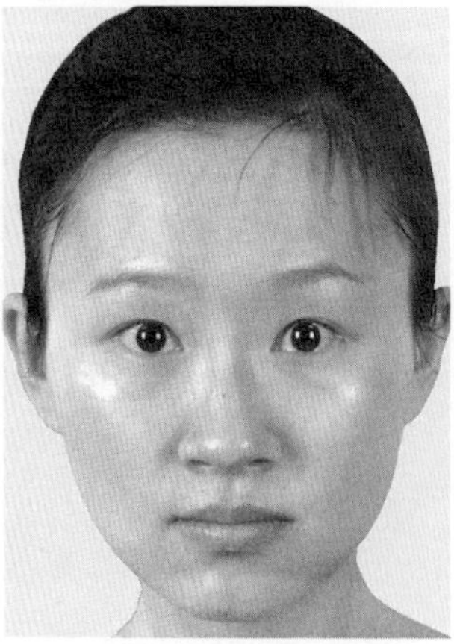

圖 11-2　中等的驚訝表情

刺激源的力度降低之後，更常見於日常生活的驚訝表情如圖 11-2 所示。其特徵是眉毛提升，上眼瞼上提，露出比平常更多的虹膜上緣。

(3) 驚訝的微表情形態特徵

無論是由於主觀控制的抑制，或者刺激源力度的不足，都可能導致圖 11-3 這樣的隱晦表情。這種最小的驚訝表情僅僅保留上眼瞼的提升，而眉毛部分可以沒有明顯提升變化。

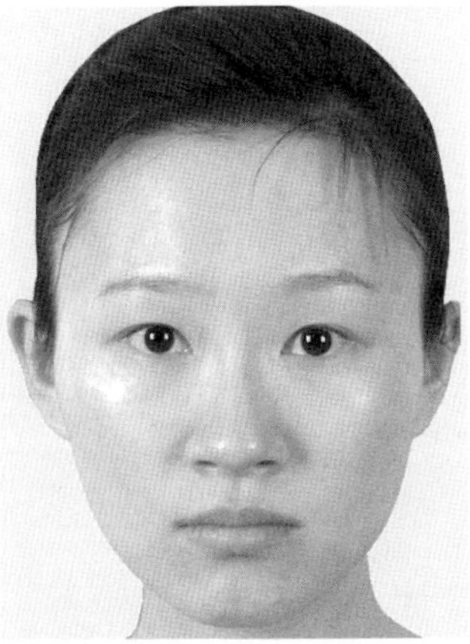

圖 11-3　輕微的驚訝表情

2、厭惡

當事人對刺激源作出評估後，認為刺激源屬於負面刺激源，就會產生厭煩感，試圖遠離，但並沒有試圖改變或者消滅刺激源的慾望，這種情緒為厭惡。厭惡情緒的含義是否定。如果當事人出現了厭惡類表情，就可以得出結論：此人對刺激源的信息持否定態度。最原始的厭惡情緒刺激源，是腐爛的食物。

(1) 飽滿的厭惡表情形態

如圖 11-4 所示，飽滿的厭惡表情形態特徵如下：

① 皺眉肌收縮，雙眉皺緊。

② 眼輪匝肌強烈收縮，緊閉雙眼，同時造成雙眉下壓。

③ 提上唇肌和上唇鼻翼提肌收縮，提升上唇，同時在鼻翼兩側擠壓形成鼻唇溝。

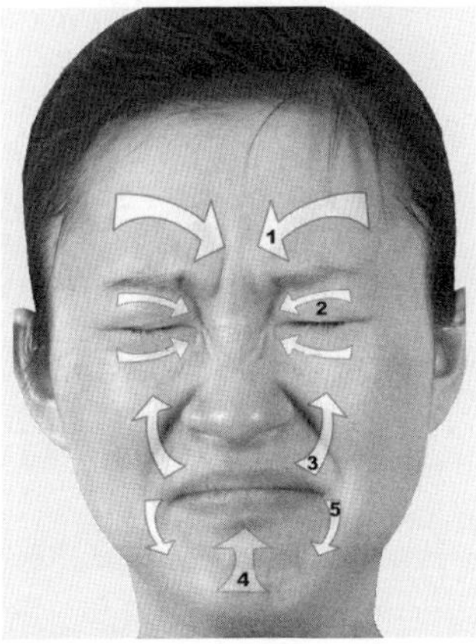

圖 11-4
飽滿的厭惡表情形態

④ 頦肌收縮，將下唇向上強力推起，使雙唇緊緊閉合；下巴同時向上皺起，表面皮膚產生很多褶皺；下唇與下巴上的肌肉隆起之間形成深溝。

⑤ 降口角肌收縮，將嘴角向下拉，與提上唇肌的作用形成制衡，在嘴角兩側形成括號形紋路。

(2) 輕蔑的表情形態

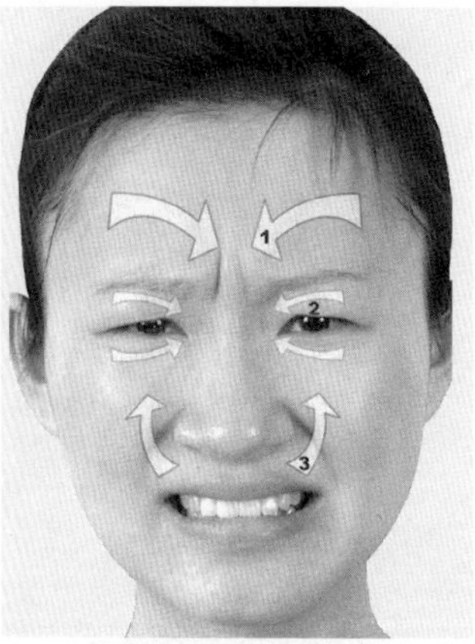

圖 11-5　輕蔑的表情形態

刺激源力度減弱為中等的話，會讓人產生輕蔑情緒。輕蔑總體上表達了行為人對刺激源自上而下的排斥感。雖然也是排斥，但心態輕鬆很多，不需要消耗很多精神來應對。如圖 11-5。

圖中所示的輕蔑表情，可以分析出如下形態特徵：

① 皺眉肌收縮，形成輕微皺眉紋。

② 眼輪匝肌輕微收縮，造成眼瞼緊張、輕微閉合，同時造成雙眉輕微下壓。

③ 提上唇肌主導收縮，上唇向上提升；鼻翼被間接向上提升並向兩側拉伸，在鼻翼兩側形成淺溝紋。

④ 下唇沒有明顯形態變化，雙唇可能保持閉合，也可能輕微分開。

(3) 不屑的表情形態（厭惡的微表情形態特徵）

如果刺激源力度很弱，會讓人產生不屑情緒。不屑就是完全的輕視，除了看不起之外，根本就不用花力氣來加以排斥。如圖 11-6。

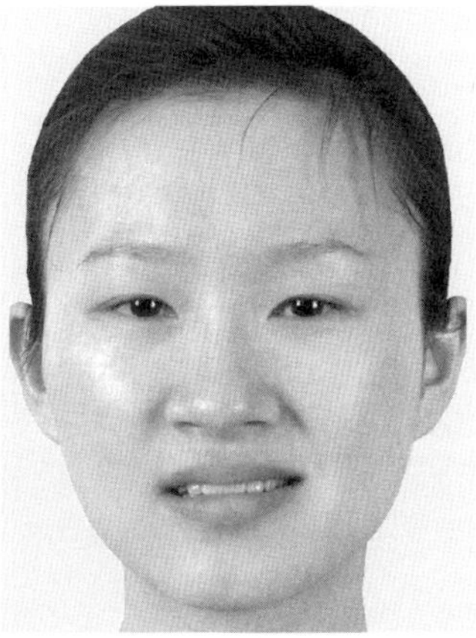

圖 11-6　不屑的表情

至此，厭惡類情緒的表情形態特徵中僅剩下最後一點：提上唇肌收縮，上唇提升，露出部分上齒，在鼻翼兩側形成鼻唇溝。這也是厭惡類情緒的微表情形態特徵。

3、憤怒

當負面刺激的力度升級，超越了厭惡情緒的極限時，就會引發憤怒情緒。憤怒的特徵是有攻擊傾向，試圖驅除或消滅負面刺激源。

(1) 飽滿的憤怒表情形態

觀察圖 11-7 可以看出，飽滿憤怒表情的形態特徵如下：

① 眼輪匝肌強烈收縮，導致雙眉下壓；皺眉肌強烈收縮，眉頭緊皺。

② 上瞼提肌強烈收縮，將上眼瞼提至最高，想要努力露出全部虹膜上緣（如圖中虛線所示）。但是，上眼瞼的提升和雙眉下壓形成互相擠壓的憤怒形態，會在上眼瞼皮膚上形成斜線的皮膚褶皺。

③ 下眼瞼繃緊。上眼瞼的形態和繃緊

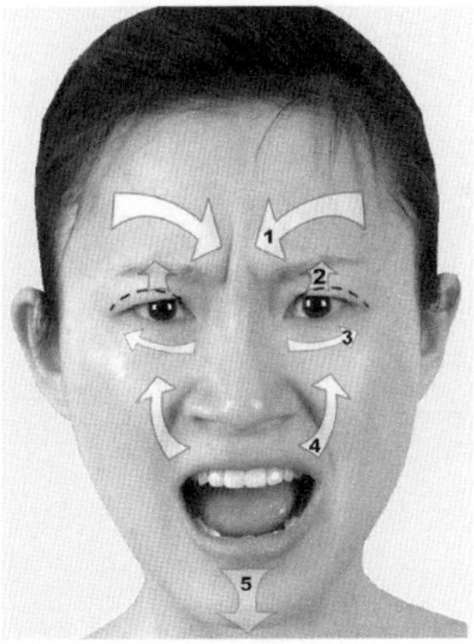

圖 11-7
飽滿的憤怒表情形態

的下眼瞼匹配，稱為怒視。

④ 提上唇肌和上唇鼻翼提肌共同收縮，提升鼻翼的同時也使臉頰隆起，形成鼻翼兩側深溝紋。

⑤ 下顎向下張開，下唇在降下唇肌的作用下下拉，露出部分下齒，在頸闊肌的收縮作用下向兩側拉伸並變薄，緊緊貼在下顎骨上。

(2) 常見的憤怒表情形態

在現代社會的交往過程中，除了對自己的親人或者搏鬥的敵人之外，普通人即使生氣了也不會隨意張開口吼叫，更多情況下是緊閉雙唇，憋一口氣。緊閉雙唇再配合標準的憤怒眉眼組合，面孔看起來就是異常憤怒的樣子。如圖 11-8。

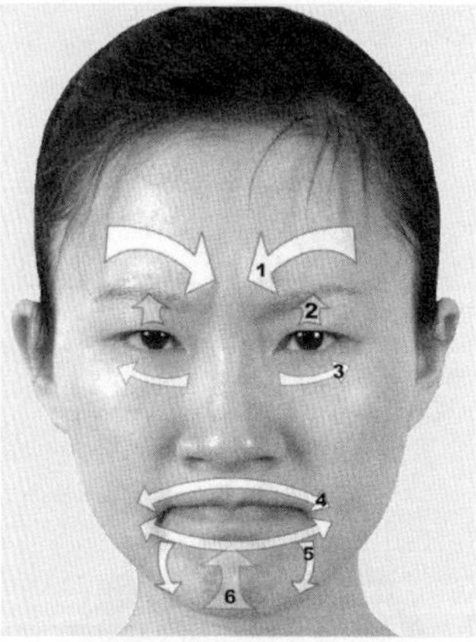

圖 11-8
憋氣的憤怒表情形態

根據圖中的提示信息，我們可以分析憋氣的憤怒表情形態特徵如下：

① 皺眉肌收縮，眼輪匝肌收縮，使雙眉皺緊並下壓。

② 上瞼提肌收縮。

③ 眼輪匝肌的收縮，還會使下眼瞼繃緊並輕微向兩側拉扯。

④ 口輪匝肌收縮，使雙唇緊緊閉在一起。

⑤ 降口角肌收縮，使雙側嘴角向下彎曲。

⑥ 頦肌收縮，在下巴上形成肌肉隆起，表面凹凸不平，同時向上推起下唇，保持雙唇緊閉。

(3) 憤怒的微表情形態特徵

在極度克制的情況下，憤怒的表情通常僅剩下眼瞼的變化。

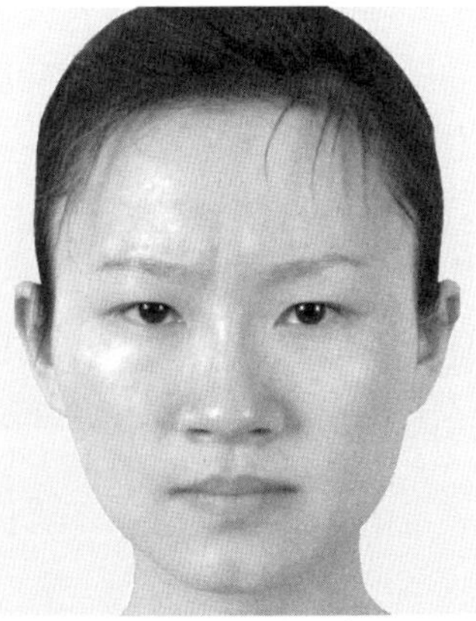

圖 11-9　輕微的憤怒表情

如圖 11-9 所示，最小的憤怒表情的形態特徵為：

① 上瞼提肌收縮，上眼瞼試圖上提（通常會遇到雙眉的皺緊、下壓）。

② 眼輪匝肌收縮，下眼瞼繃緊，更貼緊顱骨。

4、恐懼

如果負面刺激力度繼續加大，壓倒了當事人試圖攻擊或反抗的心理承受能力，憤怒將轉為恐懼。在心理測試過程中，被測試人只有在遇到即將讓自己原形畢露的刺激時，才會心生恐懼。

(1) 飽滿的恐懼表情形態

如圖 11-10 所示，飽滿恐懼表情的形態特徵如下：

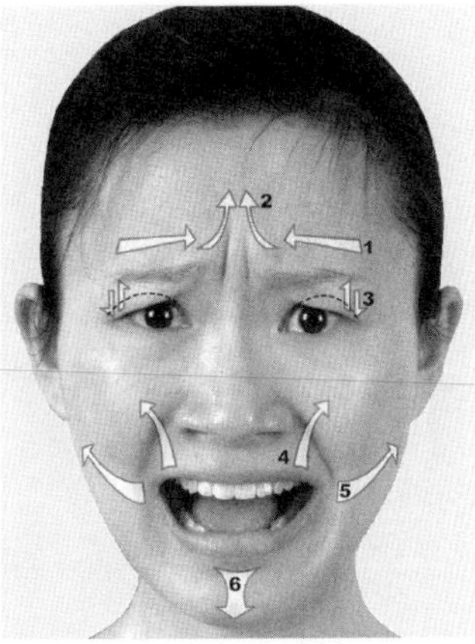

圖 11-10
飽滿的恐懼表情形態

① 皺眉肌收縮，雙眉向中間皺緊，形成

縱向皺眉紋。

② 額肌中束收縮，向上提升兩側眉頭，在額前形成倒“U”形皺紋。

③ 上瞼提肌收縮，試圖提升上眼瞼，但因為眼輪匝肌和皺眉肌的反向運動受到抑制，在上眼瞼的皮膚上形成對角線褶皺。如果不受到抑制的話，可以分析出虹膜上緣會全部露出（如圖中虛線所示）。

④ 提上唇肌和上唇鼻翼提肌共同收縮，提升上唇，露出上齒。

⑤ 頸闊肌收縮，將嘴角向兩側拉開，使嘴的水平寬度比正常狀態更大。

⑥ 降下唇肌收縮，將下唇向下拉低，露出部分下齒。

（2）害怕的表情形態

在日常生活中，我們可以輕易辨認出源自恐懼類情緒的表情。提升而扭曲的眉毛以及警覺的眼睛，是害怕的典型特徵。其具體肌肉運動形態特徵如圖 11-11 所示。

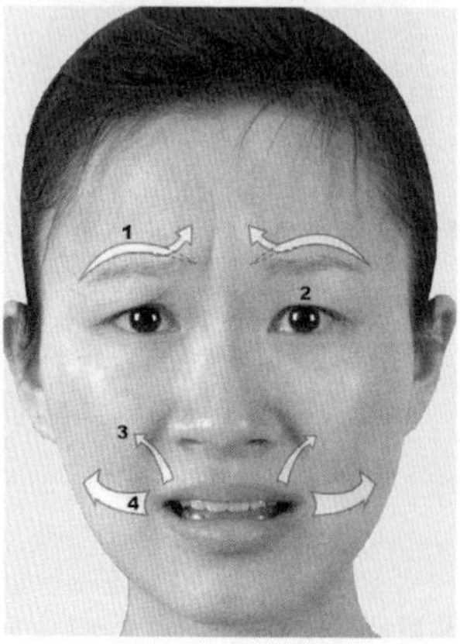

圖 11-11　害怕的表情形態

① 皺眉肌和額肌中束共同收縮，正常的拱形眉形（虛線）被破壞，眉頭上揚，眉形整體在內側 1/3 處扭曲向上（箭頭）。

② 上眼瞼向上提升，露出更多的虹膜

上緣。

③ 提上唇肌輕微收縮，上唇提起，略微露出上齒。

④ 頸闊肌輕微收縮，將嘴角向兩側拉開，使嘴的水平寬度較平時的鬆弛狀態更大。

(3) 不安的表情形態

恐懼的情緒再減弱，比害怕程度更低的是不安，如圖 11-12 所示。其形態特徵分析如下：

① 眉毛整體趨平，依舊保持着扭曲的狀態，眉頭上揚，但程度略微減輕；皺眉肌引起輕微縱向皺紋。

② 眼睛睜開的程度增加，但並不誇張，上眼瞼提升沒有恐懼和害怕的表情中那麼明顯，但虹膜上緣露出的面積要比正常的鬆弛面孔中大一些。

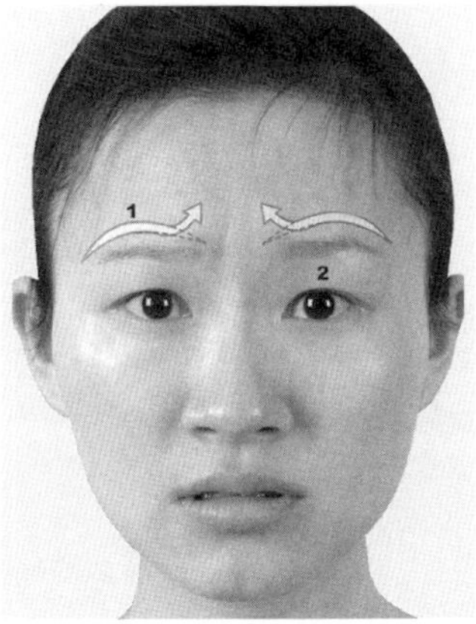

圖 11-12　不安的表情形態

(4) 擔憂的表情形態

擔憂是比不安程度更低的恐懼類情緒，其表情如圖 11-13 所示。

這張面孔上有兩處比較明顯的形態特徵值得注意：

① 眉頭上揚和扭曲的眉形，說明心有壓力，但不是厭惡和憤怒。

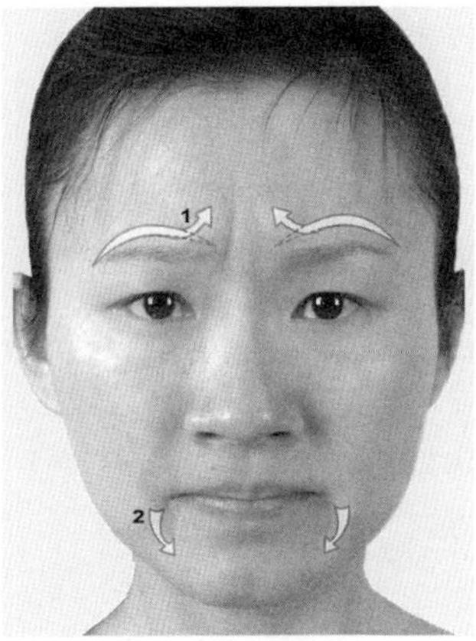

圖 11-13　擔憂的表情形態

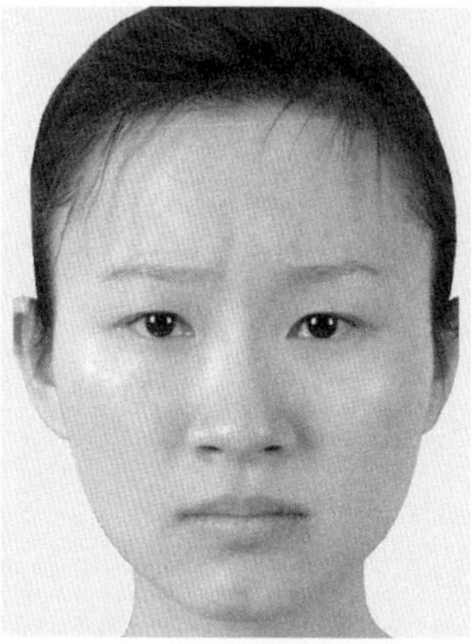

圖 11-14 輕微擔憂的表情

② 嘴唇緊閉，唇紅部分隱藏，口輪匝肌收縮使嘴唇緊繃，嘴角處由於降口角肌的收縮，也產生隆起。

(5) 恐懼的微表情形態特徵

如果擔憂表情的嘴部緊張形態進一步消失，僅保留眉眼部分的形態，則為整個恐懼類情緒的最小表情。如圖 11-14 所示。

此時眉毛沒有大幅提升，僅能觀察到眉頭的上揚和眉毛的平直扭曲形態；眼瞼整體自然，但上眼瞼還是處於比正常狀態略高的位置，露出的虹膜面積較大。這種眉眼形態組合就是恐懼的微表情形態特徵。

5、悲傷

惡果發生，恐懼消失，取而代之的是無奈的放棄，情緒也就轉變為悲傷。悲傷源自損失，可以持續很長時間。

(1) 痛哭的表情形態

最飽滿的悲傷反應是痛哭，其表情形態特徵如圖 11-15 所示：

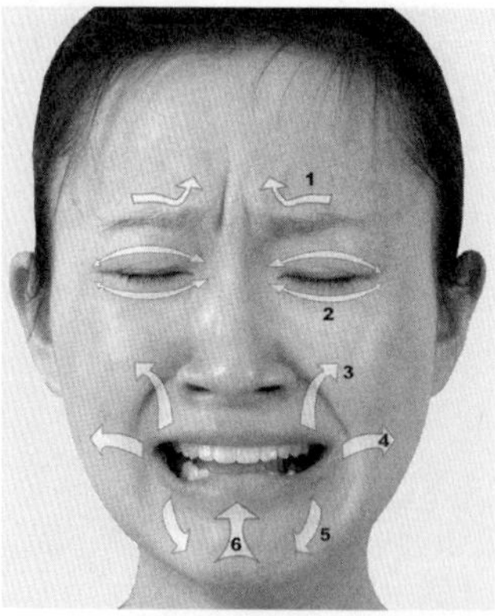

圖 11-15 痛哭的表情形態

① 眼輪匝肌和皺眉肌共同收縮，造成雙眉下壓，眉頭間出現縱向皺紋。但是，額肌中部收縮，輕微向上提升眉頭，整個眉形趨平，在內側 1/3 處呈現扭曲向上眉形。

② 眼輪匝肌收縮，造成眼瞼的有力閉合，在眼角內側擠壓形成皺紋，在眼角外側相互擠壓形成魚尾紋。

③ 提上唇肌收縮，在提升上唇的同時，與眼輪匝肌共同使臉頰位置提高，隆起的臉頰與下眼瞼相互擠壓，形成下眼瞼下方的凹陷區域，並在鼻翼兩側形成鼻唇溝。

④ 頸闊肌收縮，將嘴角向兩側拉伸，使嘴的水平寬度比平常增加；拉伸的嘴角與臉頰之間擠壓形成法令紋。

⑤ 降口角肌收縮，向下拉低嘴角；降下唇肌同時收縮，將下唇整體下拉，試圖露出下齒。

⑥ 頦肌收縮，將下嘴唇中部向上推起，並在下巴上形成表面凹凸不平的肌肉隆起。下嘴唇中部的推起將原本可以露出的部分下齒遮住，兩側嘴角處還保留向下，因此能夠露出嘴角位置的下齒。下嘴唇曲線呈“W”形。這是痛哭表情所特有的口型。

(2) 常見的悲傷表情形態

與標準痛哭時的張大嘴相比，日常生活中的哭泣往往是嘴部緊閉的，體現了自我抑制。如圖 11-16。

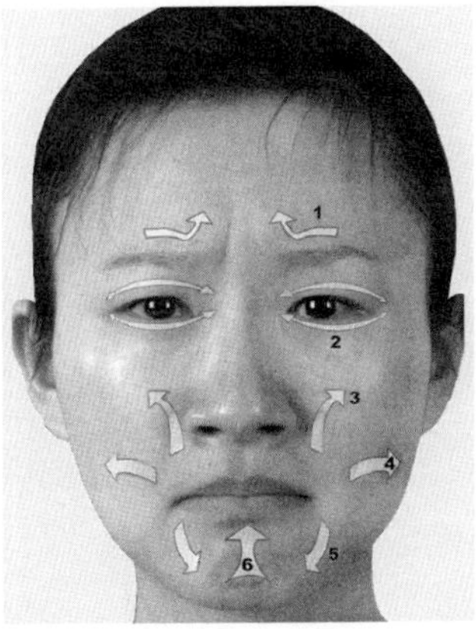

圖 11-16
閉嘴哭泣的表情形態

上圖中的表情形態特徵分析如下：

① 眼輪匝肌和皺眉肌收縮程度減輕，但仍然造成雙眉下壓、皺起；額肌中部收縮，輕微向上提升眉頭，扭曲向上，整個眉形趨平。

② 眼瞼緊張，呈閉合趨勢。

③ 提上唇肌收縮，輕微提升上唇，在鼻翼兩側形成鼻唇溝（比痛哭時淺）。

④ 頸闊肌收縮，將嘴角向兩側拉伸。

⑤ 降口角肌收縮，向下拉低嘴角。

⑥ 頦肌收縮，將下嘴唇中部向上推起，並在下巴上形成表面凹凸不平的肌肉隆起；唇間線呈水平狀，雙唇抿緊。

(3) 悲傷的微表情形態特徵

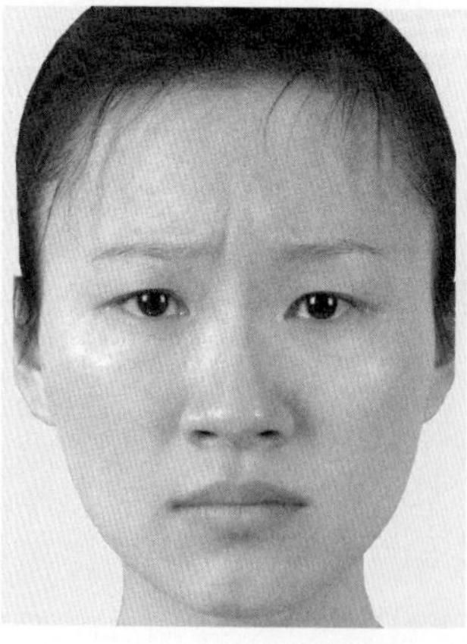

圖 11-17 平靜的悲傷表情

最小的悲傷表情看起來非常平靜，比較明顯的是其眉毛的變化。如圖 11-17。

仍然留在臉上的，是悲傷的眉：整體眉形皺起、下壓，但眉頭上提。這種眉形是悲傷表情的必要形態特徵。

6、笑容

開心的笑，是一種將心理快感轉化為生理快感（叫舒暢更合適）的運動。

(1) 飽滿的大笑形態

如圖 11-18 所示，開懷大笑表情的形態特徵如下：

① 眉毛保持鬆弛時的自然拱形，前額平滑。

② 眼輪匝肌收縮，雙眼緊閉，下眼瞼凸起、提升，下方會出現笑容專有的溝紋；眼角內側形成皺紋，眼角外側產生魚尾紋，漸隱。

③ 顴大肌收縮，提口角肌協同收縮，嘴角向上、向兩側提升；同時造成臉頰隆起，提升到最高位置，呈最圓狀態。

④ 上唇提升後，露出大部分上齒；下顎打開，下唇在顴大肌和降下唇肌共同收縮的作用下拉長，表面變平滑，露出少量下齒（相對於上唇而言）。

⑤ 下巴展開，皮膚平滑，自嘴角到下巴，形成笑容特有的溝紋，與鼻唇溝一氣貫通。

(2) 常見的笑容形態

日常生活中的笑容，更多出現的是飽滿的微笑。如圖 11-19。

這種笑容的形態特徵分解如下：

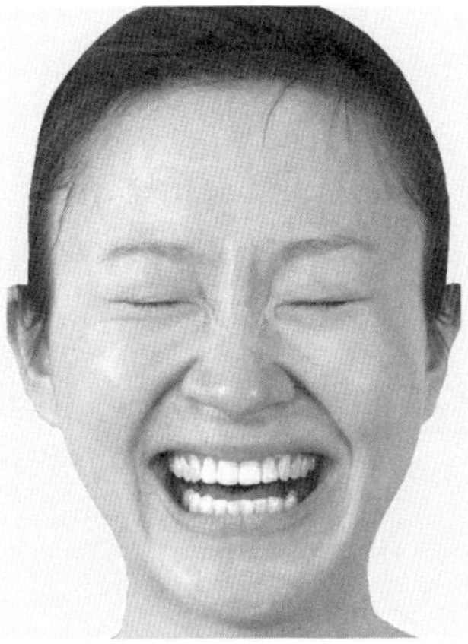

圖 11-18　大笑的臉

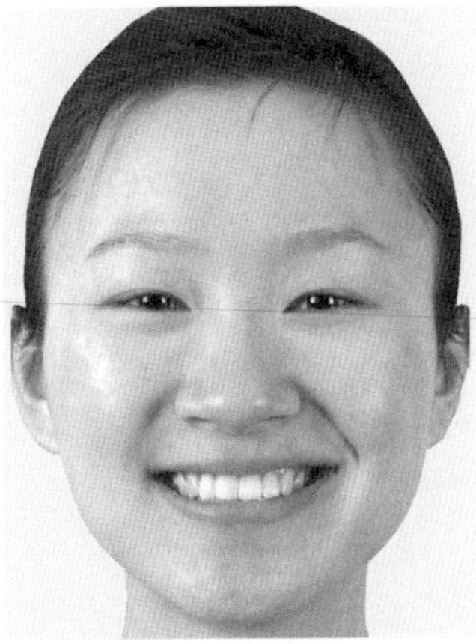

圖 11-19　飽滿的微笑

① 眼睛瞇起，上眼瞼基本不動，下眼瞼輕微提升、凸起，在眼睛下方形成笑容溝紋。

② 臉頰提升、飽滿，表面皮膚光滑。

③ 嘴角仍然因向耳朵方向的大幅拉扯而咧開，上唇提升，上齒露出，下唇展開程度減弱，看不到下齒；下巴光滑、展開。

(3) 笑容的微表情形態特徵

圖 11-20 是微笑程度進一步減弱後的表情，其形態特徵分析如下：

① 眼輪匝肌輕微收縮，下眼瞼凸起、變直、輕微提升，接近水平，試圖從下方將眼睛閉合。

② 嘴部已經閉合，唇間線呈兩側向上翹起的形態。

③ 臉頰仍然隆起而飽滿，特徵明顯。

真笑的時候，眼睛瞇起，下眼瞼變緊、提升、凸出，眼睛下面出現笑容溝紋，眼角外側常有上下眼瞼互相擠壓形成的皮膚褶皺（魚尾紋）；嘴角向耳側拉伸、翹起；臉頰隆起、提升。這些特徵同時出現，才能得出真笑的判斷，即使是程度不匹配，也可以懷疑笑容的誠意。

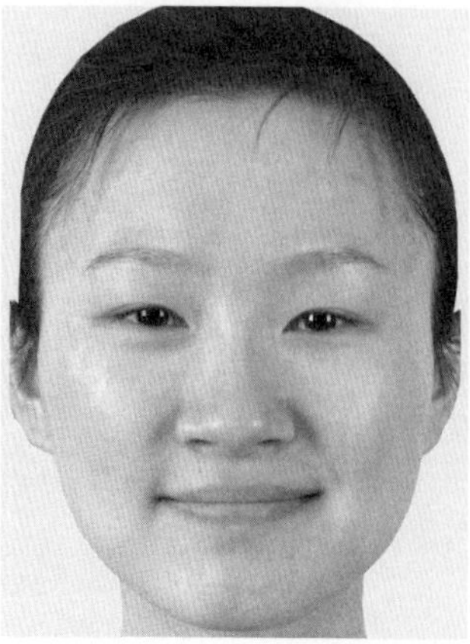

圖 11-20　隱隱的微笑

複雜表情識別

剛剛回顧完笑容的特徵，我們就趁熱打鐵，先從笑容開始，辨識一下這種人類最複雜的社交表情。

1、複雜的笑容

人類能夠通過多種不同的笑來表達具有細微差別的情緒，在笑容中甚至可以融入驚訝、厭惡、憤怒、恐懼、悲傷等全部負面情緒，進而創造出具有多重意義的表情。這也是為甚麼在所有表情中，笑容是獨一無二的最適宜進行社交的表情的原因。

自然笑容中的眼眉和前額完全放鬆。因此，如果有特別的眉毛形態的加入，就在笑容中摻雜了那種眉毛形態所代表的情緒。此外，笑容強大的兼容性，還可以混入各種基礎情緒的必要形態特徵（當然，多數必要形態特徵都由眉、眼構成），混編成一種新的表意。

(1) 驚喜

驚喜的表情如圖 11-21 所示。這張圖我們在第四章講解驚訝的時候曾經見到過。現在，我們可以用專業的分析手段來拆解一下形態特徵：

① 雙眉提升，屬驚訝表情特徵。

② 上眼瞼大幅提升，露出大部分虹膜

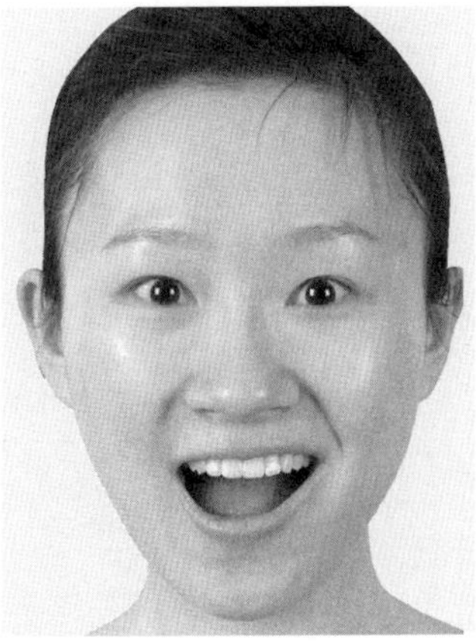

圖 11-21　驚喜表情

上緣。這在驚訝和恐懼表情中都可能出現，但根據自然不扭曲的眉形判斷，沒有恐懼。

③ 上唇提升，露出上齒，下顎打開，下唇張開呈“U”形，嘴角向兩側、向上拉起，屬驚訝、大笑特徵。

④ 臉頰隆起，下眼瞼下方有笑容特有的溝紋。

總結：排除恐懼，確認驚訝和笑容特徵，綜合而言是驚喜表情。

(2) 期待的笑

在中國人的習慣中，高挑雙眉除了會出現在驚訝等基本情緒中外，如果單獨出現，還能表達另外一種含義——默契。如果翻譯成現在的流行語言，大概是“你懂的”。在語言表述的過程中，配合着言語做出不經意的挑眉動作，表示行為人對自己所說的話認可，並且認為聽者也應當認可，這應該是一種默契。

所以，如果在笑容中加入這種高挑的雙眉，但沒有因吃驚而張大的嘴巴，僅僅是牙齒輕微咬合的笑容口型，這種表情可以表達強烈的信任和熱情，並將當事人內心的期待表露無遺，可以稱為期待的笑。如圖 11-22 所示。

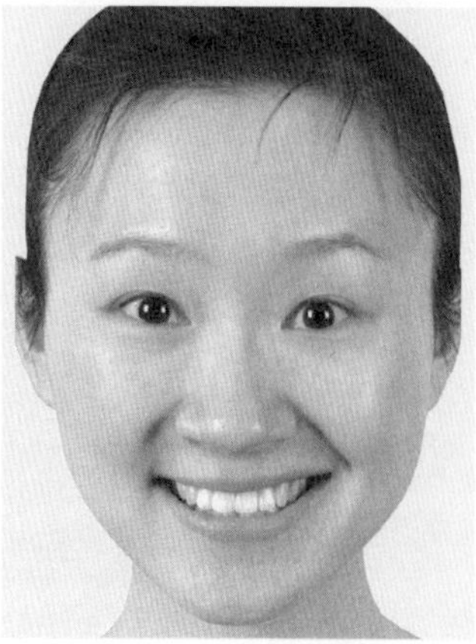

圖 11-22　期待的笑

其表情形態特徵可拆解如下：

① 雙眉提升，屬驚訝表情特徵。

② 上眼瞼大幅提升，露出大部分虹膜上緣，這是驚訝的微表情形態特徵。

③ 上唇提升，露出上齒，下唇拉長，上下齒咬合，嘴角向兩側、向上拉起，為笑容特徵。

④ 臉頰隆起，下眼瞼下方有笑容特有的溝紋。

總結：眉眼有驚訝表情特徵，但因為沒有嘴部的配合，表達出來的驚訝不是真正的吃驚，而是傾向於已經預知了即將發生的結果，是默契，同時確認笑容特徵，綜合而言是期待的笑。

(3) 冷笑、譏笑（不屑的笑）

圖 11-23 的表情在第五章出現過，現在我們對其形態特徵進行拆分：

① 上唇單側提升，露出上齒，鼻翼兩側形成鼻唇溝，是典型的厭惡表情特徵。

② 單側嘴角上揚明顯，單側臉頰隆起，為笑容特徵。

③ 眼瞼閉合，但下眼瞼沒有凸起、變緊，下方也沒有產生笑容溝紋，因此不是真笑。

圖 11-23 譏笑

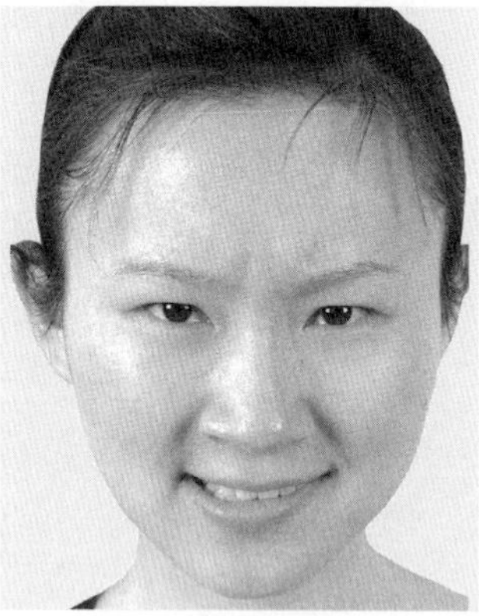

圖 11-24　獰笑

總結：確認厭惡情緒，因為眼睛特徵的缺失，笑容不真誠；嘴角的笑意，是內心對於厭惡刺激源的優越感而產生的，不是愉快，是不屑一顧。

（4）獰笑（憤怒的笑）

圖 11-24 表現的是經典的準備搏擊的表情。對其形態特徵分析如下：

① 略微低頭，下巴回縮，為準備攻擊時的頭部姿態特徵。

② 雙眉皺緊、下壓，呈“10：10”狀，眉間有皺眉紋，為典型的憤怒表情特徵。

③ 上眼瞼努力上提，遇到雙眉下壓阻力，在上眼瞼皮膚上形成褶皺，下眼瞼繃緊，為憤怒表情的必要形態特徵。

④ 上唇提起，露出上齒，嘴角向兩側拉伸、向上翹起，下唇放鬆，為笑容的局部特徵。

⑤ 上齒有咬下唇的動作趨勢，表達抑制。

總結：憤怒特徵明顯，可以確定為主導情緒；出現了笑容的嘴部特徵，但沒有眼睛參加，不是真誠笑容，沒有愉悅情緒；再加上牙齒咬嘴唇的抑制動作，可以判斷當事人抑制憤怒（暫不攻擊）的心態，但笑容表示當事人對情境有掌控感或者壓力不大。在憤怒的主導情緒下發出笑容，可以稱為獰笑，表達了進攻可能性和對戰鬥結果的內心得意。

（5）恐懼的笑

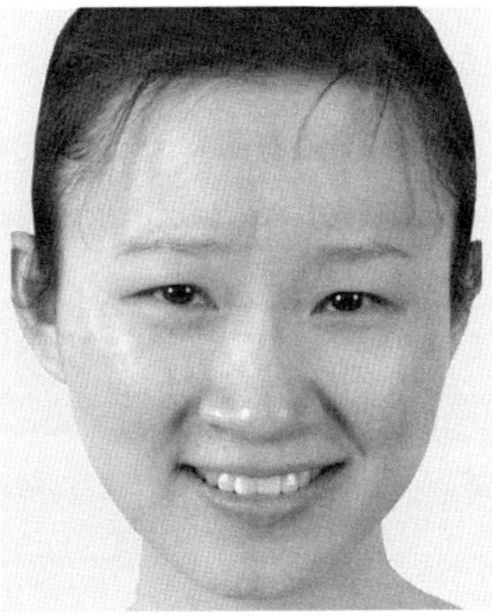

圖 11-25　恐懼的笑

對圖 11-25 的表情進行分析如下：

① 雙眉形態變平，眉頭和眉梢的連線角度改變，儘管沒有明顯的眉頭上揚，但還是能看到眉頭上揚造成的眉形改變，屬恐懼或悲傷表情特徵。

② 上眼瞼試圖睜大，但遇到雙眉下壓的阻力，在皮膚上形成褶皺（堆積隆起），如果沒有阻力，可判斷出虹膜的暴露區域會增加，這是恐懼表情特徵，排除悲傷。

③ 下眼瞼凸起、繃緊、上提，下方出現笑容溝紋，加上嘴角、嘴唇形態以及臉頰的隆起，都是笑容的標準特徵。

總結：笑容特徵充分，是真笑容，但眉毛和上眼瞼的形態為恐懼表情的最小特徵，可以判斷有恐懼類情緒存在。在笑容中摻雜了害怕的情緒，常見於下級對上級、弱勢對強勢的對話情境，可能是阿諛奉承，也可能是有所求或者有所怕的討好。

當然，也不一定都是這麼功利的情境，

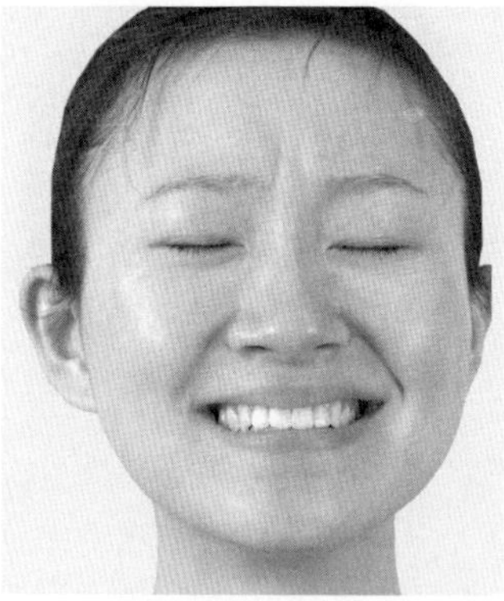

圖 11-26　悲喜交加的表情

心存擔心的憂慮笑容也是這樣。如果老闆莫名其妙地表揚了你，對你來説，既意外，但又不知道表揚的後面會跟着甚麼事兒，不敢放開了笑的時候，就是這個樣子。

(6) 悲喜交加（悲傷的笑）

歡樂和悲傷之間的關係非常複雜，小孩子有的時候甚至可以從笑到哭無間隙轉換，連氣息都不用停。從悲傷到笑容的表情轉換也很相似。如圖 11-26 所示。

這張臉孔中混雜了愉悦和悲傷兩種表情，分析如下：

① 眉頭上揚，眉形趨平但在內側 1/3 處出現扭曲，為悲傷或恐懼表情特徵，但緊閉的雙眼排除了恐懼的存在。

② 下眼瞼、嘴部和臉頰形態是笑容的標準特徵。

總結：先悲後喜的破鏡重圓或歷經辛酸的成功，都有可能出現這樣的表情。我們經常可以在足球比賽中看到這樣的球迷，因自己支持的隊伍艱難取勝後出現這種巨大的悲喜交加的表情。

(7) 狡猾的笑（應對的笑）

對圖 11-27 進行表情拆解分析如下：

① 雙眉下壓，輕微皺起，眉間有輕微皺眉紋。

②眼輪匝肌收縮，眼睛瞇起，上眼瞼沒有提升，排除憤怒和恐懼情緒；下眼瞼凸起、彎曲、上提，下方因臉頰隆起擠壓形成溝紋，為笑容特徵。

③嘴角被顴大肌拉扯，向耳側翹起，臉頰隆起，為笑容特徵。

④下唇在頦肌的收縮下向上推起，與上唇抿緊，下巴上有隆起，表示認可。

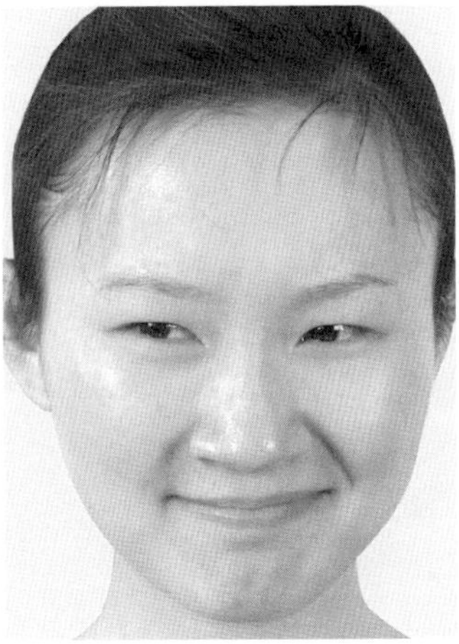

圖 11-27　狡猾的笑

總結：笑容特徵明顯，眉毛的降低會給笑容中添加一些壞壞的感覺。皺眉肌的收縮暗指用力思考，抑制的嘴唇又能凸顯出笑容中的惡意。如果看起來不狡猾，至少也是精明的，彷彿是想到了甚麼好主意一樣。

(8) 失神的笑

單看圖 11-28，容易誤會為不屑一顧的譏笑。其中，上唇提起，鼻翼兩側的淺鼻唇溝等形態，符合厭惡表情的最小特徵。但是，厭惡是負面情緒，值得關注，即使沒有皺眉的形態，眼睛也是警覺的，有排斥表意，不會雙眼無神。具體分析如下：

①上瞼提肌充分放鬆，導致上眼瞼下垂至瞳孔上緣。

②額肌收縮，提升雙眉的時候，勉強提起上眼瞼。

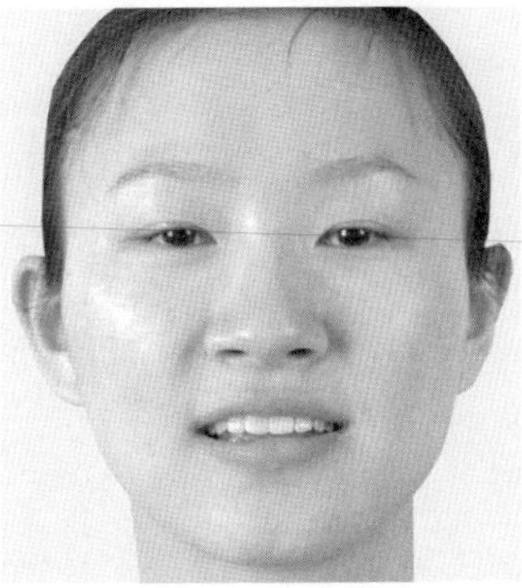

圖 11-28　失神的笑

③ 僅有嘴角和嘴唇形態可隱約看出笑容特徵，臉頰有輕微隆起但不明確，下眼瞼的笑容特徵也幾乎不可辨識。但是這種口型能夠確定沒有壓力，具有積極傾向。配合眼睛的失神狀態，能使笑容看起來呈現陶醉狀或嫵媚狀。

總結：人在兩種情況下會自動閉起眼睛來減少視覺信息的干擾，第一種是神經系統的生理疲勞，比如睏倦或者醉酒；第二種是享受或者表達享受的時候，這時閉合或部分閉合眼瞼，可以讓其他感官充分體會刺激源的美好（詳見第十章）。因此降低的上眼瞼通常出現在陶醉、嫵媚、醉酒和睏倦的時候。所以，我們對這種上眼瞼下垂的笑容，第一解讀為醉態，其次就是色迷迷的花癡狀，廣告和電影中這樣的場景極多，蛇蠍美人和色狼多出現這樣的笑容。

(9) 得意的笑

圖 11-29 中的表情可分解為以下幾種具體形態特徵：

① 眉毛輕微提升，但上眼瞼沒有提升，因此否定驚訝表情特徵，表示的是自信。

② 視線偏轉至右側，不正視刺激源，屬於視覺阻斷行為，表示沒有接收或

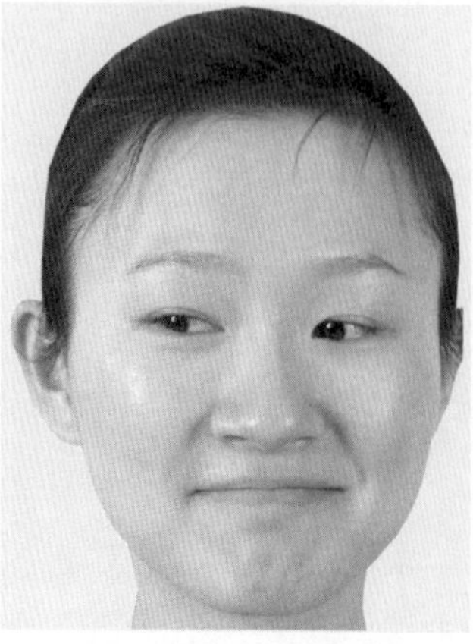

圖 11-29　得意的笑

者表達信息的意願。

③ 下眼瞼形態符合笑容特徵。

④ 上唇有提升表現，鼻唇溝明顯；嘴角向兩側拉扯，上下嘴唇變長；在下唇被頦肌頂起的狀態下，唇間線呈水平直線，説明如果沒有頦肌的作用，唇間線將向下彎曲。這些口型表現屬笑容特徵。

⑤ 頦肌隆起和降口角肌下拉的雙重作用參與了嘴部形態的抑制，説明當事人不希望流露出明顯的笑意。

總結：自信的笑容中出現了主動抑制行為（嘴部），同時出現視覺阻斷以中止有效交流，屬於偷偷的得意。

2、其他複雜表情

(1) 羨慕、嫉妒、恨

圖 11-30 的表情可拆解如下：

① 雙眉眉形正常，通過皺眉紋可觀察到有輕微皺眉動作，表示關注和應對。

② 上眼瞼形態正常，沒有明顯上揚或下垂；但下眼瞼繃緊，輕微鼓起，屬憤怒表情特徵。

③ 視線偏向左上方，此圖中是在注視左側的刺激源，偏上表示自我定位較高（相對於刺激源而言）。

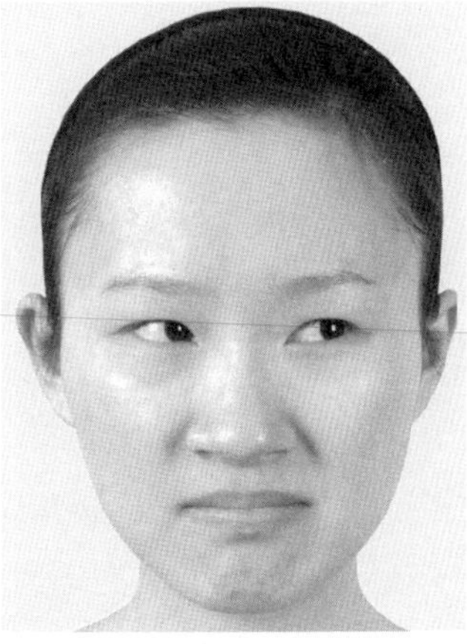

圖 11-30
羨慕、嫉妒、恨的表情

④ 上唇提升，鼻唇溝清晰，但有受到抑制的痕跡，屬厭惡類表情特徵，根據程度判斷為輕蔑。

⑤ 頦肌收縮明顯，在下唇下方形成凹凸不平的隆起，同時推擠下唇向外鼓起，與上唇抿緊。

⑥ 降口角肌和頸闊肌輕微收縮，嘴角向兩側輕微拉伸，向下微彎，屬於苦澀的癟嘴，表示抑制和無奈。

總結：對所注視的對象呈矛盾心態，一方面持否定的厭惡情緒，可能是輕蔑；一方面表示關注、應對，略微氣憤，但又沒有甚麼辦法改變現狀，只能自我抑制和接受現狀。

(2) 不悅的厭惡

從圖 11-31 的表情中可以看出：

① 皺眉紋顯示出有明顯皺眉動作，同時雙眉內側 1/3 處有扭曲，眉頭向上，結合眼瞼形態判斷不是恐懼，屬於悲傷表情的必要形態特徵。

② 上眼瞼在眼輪匝肌的作用下下壓，幾乎遮蓋了虹膜的上半部分，停留在瞳孔上方。由於不是自然下垂，而是用力閉合至這個位置，所以不是失神，結合眉毛的下壓判斷為厭惡表情的典型形態特徵。

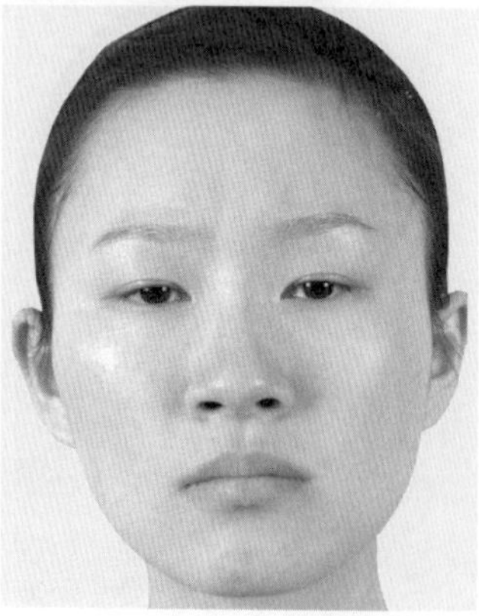

圖 11-31　不悅的厭惡表情

③ 口輪匝肌有輕微收縮，嘴唇不是完全放鬆，而是向外撅起，程度很小，同時頦肌也有配合動作，表示自我抑制，拒絕表達自己的觀點。

總結：眉毛的形態和眼瞼的用力閉合表達了不悦（不悦屬悲傷類情緒）的厭惡，以不高興為主，用貌似無神的故意忽略眼神表達不關注的輕蔑，與眉毛的皺緊形成矛盾。嘴部的輕微抑制形態表現了內心承受壓力的狀態，用緘口的形式強化了厭惡情緒的表達。説明內心的厭惡程度很重，但不能通過明顯的表情充分表達。此表情中沒有憤怒的必要形態特徵，説明內心的厭惡尚不足以形成進攻的慾望。

(3) 哦，好慘啊！（與我無關的慘事）

圖 11-32 的複雜表情可拆解為以下幾種形態特徵：

① 雙眉大幅提升，表示驚訝；但眉毛的形態不是自然拱形，而是在內側 1/3 處形成扭曲，屬於恐懼或悲傷表情特徵。

② 儘管眼睛睜到最大，但根據虹膜露出的上緣面積判斷，上眼瞼提升的動力來自額肌對眉毛的大力拉升，而不是上瞼提肌的作用，因此上眼瞼自身不緊張，沒有主導動作，可以

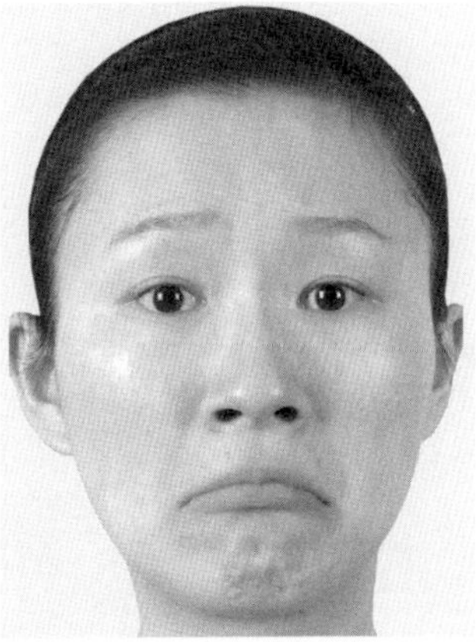

圖 11-32
對慘狀的無奈表情

否定恐懼的存在（恐懼要求上瞼提肌有上提動作），結合眉毛形態判斷，屬悲傷表情特徵。

③ 淺淺的鼻唇溝，提示了提上唇肌的收縮動作痕跡，為厭惡表情的必要形態特徵，只是上唇的實際位置被降口角肌整體拉得很低。

④ 頸闊肌將嘴角向兩側拉開，降口角肌強烈收縮，大幅拉低口角，只是唇間線呈現為向上拱起的弧線。

⑤ 頦肌強烈收縮，向上推起下唇中部，使雙唇抿緊，形成表面凹凸不平的隆起。這一特徵與降口角肌造成的影響相結合，可判斷為典型的悲傷口型，區別只是在於下顎沒有打開，嘴沒有張開，否則就是咧開嘴的哭泣。

總結：眉眼形態表達了驚訝和悲傷情緒，上唇提升的程度表達了輕微的厭惡，嘴部整體形態表達了無奈（悲傷代表的心理狀態是對結果的無力挽回）。這個表情常見於看到慘狀之後的第一瞬間，表達了心裏對慘狀的無奈（不關我事的無能為力），與聳肩表意相同。

(4) 咦！好慘啊！（身臨其境的慘事）

圖 11-33 的表情由以下幾種形態構成：

① 雙眉下壓，皺緊，表示強烈關注，內側 1/3 處扭曲向上（左側眉更明顯），

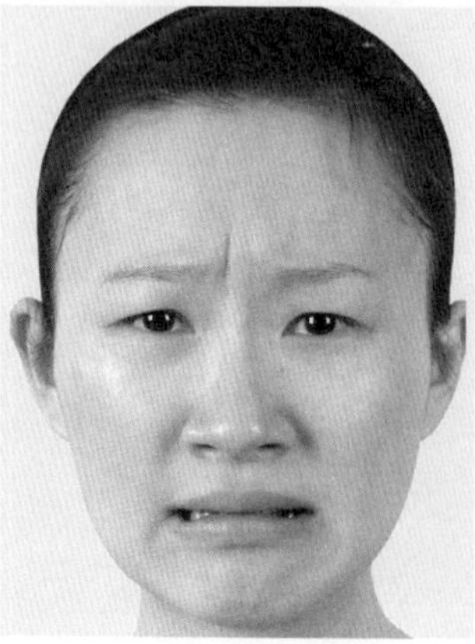

圖 11-33
對慘狀的恐懼和悲傷表情

為恐懼或悲傷表情特徵。

② 上眼瞼努力提升，但遇到下壓的雙眉，形成皮膚褶皺，結合眉形判斷為恐懼情緒的表達。

③ 提上唇肌收縮，上唇提升，鼻翼兩側形成淺鼻唇溝，表示輕微的厭惡情緒。

④ 頸闊肌將嘴角向兩側拉伸，降口角肌向下拉低嘴角，降下唇肌向下拉開下嘴唇，頦肌收縮，上推下唇中部並形成表面凹凸不平的肌肉隆起。這個口型是咧着嘴哭的典型形態特徵，表達強烈的悲傷情緒。

總結：眉眼形態表達恐懼，下半臉表達悲傷和輕微的厭惡，說明當事人對負面刺激源非常害怕，慘狀引起了感同身受的痛苦，引發了悲傷情緒。

(5) 不服氣

圖 11-34 的表情形態特徵分析如下：

① 雙眉提升，眉形自然，但眼瞼放鬆，沒有眼輪匝肌和上瞼提肌的動作痕跡，說明不是驚訝，而是表示自信或者較高的內心自我定位。

② 視線轉移向左下方，視覺阻斷表示中斷有效溝通，視線下移表示承受。

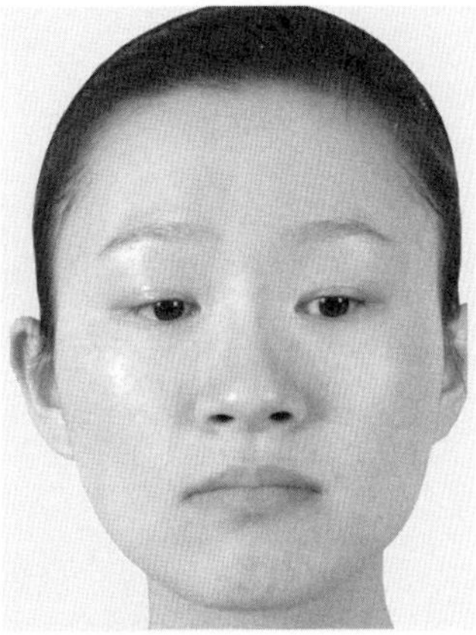

圖 11-34
不服氣的表情

③ 頭部整體形態可以看出下巴翹起的抬高動作（詳見《小動作的背後》一書中的“仰視反應”），與眉毛共同表達了較高的自我定位。

④ 頦肌輕微收縮，上推下唇中部，造成嘴角下撇，雙唇抿在一起，下巴上隆起凹凸不平的肌肉鼓包，表示自我抑制。

總結：眉毛和頭部形態表明內心對自己的觀點持堅持意見，不希望接受刺激源的信息（比如某人的觀點），想要中斷有效交流，但限於情境不能離開或者反駁，因此自我抑制表達（口型），只是堅持着聽下去（視線下移）。

（6）固執己見的不認同

圖 11-35 的表情形態特徵分析如下：

① 雙眉提升，右側眉更明顯，在上眼瞼沒有提升配合的狀況下，表示較高的自我定位或自信。

② 上眼瞼向下閉合，幾乎與下眼瞼接觸，瞼裂很小，排除享受的可能，屬於不想看到刺激源的反應，可確定刺激源被當事人評估為負面刺激源。

③ 視線向右下方轉移，不正視刺激源，表示提前對刺激源的出現有所預期，

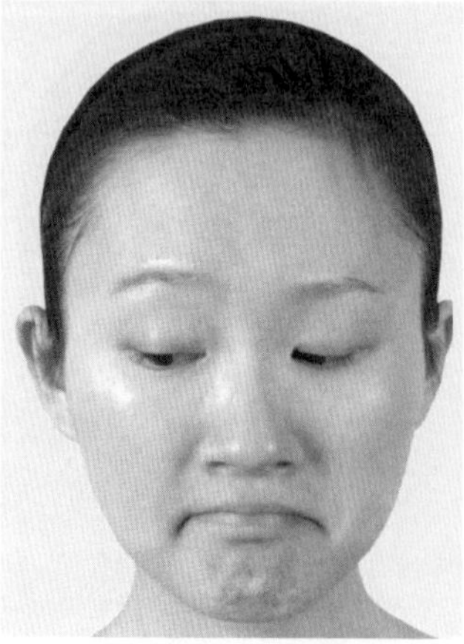

圖 11-35
固執己見的不認同表情

遇到負面刺激表示承受，但不認同，也沒有試圖改變。

④ 通過鼻唇溝可以確定，上唇有一定提升，屬厭惡類表情特徵，表示否認。

⑤ 降口角肌收縮，下拉嘴角明顯；頦肌收縮，向上強力推起下唇，使下唇繃緊與上唇抿緊，下巴上的肌肉隆起，表面凹凸不平，這是典型的"苦澀的癟嘴"形態，表示無奈和自我抑制。

總結：面對負面刺激源，堅持自己的想法，不認同刺激源的信息，但沒有改變的慾望，對負面刺激採取承受、忍耐的態度。

(7) 加強的不服氣

對圖 11-36 進行表情拆解如下：

① 眉毛已經恢復正常高度，不再上揚，皺眉紋表明有輕微皺起痕跡。

② 上眼瞼垂落得更低，是有意識的動作結果，表示對負面刺激源的視覺阻斷。

③ 視線轉向左下方，中斷有效溝通，表明自我承受。

④ 充分上提的上唇和深深的鼻唇溝暴露了內心的厭惡情緒程度很強。

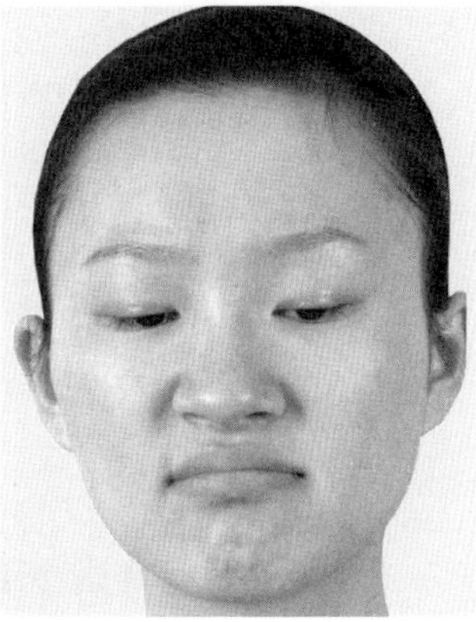

圖 11-36
加強的不服氣表情

⑤ 嘴部在頦肌的強烈收縮下，下唇向上推起與上唇抿緊，表示否認但自我抑制。

總結：同樣是表示不服氣，但這個表情比圖 11-34 強烈很多。沒有較高的內心自我定位，僅僅就是厭惡。嘴部形態共同表達了內心的不屑，但自我抑制的形態特徵和視覺阻斷中的視線下移表達了對負面刺激信息的承受。說得簡單點，就是“你說唄，我聽着，但是我絕不認同。”

(8) 真的面無表情嗎

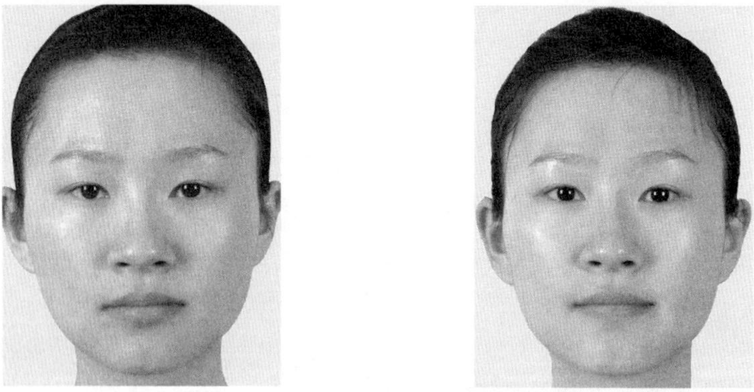

圖 11-37　表情對比圖

圖 11-37 是一組相似的表情對比。右圖為面無表情的中性面部狀態，不積極、不消極。需要判斷的是左圖。有些人認為左圖不顰不笑，面沉如水，呈現的也是中性面部狀態，然而仔細觀察就會發現，左邊的面孔仍然有其內在表意：

① 右側眉頭上方，有非常輕微的皺眉紋，證明了皺眉動作的存在。

② 通過特寫圖圖 11-38 可以判斷出左圖中的虹膜暴露面積比右圖少（比較燈光反射亮點的位置），說明虹膜上緣被上眼瞼

蓋住的面積更多些，上眼瞼有下垂或閉合趨勢。結合皺眉的關注表意，可以排除失神狀態，因此表示視覺阻斷，表明內心對刺激源的負面評估。

左圖眉眼　　　　右圖眉眼

圖 11-38　表情的眉眼特寫

總結：左圖表現了當事人不喜歡、不認同、不接受、質疑等負面表意。

參考書目

（英）達爾文：《人類的由來及性選擇》，北京：北京大學出版社，2009 年

（英）達爾文：《人類和動物的表情》，北京：北京大學出版社，2009 年

（英）Susan Standring主編：《格氏解剖學——臨床實踐的解剖學基礎（第39 版）》，徐群淵等譯，北京：北京大學醫學出版社，2008 年

（美）David M. Buss：《進化心理學（第二版）》，熊哲宏、張勇、晏倩譯，上海：華東師範大學出版社，2007 年

尹文剛：《神經心理學》，北京：科學出版社，2007 年

（美）John B. Best：《認知心理學》，黃希庭等譯，北京：中國輕工業出版社，2000 年

沈政、林庶芝編著：《生理心理學》，北京：北京大學出版社，1993 年

姜乾金主編：《醫學心理學》，北京：人民衛生出版社，2002 年

（美）David G. Myers：《社會心理學（第 8 版）》，侯玉波、樂國安、張智勇等譯，北京：人民郵電出版社，2006 年

（英）Ronald Blackburn：《犯罪行為心理學——理論、研究和實踐》，吳宗憲、劉邦惠等譯，北京：中國輕工業出版社，2000 年

（美）Jerry M. Burger：《人格心理學（第四版）》，陳會昌等譯，北京：中國輕工業出版社，2000 年

（美）B•H•坎特威茨、H•L•羅迪格（III）、D•G•埃爾姆斯：《實驗心理學——掌握心理學的研究》，楊治良等譯，上海：華東師範大學出版

社，2001 年

（美）James W. Kalat，Michelle N. Shiota：《情緒》，周仁來等譯，北京：中國輕工業出版社，2009 年

（英）Aldert Vrij：《説謊心理學》，鄭紅麗譯，北京：中國輕工業出版社，2005 年

（美）保羅•埃克曼：《情緒的解析》，楊旭譯，海口：南海出版公司，2008 年

（美）保羅•埃克曼：《説謊 —— 揭穿商業、政治與婚姻中的騙局》，鄧伯宸譯，北京：三聯書店，2008 年

（美）喬•納瓦羅、馬文•卡爾林斯：《FBI教你破解身體語言》，王麗譯，長春：吉林文史出版社，2009 年

（英）亞倫•皮斯、芭芭拉•皮斯：《身體語言密碼》，王甜甜、黃佼譯，北京：中國城市出版社，2007 年

Gary Faigin, *The Artist's Complete Guide to Facial Expression*, New York: Watson-Guptill Publications, 1990

Paul Ekman & Wallace V. Friesen, *Unmasking The Face*, Englewood Cliffs: Prentice-Hall, Inc., 1975

Paul Ekman & Erika L. Rosenberg, *What The Face Reveals*, Oxford: Oxford University Press, 1997

如果你看到了他人的微表情，但是不知道該微表情究竟是甚麼意思，也不確定自己的認識是否正確，可以聯繫：

http://t.sina.com.cn/meag

將你的疑問和觀察到的微表情提交，本書作者將在條件允許的情況下，盡可能給予解答。